GIMP

10 9 8 7 6 5 4 3 2 1

11 10 09

ISBN 978-3-8272-4472-7

© 2009 by Markt+Technik Verlag,
ein Imprint der Pearson Education Deutschland GmbH
Martin-Kollar-Straße 10–12, 81829 München/Germany
Alle Rechte vorbehalten
Einbandgestaltung: webwo GmbH, Marco Lindenbeck, mlindenbeck@webwo.de
Umschlagfoto: Reinhard Helmer
Lektorat: Kristine Kamm, kkamm@pearson.de
Korrektorat: Petra Henbach-Erdmann
Herstellung: Martha Kürzl-Harrison, mkuerzl@pearson.de
Layout: Reinhard Helmer, no limits advertising Werbe- & HandelsgmbH
Satz: text&form GbR, Fürstenfeldbruck
Druck: Print Consult GmbH
Printed in the Czech Republic

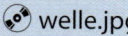 welle.jpg

Die meisten der im Buch verwendeten Bilddateien
liegen auf DVD bei. Sie erkennen sie an diesem
Symbol und den aufgeführten Dateinamen.

Bettina K. Lechner

Bettina K. Lechner

Digital fotografieren
GIMP

Markt+Technik

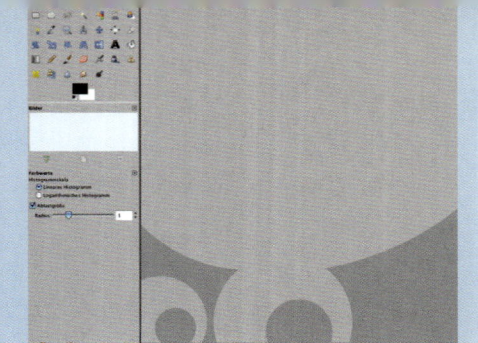

Inhalt

Auf der Buch-CD

1. Bilder
   Dieser Ordner enthält die meisten im Buch verwendeten Beispielbilder. Probieren Sie die Techniken gleich am Originalbild aus!

2. Erweiterungen
   Erweiterungen machen GIMP noch interessanter! Hier finden Sie die in den Praxis-übungen verwendeten Plug-ins und Skripte. Lesen Sie auf Seite 40, wie Sie Erweiterungen installieren

3. GIMP
   Hier finden Sie eine Voll-version von GIMP 2.6, sowohl für Windows wie auch für Mac. Somit ersparen Sie sich zeitraubendes Herunterladen. Die Installationsanleitungen für die beiden Plattformen und für Linux finden Sie ab Seite 164.

Intro
Über dieses Buch ▪ GIMP-Historie

GIMP gehört zu den bedeutendsten und besten Programmen im Open-Source-Sektor. Open Source heißt „offener Quellcode" – das heißt, jede/r kann an dem Programm mitentwickeln. Für Sie als Anwender/in bedeutet es, dass Sie GIMP gratis vom Web herunterladen, installieren und verwenden dürfen – und wenn Sie sich besser auskennen, sogar den einen oder anderen Arbeitsschritt mittels Script-Fu automatisieren könnten.

Eine Menge engagierter Leute stehen hinter der Entwicklung von GIMP. Ihnen gebührt an dieser Stelle ein großes Dankeschön!

Über dieses Buch

Als GIMP-Anwender/in wollen Sie rasch und einfach zu einer Lösung gelangen – und genau das liefert das vorliegende Buch, zu dem ich Sie herzlich begrüße! Sie finden für Ihre Anliegen in der Bildbearbeitung viele praktikable und einfach nachzuvollziehende Beispiele mit zahlreichen Tipps & Tricks aus der Praxis und auch speziell gekennzeichnete Anleitungen für den Profi.

Während meiner GIMP-Schulungen schaue ich ab und zu den Teilnehmern über die Schulter und beobachte, wie sie arbeiten. Ich erkenne dann, welche Wege sie in dem Programm gehen würden und in welche Fallen sie zum Teil hineintappen. Darauf geht dieses Buch ebenfalls ein: Ich sage Ihnen nicht nur, wie etwas funktioniert, sondern auch, auf was Sie gelegentlich besonders aufpassen müssen.

Was Sie in diesem Buch erwartet
Viele Übungen sind so kurz gehalten, dass sie auf einer Doppelseite übersichtlich Platz finden. In einem eigenen Tipp-Bereich lesen Sie Hinweise zu Techniken in der Fotografie oder vertiefende Informationen zur Übung.

Das Buch gliedert sich in sechs große Bereiche:

1. **GIMP-Grundlagen**
   Als GIMP-Einsteiger/in hilft Ihnen dieses Kapitel, die Grundlagen zu digitalen Bildern und deren Auflösung besser zu verstehen. Ich erläutere die Dateitypen, wie Sie Bilddateien aus der Kamera, vom Scanner oder vom Web in GIMP bekommen oder RAW-Dateien in GIMP öffnen bzw. EXIF-Daten auslesen können. Weiterhin liefert das Kapitel Informationen zu Dateimanagement,

Wilber, das GIMP-Maskottchen

   Ebenentechnik, zum Textwerkzeug, zur Installation von Plug-ins und Werkzeugspitzen.

2. **Fotokorrekturen**
   Dieses Kapitel behandelt grundsätzliche Techniken zur Verbesserung Ihrer Aufnahmen. Sie erlernen den Umgang mit Kurven, Tonwerten, den korrekten Ausschnitt zu finden, wie ein Profi Bilder nachzuschärfen und sogar Unterwasseraufnahmen nachzubearbeiten oder einfach rote Augen zu retuschieren und Ähnliches mehr.

3. **Fotoretuschen, -montagen**
   Sie erlernen spannende Techniken zum Extrahieren von Personen aus dem Hintergrund, um diese z.B. auf neutralem Weiß zu platzieren, kosmetische Retuschen, das Verbessern von Schlechtwetteraufnahmen, Anleitungen für Bildkompositionen, das Entfernen von unerwünschten Elementen. Und wir zaubern sogar ein digitales Lächeln auf ernste Lippen.

4. **Spezialeffekte & Texte**
   Dieses Kapitel liefert kreative Techniken, die Ihre Bilder in ein außergewöhnliches Rampenlicht stellen:

HDR, Toyeffekt, Soft Fokus, Comiczeichnung, Andy-Warhol-Effekt uvm. Darüber hinaus verfügt GIMP über einen starken Texteditor und zahlreiche Filter, mit deren Hilfe wir Schriftzügen einen Schlagschatten verpassen, Text wellig schreiben oder dem Text einen 3-D-Effekt hinzufügen.

5. **Die Präsentation Ihrer Bilder**

Jetzt zeigen wir unsere Werke her! Hier gibt es für Sie jede Menge praktische Tipps und Hinweise, wie Sie Ihre Bilder aufbereiten müssen, um sie zu drucken, per E-Mail zu versenden, im Web zu veröffentlichen oder jetzt ganz hip: per digitalem Bilderrahmen die Dateien ganz einfach zu Hause an der Wand abspielen oder als Diashow am Fernseher zeigen.

6. **Anhang**

Meist werden Anhänge etwas lieblos behandelt. Aber diesen sollten Sie nicht achtlos überblättern, denn hier finden Sie Schritt für Schritt Installationsanleitungen für Windows, Linux und Mac, weiterführende Hilfe, die Linkliste, ein Glossar erklärt die gängigsten Begriffen der digitalen Bildbearbeitung

und sogar eine kleine Übersetzungshilfe für Photoshop-User/innen gibt's.

Hinweise

Neuerungen in GIMP 2.6 sind hervorgehoben.
MENÜBEFEHLE ERKENNEN SIE AN DIESER SCHRIFT.

Wenn im Buch von der rechten Maustaste die Rede ist, verwenden Mac-User/innen entweder den entsprechenden Befehl über die Menüs und Paletten oder sie besorgen sich eine Maus mit rechter Maustaste.

Bei Tastenkürzeln, die sich zwischen Windows und Mac unterscheiden, wird die Windows-Variante zuerst genannt, z.B. [Strg]/[Ctrl].

Fotos von *www.flickr.com* sind unter der Creative-Commons-Lizenz (Namensnennung, zur kommerziellen Nutzung und zur Bearbeitung) veröffentlicht. Die jeweiligen Künstler/innen sind in den Bildnachweisen angeführt. Um mehr über sie zu erfahren, gehen Sie zu *www.flickr.com/people/...* und geben ihren Flickr-Namen ein.

GIMP-Historie

1995 Studienarbeit von Peter Mattis und Spencer Kimball

1996 Version 0.60 mit Ebenentechnik, noch unveröffentlichte Entwicklerversion

1997 Version 0.99 mit Script-Fu, kann Bilder mit 100 MB öffnen. Mattis & Kimball verlassen aus Zeitgründen das Projekt.

1998 Version 1.0

Jens Lautenbacher

2000 Version 1.2, hauptsächlich Fehlerbereinigung

2004 März Version 2.0 mit Verbesserungen und neuen Werkzeugen

Jakub Steiner

2004 Dezember Version 2.2, marginale Änderungen, programminterne, nach außen kaum sichtbare Veränderungen

Bill Luhtala

2007 Lang erwartete Veröffentlichung von GIMP 2.4 mit zahlreichen Neuerungen wie z.B. Vordergrundauswahl, Heilen-Werkzeug

Paul Davey

2008 GIMP 2.6 erscheint pünktlich zum angekündigten Termin

Alexa Death

1

GIMP-Grundlagen

Bevor Sie als GIMP-Einsteiger/in mit den Praxisbeispielen starten, werfen Sie einen Blick in dieses Kapitel: Es liefert Erklärungen zu den wichtigsten GIMP-Funktionalitäten, Informationen zu digitalen Bildern, zur Ebenentechnik, zum Textwerkzeug, aber auch eine Anleitung zur Installation von Plug-ins und Werkzeugspitzen. So sind Sie für die nachfolgenden Workshops bestens gerüstet. Übrigens: GIMP ist die Abkürzung für „GNU Image Manipulation Program" und GNU ist ein rekursives Akronym von „GNU is not UNIX" – einem freien Betriebssystem.

Die GIMP-Arbeitsoberfläche
Übersicht ▪ Funktionen ▪ Begriffe

Sehen Sie hier eine Übersicht über GIMP und Erklärungen zu den verschiedenen Programmbereichen und was Sie tun können, um die einzelnen Docks anzupassen.

Bildfenster

Jedes Bildfenster – also jede geöffnete Datei – verfügt über eine eigene Menüleiste. Schließen Sie das letzte (leere) Bildfenster, beenden Sie GIMP.

Werkzeugkasten

Der Werkzeugkasten bildet die Steuerzentrale – hier wählen Sie die entsprechenden Werkzeuge zum Bearbeiten des Bilds aus. Tipp: Halten Sie den Mauspfeil ganz ruhig über ein Symbol – dann erscheint eine kurze Minihilfe.

Werkzeugeinstellungen

In diesem unteren Bereich nehmen Sie Einstellungen für das jeweilige oben im Werkzeugkasten aktivierte Werkzeug vor. Tipp: Sehen Sie sich die Einstellungen durch, bevor Sie das Werkzeug einsetzen.

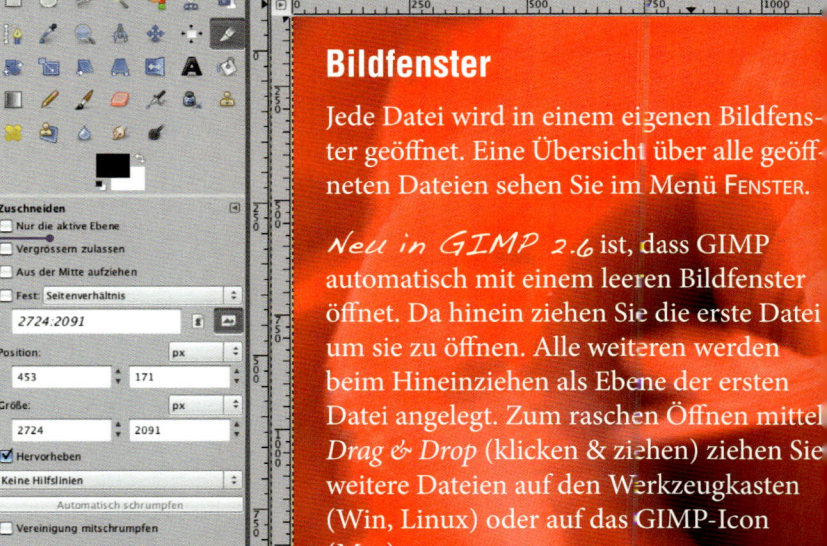

Bildfenster

Jede Datei wird in einem eigenen Bildfenster geöffnet. Eine Übersicht über alle geöffneten Dateien sehen Sie im Menü FENSTER.

Neu in GIMP 2.6 ist, dass GIMP automatisch mit einem leeren Bildfenster öffnet. Da hinein ziehen Sie die erste Datei um sie zu öffnen. Alle weiteren werden beim Hineinziehen als Ebene der ersten Datei angelegt. Zum raschen Öffnen mittel *Drag & Drop* (klicken & ziehen) ziehen Sie weitere Dateien auf den Werkzeugkasten (Win, Linux) oder auf das GIMP-Icon (Mac).

Statusleiste

Es zahlt sich aus, während der Arbeit immer wieder einen Blick in die Statusleiste zu werfen: Hier stellen Sie die Maßeinheit des Lineals um, Sie sehen bzw. verstellen den Zoomfaktor des Bilds und rechts daneben werden häufig wertvolle Informationen zu Menübefehlen oder Werkzeugen eingeblendet: z.B. die Maße der aktiven Auswahl, passende Tastenkombinationen oder kurze Anleitungen und Tipps.

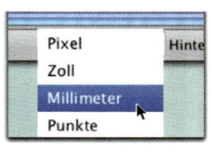

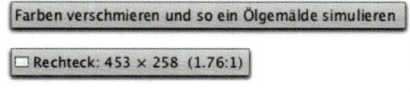

NEU in GIMP 2.6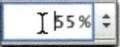
Der Zoomfaktor kann nun auch eingetippt werden.

Titelleiste (v. l. n. r.)

» Dateiname inklusive Endung – mit Bindestrich angehängt eine sitzungsabhängige, automatisch vergebene Versionsnummer (zählt, wie häufig die Datei ab dem Programmstart geöffnet wurde). Das Sternchen (*) vor dem Dateinamen zeigt an, dass Änderungen nicht gespeichert sind.

» Farbmodell, Anzahl der enthaltenen Ebenen

» Abmessungen des Bilds in Pixel (Breite x Höhe)

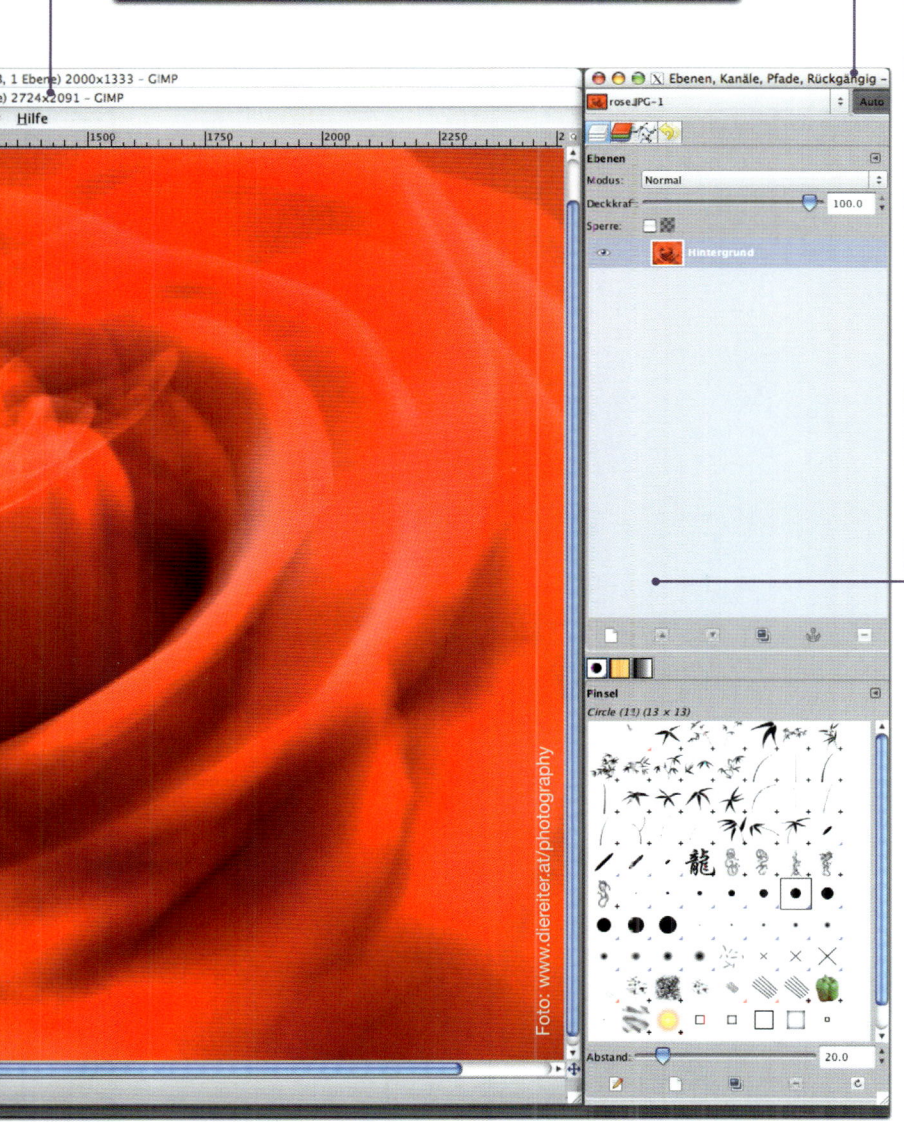

Foto: www.diereiter.at/photography

Dock

Ein Dock ist ein Fenster, das mehrere Dialoge enthält. Sie wechseln zwischen den Dialogen durch Klick auf die Reiter (Lasche). Hier sehen wir das Dock EBENEN/KANÄLE/PFADE/RÜCKGÄNGIG, unterhalb das Dock PINSEL/MUSTER/FARBVERLÄUFE. Haben Sie ein Dock irrtümlich geschlossen, öffnen Sie es über FENSTER > KÜRZLICH GESCHLOSSENE DOCKS wieder.

Dialoge

Dialoge enthalten Werkzeugspitzen, Ebenen, Kanäle uvm. Um aus einem Dock einen Dialog zu nehmen, ziehen Sie ihn am entsprechenden Reiter hinaus. So verteilen Sie Dialoge auch ohne Dock auf Ihrer Arbeitsoberfläche.

Alle in GIMP verfügbaren Dialoge finden Sie im Menü FENSTER > ANDOCKBARE DIALOGE. Hier öffnen Sie die Dialoge einzeln.

Um einen bereits geöffneten Dialog zu einem Dock hinzuzufügen, ziehen Sie ihn mit gedrückter Maustaste aufs Dock. Weitere Dialoge finden Sie aber auch über das Menü eines Docks/Dialogs: Klicken Sie dazu auf das kleine Pfeilchen rechts vom Dialognamen (rot eingekreist) > REITER HINZUFÜGEN.

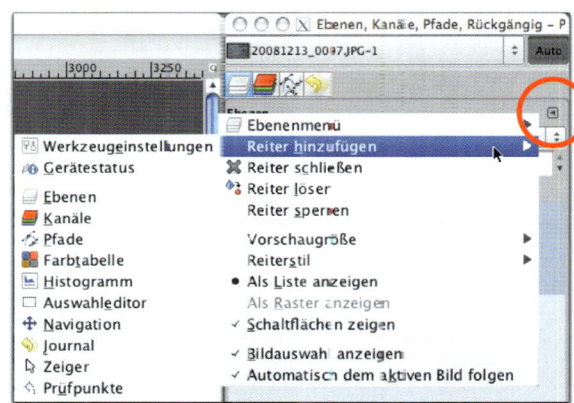

Bilder erstellen ...
Kamera ▪ Scanner ▪ Web

Wie bekommen Sie Bilder von den verschiedenen Quellen in Ihren Computer hinein? Das erklärt dieser Abschnitt praxisnah und Schritt für Schritt einerseits für das Übertragen Ihrer Bilder aus der Kamera und andererseits für das Scannen, aber auch für den legalen (!) Download von Bildern aus dem Web.

DSCF0004.RAF
DSCF0005.RAF
DSCF0006.RAF
DSCF0007.RAF
DSCF0008.RAF
DSCF0009.RAF
DSCF0010.RAF
DSCF0015.RAF
DSCF0016.RAF
DSCF0017.RAF
DSCF0018.RAF
DSCF0020.RAF

... von der Kamera

Um die Aufnahmen von Ihrer Kamera in den Computer zu bekommen, gibt es zwei Möglichkeiten: Einerseits können Sie die Kamera mittels USB-Kabel – bei höherwertigen Kameras auch mittels Firewire – mit Ihrem Computer verbinden oder Sie besorgen sich einen Cardreader (ab zehn Euro), den Sie ebenfalls mit einem USB-Kabel mit Ihrem Computer verbinden. In den Cardreader stecken Sie nur die Speicherkarte Ihrer Kamera, was die gesamte Handhabung ein wenig vereinfacht.

Schritt für Schritt: Bilder auf den Computer laden

1 Schließen Sie das für Ihre Kamera mitgelieferte USB-Kabel an die Kamera (kleiner Stecker) und an den Computer an (großer Stecker).

2 Schalten Sie die Kamera ein. Falls nötig, wechseln Sie bei der Kamera in einen Modus zur Wiedergabe der Bilder, zum Beispiel PLAY.

Fujifilm

3 Der folgende Schritt – das Kopieren der Bilder von der Kamera auf den Computer – ist abhängig von Ihrem Betriebssystem:

Windows 2000, XP, Vista: Nachdem Ihre Kamera erkannt wurde, öffnet sich automatisch ein Dialog. Wählen Sie hier BILDER IN EINEN ORDNER AUF COMPUTER KOPIEREN. Danach begleitet Sie ein Assistent

durch den weiteren Vorgang. ODER Sie greifen direkt über ARBEITS-PLATZ auf die Daten zu und kopieren diese manuell in einen Ordner.

Mac OS X: Öffnen Sie den FINDER. Die Speicherkarte wird hier als zusätzliches Laufwerk angezeigt (z.B. NIKON). Klicken Sie durch die Ordner bis zu den Bildern. Markieren Sie diese (z.B. alle

mit ⌘+A) und kopieren Sie sie (⌘+C) in einen Ordner Ihres Mac. Eine weitere Möglichkeit ist die Verwaltung Ihrer Bilder über *iPhoto*. Das Programm startet gleich, nachdem Sie die Kamera angeschlossen haben. Weitere Informationen entnehmen Sie bitte der iPhoto-Dokumentation.

Linux: Auch hier wird die Kamera – ähnlich wie bei Mac OS X – als Laufwerk gemountet, sobald Linux diese erkannt hat. Sollte die Kamera nicht automatisch gemountet werden, verwenden Sie *gPhoto* (*www.gphoto.org*). gPhoto unterstützt mehr als 900 Kameras.

> TIPP
> Wird Ihre Kamera von GIMP erkannt, laden Sie über das Menü DATEI > ERSTELLEN > SCANNER/KAMERA die Bilder gleich direkt in GIMP.

Bilder löschen

Die Bilder auf der Speicherkarte der Kamera löschen Sie, indem Sie sie im Kamera-Ordner markieren und dann die Entf-Taste Ihrer Tastatur drücken.

Bilder umbenennen

Zum stapelweisen Umbenennen Ihrer Bilder gibt es zahlreiche kostenlose Programme, beispielsweise IrfanView (Win), XNView (Linux, Win), ExifRenamer 2.1.1 (Mac OS X). Die Download-Links der Programme stehen im Anhang. Eine Beschreibung für das Umbenennen mit IrfanView lesen Sie unter *Digital präsentieren*, Seite 163.

... vom Scanner

Daten vom Scanner können Sie direkt in GIMP hineinladen.

1 Schalten Sie den Scanner ein, starten Sie GIMP und wählen Sie DATEI > ERSTELLEN > SCANNER/KAMERA.

2 Nach der Auswahl des Scanners öffnet sich sein Programm. Da die Programme von Hersteller zu Hersteller unterschiedlich sind, erkläre ich nur jene Einstellungsmöglichkeiten, die es bei den meisten Programmen in ähnlichen Begrifflichkeiten gibt.

» **Auflösung:** Für Bilder, die Sie nur am Bildschirm betrachten, genügt eine Auflösung von 72 dpi. Tipp: Scannen Sie trotzdem mit einer höheren Auflösung (z.B. 300 dpi), dann haben Sie später bei der Bildbearbeitung mehr Spielraum.

» **Prozentfaktor:** Damit wird Ihr Bild mit dem angegebenen Prozentfaktor vergrößert bzw. verkleinert. Bei starker Vergrößerung stößt man jedoch bei herkömmlichen Scannern an die Grenzen des Machbaren und das Bild wird unscharf. Am besten

TIPP

Wie Sie Ihre eingescannten Aufnahmen verbessern, steht unter *Fotokorrekturen*, Seite 72.

Grundlagen

ausprobieren, was Ihr Scanner schafft.

» **Text:** Mittels OCR (Optical Character Recognition) kann gescannter Text in editierbare Form gebracht werden.

» **Rasterung:** Bei gerastertem Ausgangsmaterial – zum Beispiel bei Zeitungsausschnitten – stellen Sie ENTRASTERUNG ein. Bessere Scanner bieten die Möglichkeit, das Raster einzustellen, mit dem das Bild abgetastet werden soll. Gerade hierbei kann es zum unerwünschten Moiré-Effekt kommen. Wie Sie diesen korrigieren, lesen Sie auf Seite 72.

Tipps zum Scannen

1. **Farbe:** Sorgen Sie schon beim Scannen für Farbechtheit. Manche Scan-Programme unterstützen das Festlegen von Weiß-, Schwarz- bzw. Mitteltönen – nutzen Sie es! Meist funktioniert das mithilfe von Pipetten: Klicken Sie damit auf einen im Bild leicht identifizierbaren Farbton – beispielsweise „Wolkenweiß", „Schattenschwarz" oder „Himmelsgrau". Die restlichen Tonwerte ergeben sich dann automatisch.

2. **Bereich:** Wählen Sie beim Scannen immer exakt den Bildbereich. Mitgescannte Weißräume von der Scanneroberfläche beeinflussen bei manchen Programmen die Farbzusammensetzung des Bilds.

3. **Nicht Schärfen:** Schärfen ist ein Arbeitsschritt, der erst ganz am Ende der Bildbearbeitung erfolgt. Das überlassen Sie also besser GIMP.

4. **Oberfläche:** Achten Sie auf eine staub- und fettfreie Scanneroberfläche. Verwenden Sie dazu am besten Mikrofasertücher, die es speziell für Glas gibt (übrigens ... damit putzen Sie auch ganz fantastisch Monitor, Brillen, Fenster etc. !)

Mit dem Scannen von Objekten wie Uhren, Muscheln oder Laub erzielen Sie oft sogar bessere Ergebnisse als beim Abfotografieren. Lassen Sie den Deckel des Scanners offen und verdunkeln Sie den Raum oder bedecken Sie den Gegenstand mit einem schwarzen oder weißen Stück Stoff.

Mit zerknittertem und eingescanntem Packpapier lassen sich alte Fotos simulieren, siehe Seite 112.

... vom Web

Bilder aus dem Web sind grundsätzlich urheberrechtlich geschützt, das heißt, Sie dürfen diese nicht ohne Zustimmung der jeweiligen Rechteinhaber/innen herunterladen. Es gibt jedoch eine Anzahl an Plattformen, wo – nicht nur – Amateurfotografen/-fotografinnen Bilder zum Download zur Verfügung stellen. Vergewissern Sie sich vor dem Download, ob und unter welchen Voraussetzungen Sie diese Bilder verwenden dürfen.

Bilderplattformen im Web

» **http://www.flickr.com**
Gigantisches Fotoportal. Millionen Nutzer/innen aus der ganzen Welt veröffentlichen dort ihre Bilder. Fotos unter der Creative-Commons-Lizenz (CC) sind bei Namensnennung frei verwendbar. Mehr dazu siehe auch *http://creativecommons.org* bzw. Seite 161.

» **http://flickrcc.bluemountains.net**
Über diese Website suchen Sie auf Flickr ausschließlich nach Bildern, die unter der Creative-

> TIPP
> Bei Flickr sind zahlreiche internationale Nutzer/innen – verwenden Sie daher nach Möglichkeit auch fremdsprachige Suchbegriffe (Übersetzungen: *http://dict.leo.org*).

Commons-Lizenz (CC) veröffentlicht wurden. Weiterhin ist bei der Suche eine Einschränkung nach kommerzieller Nutzung möglich.

» **http://www.photocase.com:**
Funktioniert nach dem Prinzip „Geben und nehmen": Für jedes Foto, das Sie hinaufladen und das genehmigt wird, erhalten Sie Download-Credits, mit denen Sie wiederum Bilder downloaden dürfen. Die strenge Jury sorgt für qualitativ hochwertige und

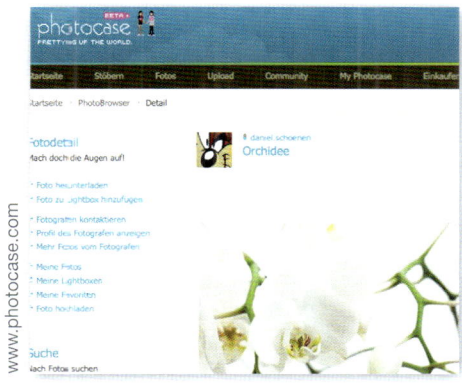

außergewöhnliche Bilder. Ein Verwenden der Bilder ist nur mit Namensnennung des Fotografen bzw. der Fotografin gestattet. Mit den hochgeladenen Fotos kann auch Geld verdient werden. Registrierung erforderlich.

» **http://www.aboutpixel.de:**
Tausende Bilder in zum Teil Topqualität zum Gratis-Download unter Namensnennung des Fotografen/der Fotografin und der Fotodatenbank. Es zahlt sich aus, zu stöbern oder auch eigene Bilder hochzuladen (Registrierung).

Mit einem Klick kann jedes Bild als Kunstdruck bestellt werden.

Schritt für Schritt: Bilder vom Web herunterladen

1 Bei den meisten professionellen Fotoportalen wählen Sie vor dem Download zwischen verschiedenen Auflösungen (klein, mittel, groß, extralarge etc.). Entscheiden Sie sich stets für die größte Auflösung, um mehr Spielraum bei einer Nachbearbeitung zu haben (falls erlaubt). Klicken Sie mit der rechten Maustaste auf das Bild > BILD/GRAFIK SPEICHERN UNTER... oder suchen Sie in dem jeweiligen Portal nach einem Befehl zum Downloaden.

2 Wenn Sie keine eigene Auswahl treffen können, werden die Bilder meist automatisch auf dem Desktop bzw. Schreibtisch abgelegt. Das hängt von den Einstellungen Ihres Browsers (= Internet Explorer, Firefox etc.) ab. Das Bild ist nach erfolgtem Download auf Ihrem Computer gespeichert und Sie können es in GIMP öffnen.

3 GIMP bietet mit dem Befehl DATEI > ADRESSE ÖFFNEN die Mög-

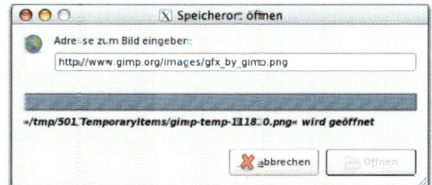

lichkeit, Bilder direkt per URL (= Uniform Resource Locator = Webadresse) in das Programm zu holen.

Grundlagen digitaler Bilder
Pixel/Vektor ▪ Auflösung ▪ Dateitypen

Wie ist eine Grafik oder ein Foto aufgebaut? Was ist die optimale Größe für Fotos am Bildschirm und mit welcher Auflösung werden die Bilder am schönsten ausgedruckt? Warum die 72-dpi-Auflösung ein Mythos ist und welche Dateitypen für welchen Einsatz am besten geeignet sind – all diese Informationen, die für den alltäglichen Einsatz von digitalen Bildern grundlegend sind, liefert Ihnen dieser Abschnitt.

li.: Pixelgrafiken   re.: Vektorgrafiken

100%

250%

400%

Vergleichen Sie selbst: Die jeweils linke Grafik ist eine Pixelgrafik und die rechte eine Vektorgrafik.
Die erste Reihe ist in einer 1:1-Darstellung abgebildet – also in der Originalgröße. Die zweite Reihe wurde um 250% vergrößert und die dritte Reihe nochmals um mehr als die Hälfte. Sie erkennen deutlich, dass die Grafiken auf der linken Seite immer mehr „auspixeln", während die skalierbaren Vektorgrafiken rechts durchgehend gestochen scharf sind. Diese haben trotz Skalierung nichts an Qualität verloren.

Pixel versus Vektor

Grundsätzlich unterscheidet man bei grafischen Dateien zwischen Vektorgrafiken und Pixelgrafiken – dafür gibt es auch unterschiedliche Programme. Mit GIMP bearbeiten Sie Pixelgrafiken, mit Ausnahme von Text, dieser wird vektorisiert eingefügt.

Pixelgrafiken

Pixel- oder auch Rastergrafiken genannt, sind aus einer Vielzahl an Pixel zusammengesetzt. Sie haben sich sicher schon einmal ganz nahe an eine Plakatwand gestellt und dabei die Bildpunkte gesehen, aus denen das Plakat zusammengesetzt ist. Bei digitalen Fotos ist es genauso, nur liegen die Pixel näher beieinander. In einem Pixel sind alle Informationen gespeichert, die ein Bild ausmachen: Helligkeit, Farbe, Transparenz (Alpha), Position etc.

Wie links das Beispiel der Download-Buttons zeigt, müssen Sie

beachten, dass das Verändern der Größe einer Pixelgrafik nur bedingt möglich ist, da ja die Pixel z.B. beim Verkleinern auf Basis verschiedener mathematischer Verfahren weggelöscht werden. Dieser Vorgang wird Interpolieren genannt. Genauso verhält es sich beim Vergrößern: Die neuen Farbübergänge werden aus den Mittelwerten der verbleibenden Pixel gebildet. Jede Größenänderung führt daher in gewissem Ausmaß zu Qualitätsverlusten. Mehr zu den Interpolationsverfahren von GIMP lesen Sie unter *Bild skalieren* auf Seite 27.

Der Vorteil von Pixelgrafiken ist die unglaubliche Anzahl an Farbschattierungen, die mit den Vektorgrafiken nie darstellbar wäre, denken Sie nur an die Schattierungen der Haut. Daher bestehen Fotos immer aus Pixel.

Vektorgrafiken

Vektorgrafiken sind Bilder aus geometrischen Formen, wie Linien, Polygone oder Ellipsen. Diese

Formen werden nicht mit Pixeln aufgefüllt, sondern flächig – die Beschreibung der Grafik erfolgt durch die X/Y-Koordinaten.

Beim Skalieren von Vektorgrafiken werden nur die Koordinaten versetzt und das Innere neu befüllt – so wird die Grafik ohne Qualitätsverlust vergrößert oder verkleinert. Vektorgrafiken benötigen aufgrund dieser

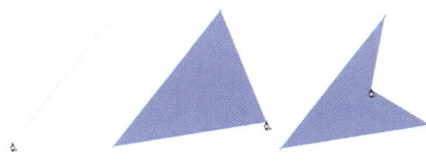

Technik wenig Speicherplatz. Fotorealistische Abbildungen sind damit aber natürlich nur sehr schwer und nur mit großen Dateien umsetzbar. Daher sind einfachere Grafiken oder Schriftzüge – also beispielsweise Logos oder Symbole – Vektorgrafiken.

Auflösung – alles relativ!

Die Auflösung im Zusammenhang mit Bildern definiert, aus wie vielen Bildpunkten oder Pixel ein Bild vertikal bzw. horizontal zusammengesetzt ist. Doch damit ist noch lange nicht die eigentliche Ausgabegröße des Bilds definiert – denn diese hängt vom Medium ab, mit dem Sie das Bild ausgeben: Betrachten Sie die Fotos nur am Bildschirm – zum Beispiel über ein digitales Fotoalbum im Web – oder drucken Sie sie doch lieber aus und zeigen sie Ihren Freunden im Café?

Aber in welcher Größe speichern Sie die Bilder? Das klären die folgenden Abschnitte.

Ausgabe am Bildschirm

Bei der Ausgabe des Bilds am Bildschirm gibt es etwas Wichtiges zu beachten, denn: Das Foto vom Nachwuchs (rechts) verhält sich eigenartig – zu Hause ist es vollständig am Monitor zu sehen, doch beim Nachbarn ist es plötzlich riesig und er muss scrollen, um alle Teile der kleinen Stupsnase zu sehen. Warum?

Die Darstellung des Bilds hängt von der Auflösung des Monitors ab, mit dem das Bild betrachtet wird. Denn die Größe eines Pixels ist relativ: **Je geringer die Bildschirmauflösung, desto größer wirkt das Bild.** Verwenden Sie also auf Ihrem Monitor eine eher hohe Auflösung von 1600 x 1200 Pixel, dann sehen Sie ein 700 Pixel breites und 1000 Pixel hohes Bild komplett. Eine Bildschirmauflösung von nur 1280 x 960 Pixel kann dasselbe Bild nicht mehr vollständig darstellen.

Die maximale Auflösung Ihres Monitors wird durch die Grafikkarte und den Monitor selbst bestimmt. Die aktuell eingestellte Auflösung

Ihres Monitors lesen Sie über SYSTEMSTEUERUNG (Win, Linux) > ANZEIGE bzw. SYSTEMEINSTELLUNGEN > MONITORE (Mac) aus. Hier lässt sie sich auch verstellen.

Hinweis: 41,3% der Webuser/innen surfen noch immer mit der eher geringen Auflösung von 1024 x 768

Das Foto mit 700 x 1000 Pixel Größe ist bei der Bildschirmauflösung von 1600 x 1200 Pixel vollständig sichtbar.

Dasselbe Bild bei einer Monitor-Auflösung von 1280 x 960 Pixel: Man muss bereits scrollen, weil es mit 1000 Pixel Höhe nicht mehr in das Fenster passt …

… und bei 1024 x 768 Pixel fehlt fast ein Drittel.

(Quelle: *http://www.webhits.de*, Stand: 02/2009). Wenn Sie also Ihre Fotos im Web veröffentlichen, sollten sie eine Größe von ca. 800 Pixel in der Breite und 500 Pixel Höhe nicht übersteigen. Dann kann jede/r die Bilder vollständig am Bildschirm sehen.

Der 72-dpi-Mythos

Der 72-dpi-Mythos hält sich recht hartnäckig. Erstaunlich viele Menschen glauben zu wissen, dass ein Bild fürs Web mit einer Auflösung von 72 dpi abgespeichert werden muss. Doch dieser Wert ist veraltet wie unerheblich gleichermaßen: Erstens haben die meisten Bildschirme heutzutage eine völlig andere Auflösung: Beispielsweise hat ein 15-Zoll-Monitor bei 1024 x 786 eine Auflösung von 85,33 dpi, ein 19-Zoll-Monitor bei 1600 x 1200 jedoch 105,26 dpi. Und zweitens – wie das Beispiel mit dem Kinderfoto zeigt – interessiert den Browser einzig die Höhe und Breite des Bilds in Pixel.

Das heißt, dass die Angabe der Auflösung bei der Ausgabe am Bildschirm keine Bedeutung hat. Sie brauchen sich nur um die korrekte Pixelanzahl für Breite und Höhe zu kümmern, die Pixel verteilen sich dann automatisch im Bild.

Ausgabe der Bilder am Drucker

Beim Ausdrucken der Fotos wird nun tatsächlich die Auflösung interessant. Die Auflösung wird in dpi = dots per inch oder manchmal auch in ppi = pixel per inch angegeben (dpi, ppi – was ist was? – siehe Tipp nächste Seite).

Fotos in drucktauglicher Qualität benötigen eine Auflösung von 150 bis 300 dpi, abhängig davon, auf welchem Drucker das Bild ausgedruckt wird: Auf einem herkömmlichen Tintenstrahl- oder auch Laserdrucker genügt eine niedrigere Auflösung. Im Offsetdruck benötigt das Bild jedoch 300 dpi.

In GIMP gibt es einen eigenen Dialog unter BILD > DRUCKGRÖSSE, wo Sie die Ausgabegröße auslesen. Zusätzlich gibt es im Web zahlreiche Tabellen (suchen Sie über eine Suchmaschine z.B. nach „tabelle bildgrösse"), denen Sie entnehmen können, wie viele Megapixel nötig sind, um ein Bild in bestimmten Abmessungen auszudrucken. Mehr dazu lesen Sie unter *Präsentation*, ab Seite 152.

Formeln zum Feststellen der Druckgröße bzw. Pixelanzahl

$$\frac{Pixel}{DPI} = \text{Seitenlänge in Inch} \times 2{,}54 = \text{Seitenlänge in cm}$$

Rechnet die Seitenlänge in cm aus, die maximal möglich ist, um ein Bild in Fotoqualität auszudrucken

$$\frac{\text{Seitenlänge in cm} \times DPI}{2{,}54} = \text{Seitenlänge in Pixel}$$

Rechnet die Pixelanzahl aus, die eine Aufnahme benötigt, um in einer bestimmten Größe – z.B. 10 x 15 cm ausgedruckt zu werden.

Beispiel: Sie besitzen eine 12-Megapixel-Kamera und möchten wissen, bis zu welcher Maximalgröße Sie die Bilder ausdrucken können. Ein für Fotos übliches Seitenformat ist 3:2. Die 12 Megapixel verteilen sich wie folgt:

4256 Breite x 2848 Höhe (rd. 12,3 Mio. Pixel = Megapixel)

1 Inch = 1 Zoll = 2,54 cm

Wie groß wird das Bild im Ausdruck, wenn Sie es mit 300 dpi Auflösung drucken? Das errechnen Sie so:

$$\frac{4256}{300} = 14{,}18 \text{ inch} \times 2{,}54 = 36 \text{ cm Breite}$$

$$\frac{2848}{300} = 9{,}49 \text{ inch} \times 2{,}54 = 24 \text{ cm Höhe}$$

Wie viele Pixel braucht eine Aufnahme, um sie in Fotoqualität (300 dpi) 15 x10 cm auszudrucken? Dann rechnen Sie:

$$\frac{15 \text{ cm} \times 300}{2{,}54} = 1772 \text{ Pixel Breite}$$

$$\frac{10 \text{ cm} \times 300}{2{,}54} = 1181 \text{ Pixel Höhe}$$

PPI (Pixel per Inch) oder DPI (Dots per Inch)

Pixel sind im Gegensatz zu Dots eine relative Größe, die nur Informationen über ihre Helligkeit, Farbe und Position besitzen. Ein Dot kann tatsächlich eine physikalische Größe annehmen. Mit DPI wird im Druckbereich die Auflösung definiert – also die Anzahl der Druckfarbpunkte pro Inch (Zoll). Beim Scannen spricht man korrekterweise von PPI – da es sich um einen elektronisch erfassten Bildpunkt handelt. Trotzdem geben die Hersteller fälschlicherweise die Scanner-Auflösung häufig in DPI an.

Tipp

Dateiformate für Bilder

Klick – abgedrückt! Ihre digitale Kamera hat nun die Bildinformationen im RAW-Format aufgenommen. RAW (engl. raw = roh, ungeschliffen) ist ein Rohdatenformat – die Bilddaten werden dabei völlig unbearbeitet und unkomprimiert gespeichert. Dabei waren die Hersteller recht kreativ, denn für jedes Kameramodell gibt es ein eigenes RAW-Format. Die gute Nachricht: Das UFRaw-Plug-in für GIMP liest die gängigsten problemlos ein (mehr dazu siehe *RAW-Dateien öffnen*, Seite 44). Nur digitale Spiegelreflexkameras und höherwertige digitale Kompaktkameras bieten RAW-Dateien zur Weiterverarbeitung am Computer an. Die meisten gängigen Kompaktkameras wandeln das RAW-Format automatisch in das gängige JPG-Format um.

Es gibt zahlreiche Dateiformate für Bilder mit jeweils ganz spezifischen Eigenschaften. Hier im Überblick, welches Dateiformat für welchen Einsatzbereich am besten geeignet ist (in alphabetischer Reihenfolge nach Format):

Fujifilm

Format	Beschreibung	Vorteile	Nachteile	Einsatzbereiche
GIF	Abkürzung für *Graphics Interchange Format* Kennt max. 256 unterschiedliche Farben, diese werden in einer Tabelle abgelegt („indiziert", in GIMP: BILD > MODUS > INDIZIERT). Je höher die Komprimierung, desto weniger Farben, Ausgleich der fehlenden Farben mittels Dithering (auch: Fehlerdiffusion), dabei werden benachbarten Pixeln neue Farben zugewiesen und so Farbübergänge simuliert.	Gute, verlustfreie Komprimierung Transparenz Animierbarkeit: Dabei werden mehrere Grafiken in einer Datei nacheinander abgespielt („Daumenkino"). Webtauglich	Nur 256 Farben Keine stufenweise Transparenz möglich (da hilft PNG) Ränder von Schriftzügen reißen leicht aus (Lösung in GIMP: EBENE > TRANSPARENZ > SEMI-ABFLACHEN).	Logos Schriftzüge Buttons Simple Grafiken Muster Fotos mit wenigen Farben Auch für den Einsatz im Web Animationen
JPG, JPEG	(sprich: *tsch'ipäg*) Abkürzung von *Joint Photographics Experts Group* Wurde 1992 vom JPG-Komitee herausgegeben. Gängigstes Format im Webbereich bzw. häufig auch von digitalen Kameras. Ausgezeichnetes Verhältnis Bildqualität zu Kompression. Kompression ist in Stufen einstellbar (in GIMP QUALITÄT: 0-100). Weiteres Format: JPEG2000, erlaubt verlustfreie Speicherung	Kennt 16,7 Mio. Farben Ausgezeichnetes Verhältnis Dateigröße zu Qualität Sehr weit verbreitet Webtauglich Speichert EXIF-Daten	Kompression ist verlustbehaftet, wiederholtes Abspeichern bei unterschiedlichen Qualitätsstufen führt zu leichten Verlusten. Qualität nicht immer ausreichend für den High-end-Druckbereich Typische JPG-Artefakte (Pixelklötze) bei hoher Komprimierung Keine Transparenz	Fotos Farbenreiche Grafiken Ideal zum Weiterreichen bzw. Versenden per E-Mail und Veröffentlichen im Web

Format	Beschreibung	Vorteile	Nachteile	Einsatzbereiche
PNG	Abkürzung von *Portable Network Graphic* PNG wurde 1995 als freier Ersatz für das bis 2004 durch Patentforderungen beschränkte GIF-Format entwickelt. PNG kann eine Farbtiefe von bis zu 16 Bit pro Kanal annehmen. Dadurch ist eine enorm feine Transparenzabstufung möglich, weil auch der Alphakanal bis zu 65.536 Stufen kennt (bei 8 Bit nur 256).	Farbtiefe bis 16 Bit pro Kanal Transparenzinformation in eigenem (Alpha-)Kanal und für jeden Farbkanal Ausgezeichnete und verlustfreie Komprimierung Mitspeichern von Metadaten möglich	Bedingt webtauglich (Internet Explorer bis Version 6 stellt das Format fehlerhaft bis gar nicht dar) Keine Animation (geplant war dafür ein eigenes Format: MNG)	Fotos Grafiken und Bilder mit transparenten bzw. teiltransparenten Bereichen Verläufe von Farbe in Transparenz
PSD	Photoshop-Dateiformat, speichert alle Informationen, die beim Bearbeiten angelegt wurden wie z.B. Ebenen, Texte, Pfade. GIMP kann Photoshop-Dateien öffnen – genauso wie GIMP-Dateien im PSD-Format im Photoshop korrekt geladen werden.	Verlustfreies Speichern Behält alle Bearbeitungsfunktionen wie Ebenen, Pfade, Text-Ebenen etc.	Große Datei Nicht webtauglich	Zum Bearbeiten der Dateien in Photoshop
RAW	Englisch *raw* = roh. Die Bilder werden unkomprimiert und unbearbeitet in der Kamera abgelegt und mittels Plug-in in professionellen Bildbearbeitungsprogrammen importiert. Die jeweilige Dateiendung hängt vom Kameratyp ab (z.B. RAF, CRW, CR2, NEF, X3F). RAW-Bilder zahlen sich aus, wenn Sie umfangreichere Bildkorrekturen vornehmen möchten. Dafür sollten Sie über einen kalibrierten Monitor verfügen. Das DNG-Format (Digital Negative) erlaubt eine verlustfreie Komprimierung von RAW-Daten zu Archivierungszwecken.	Völlige Freiheit für das Einstellen von Weißabgleich, Schärfung, Farbsättigung, Kontrast etc. Mit 10, 12 oder 14 Bit sind 1.024 bis 16.384 Helligkeitsabstufungen möglich. High-end-Bildbearbeitung EXIF-Daten	Sehr große Dateien – hoher Speicherplatzverbrauch. Pro Bild bis zu 20 MB und mehr Verzögerung beim Speichern der Datei in der Kamera GIMP benötigt ein eigenes Plug-in (siehe *RAW-Dateien öffnen*, Seite 44). Nicht webtauglich	Für das professionelle Nachbearbeiten
TIFF	Abkürzung von *Tagged Image File Format* Dieses Format wird häufig für hochaufgelöste Bilder im Druckbereich verwendet bzw. kommt beim Scannen zum Einsatz, weil die Pixel, genauso wie beim Scan-Abtastraster, zeilenweise angeordnet werden.	Verlustbehaftetes und verlustfreies Komprimieren Ebenen 16-Bit-Alphakanal, CMYK Hohe Auflösung Ausgezeichnete Bildqualität	Große Datei Nicht webtauglich	Für den Datenaustausch Scannen Druckvorstufe Archivieren Kartenbilder, Luftbilder (GeoTIFF)
XCF	Abkürzung von *eXperimental Computing Facility* GIMP-eigenes Dateiformat, speichert alle Informationen, die zum Bearbeiten der Datei angelegt wurden: Ebenen, Pfade, Texte etc.	Verlustfreies Speichern Behält alle Bearbeitungsfunktionen Kompression mit bzip2 und gz	Nicht webtauglich Große Datei (Noch) keine CMYK-Unterstützung	Format zum Bearbeiten und Archivieren – daraus exportieren Sie dann die gängigen Dateiformate (JPG, GIF, PNG etc.).

JPG und PNG im Einsatz

Foto: Michael Palliardi

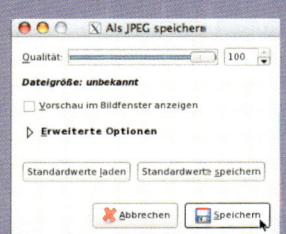

△ **JPG**-Varianten: Oben groß das Original. Die kleinen Bildausschnitte zeigen, v.o.: JPG mit Qualität 80, Dateigröße 433 KB; JPG mit Qualität 30 und nur noch eine Dateigröße von 136 KB und unten JPG mit Qualität 10, Dateigröße 112 KB.

Sie erkennen, dass mit höherer Komprimierung Pixelkästchen hervortreten. Diesen Effekt nennt man JPG-Artefakte und die gilt es natürlich zu vermeiden. Für eine Darstellung im Web verwenden Sie je nach Qualität des Ausgangsmaterials eine QUALITÄT zwischen 50 und 80.

▽ **PNG**: Diesen mit dem KUGEL-DESIGNER von GIMP (FILTER > RENDER) erzeugten „Planeten" habe ich unterschiedliche Deckkraft zugewiesen (Ebenendialog) und anschließend als *.png gespeichert. In einer HTML-Datei habe ich die Grafik auf verschiedenen Hintergrundfarben platziert (<bgcolor>). Dank PNG-Format werden nun die halbtransparenten Informationen dargestellt. V.l.n.r.: auf weißem, schwarzem, buntverlaufendem und ausgeblendetem Hintergrund – das Schachbrettmuster stellt die Transparenz dar.

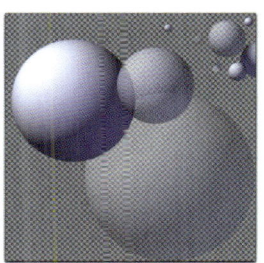

◁ Dieselbe Datei als JPG gespeichert hat die Transparenz verloren, stattdessen ein weißer Hintergrund. Rundherum erkennen Sie die schwarze Hintergrundfarbe der HTML-Datei.

◁ Dieselbe Datei als GIF gespeichert hat die Teiltransparenz verloren – der schwarze Hintergrund der HTML-Datei ist zwar zwischen den Kugeln zu sehen, aber die verlaufende Transparenz der Kugeln selbst ist nicht mehr vorhanden (vgl. erste PNG-Grafik links oben).

Dateiverwaltung
Öffnen & schließen ▪ speichern

Wie öffnen, schließen und speichern Sie Dateien in GIMP? Wie suchen Sie mithilfe von GIMP nach Bildern? Welchen Dateitypen verwenden Sie am besten beim Bearbeiten? Und welche Dateitypen unterstützt GIMP? Das und jede Menge Tricks zum schnelleren Arbeiten finden Sie auf den folgenden Seiten.

Dateien öffnen & schließen

1 Zum Öffnen einer Datei klicken Sie auf DATEI > ÖFFNEN oder drücken Sie [Strg]/[Ctrl]+[O] (der Buchstabe O).

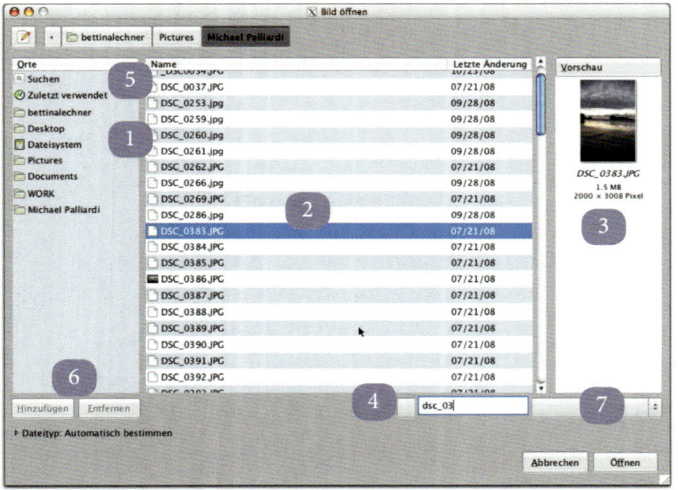

1 Doppelklicken Sie hier zur Auswahl des Laufwerks bzw. Ordners.

2 Zum Öffnen eines Ordners doppelklicken Sie darauf 📁. In der Leiste darüber zeigt GIMP den bereits angeklickten Pfad (= alle übergeordneten Ordner) an. Praktisch: Um Ordner-Ebenen hinaufzuwechseln, klicken Sie in dieser Leiste auf die Ordnernamen. Zum Öffnen einer Datei klicken Sie doppelt darauf (Mehrfachmarkierung siehe Tipp) bzw. auf die Schaltfläche ÖFFNEN oder nur einmal, um sie zu markieren und ...

3 .... hier eine VORSCHAU auf die gewählte Datei zu erhalten. Falls Sie keine Vorschau sehen, aktualisieren Sie die Ansicht durch Klick auf das Maskottchen Wilber 🐺. Im Vorschaubereich sehen Sie Informationen zu Dateiname, Dateigröße und Auflösung.

4 Zum schnellen Auffinden von Dateien klicken Sie einmal in die Dateiliste (2) und tippen Sie die Anfangsbuchstaben des gesuchten Dateinamens. Somit öffnet sich automatisch diese Zeile (4) und der Fokus springt in der Dateiliste auf die Datei. Alternativ dazu klicken Sie ...

5 ... in der linken Leiste auf SUCHEN. Damit öffnen Sie eine integrierte Suchfunktion. Mit der Eingabe eines Dateinamens bzw. der Anfangsbuchstaben einer Datei wird die komplette Festplatte nach passenden Bilddateien durchsucht. Die Ergebnisse stehen dann gesammelt in der Dateiliste (2).

6 HINZUFÜGEN/ENTFERNEN: Durch Klick auf HINZUFÜGEN fügen Sie den aktuell im Dateifenster (2) markierten Ordner als Favorit zur linken Ordnerleiste hinzu (hier z.B. Arbeitsmaterial bzw. Bilder-Rohmaterial). Hinweis: Es muss ein Ordner markiert sein und nicht eine Datei. Die Reihenfolge der Favoriten ändern Sie durch Ziehen. Mit ENTFERNEN löschen Sie die Verknüpfung aus der Leiste wieder. Sehr praktisch für viel besuchte Ordner!

7 ALLE DATEIEN: Über dieses Pull-down-Menü filtern Sie die Anzeige im Dateifenster (2) nach Dateityp, z.B. sehen Sie dann nur JPEG-Dateien.

Mehrere Dateien öffnen

GIMP versteht die üblichen Tastenkombinationen für Datei öffnen: Klicken Sie in einer Liste von Dateien auf eine Datei weiter oben, halten Sie dann ⇧ und klicken Sie auf eine Datei weiter unten – damit markieren Sie alle dazwischenliegenden Dateien. Für eine gezielte Auswahl einzelner Dateien halten Sie die Strg / Ctrl -Taste gedrückt, während Sie die Dateien anklicken.

Tipp

2 Dateien superschnell öffnen: Ziehen Sie die erste Bilddatei aus dem Dateimanager (z.B. Windows-Explorer) direkt auf das leere Bildfenster von GIMP. Mehrere Dateien ziehen Sie oben auf den Werkzeugkasten. Am Mac ziehen Sie die Datei aus dem Finder auf das GIMP-Icon im Dock.

3 Mehrere geöffnete Dateien sehen Sie einerseits im Menü FENSTER und sie lassen sich optimal über den Dialog BILDER managen (FENSTER > ANDOCKBARE DIALOGE). Darin finden Sie eine Liste aller geöffneten Dateien mit Vorschaubild. Mit Doppelklick auf den Dateinamen wechseln Sie sofort auf die gewünschte Datei. Ziehen Sie den Dialog – am Dialognamen mit gedrückter Maustaste fassend – in

ein Dock. So behalten Sie immer den Überblick (1). Mit Klick auf den Auto-Button (2) folgt der Fokus der Maus – sobald Sie die Maus über ein Bildfenster stellen, wird es aktiv und der Dialog ändert seine Darstellung.

4 Schließen Sie Dateien, indem Sie im Menü DATEI auf SCHLIESSEN (Strg / Ctrl +W) bzw. ALLE SCHLIESSEN (⇧ + Strg / Ctrl +W) klicken. Oder wie üblich auf das Datei-Schließen-Symbol ✕ im Bildfenster. Achtung! Schließen Sie das letzte, leere Bildfenster, beenden Sie GIMP.

Dateien speichern

1 Arbeitsvorgang: Beim Bearbeiten und Speichern von Dateien gehen Sie am besten wie folgt vor:
Bleiben Sie im originalen Dateiformat, wenn Sie nur einfache Veränderungen wie Farbkorrekturen, Bildgröße, Schärfe etc. vorgenommen haben. Speichern Sie dann also z.B. eine JPG-Datei wieder als JPG-Datei in der gleichen Qualitätsstufe ab.

JPG⤍JPG

Sobald Sie mit GIMP-spezifischen Techniken arbeiten, wie z.B. mit Ebenen, Pfaden, Auswahlmasken, speichern Sie die Datei mittels DATEI > SPEICHERN UNTER im GIMP-eigenen Dateiformat XCF ab (*berge.xcf*). Möchten Sie Ihr Werk jedoch anderen präsentieren, also beispielsweise per E-Mail versenden, SPEICHERN Sie es UNTER einem gängigen Dateityp wie JPG wieder neu ab. Somit können es auch jene Personen öffnen, die kein GIMP installiert haben.

JPG⤍XCF⤍JPG

BEARBEITEN   VERÖFFENTLICHEN

2 Zum Speichern einer Datei wählen Sie DATEI > SPEICHERN (Strg / Ctrl +S). Um die Datei unter einem anderen Namen abzuspeichern, wählen Sie DATEI > SPEICHERN UNTER (⇧ + Strg / Ctrl +S) und geben in dem Dialog den

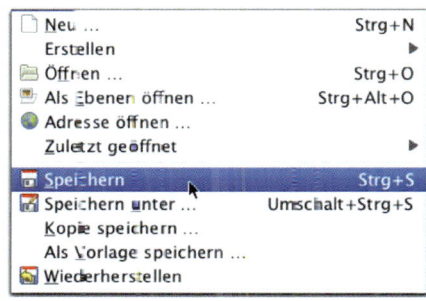

Kürzel	Datei	GIMP kann die Datei ...
.abr	Photoshop-Pinsel	öffnen
.ansi, .txt, .text	ASCII-Kunst	nur speichern, nicht öffnen
.als, .alpha, .mask, .matte, .pix	Alias-Pix-Bild	öffnen & speichern
.avi	MS AVI Video	öffnen & speichern
.bitmap	X-Bitmap-Bild	öffnen & speichern
.bmp	Microsoft Windows Bitmap	öffnen & speichern
.c	C-Quelltext	nur speichern, nicht öffnen
.cel	KISS CEL	öffnen & speichern
.dcm, .dicom	Dicom, digitale Bilderzeugung in der Medizin	öffnen & speichern
.desktop	Desktop-Verknüpfungen	nur öffnen, nicht speichern
.eps	PostScript	öffnen & speichern
.fit, .fits	FITS-Astronomiegrafiken	öffnen & speichern
.fli, .fic	Flexible Image Transport System	öffnen & speichern
.g3	Fax-Bild	nur öffnen, nicht speichern
.gbr	GIMP-Pinsel	öffnen & speichern
.gih	GIMP-Pinsel animiert	öffnen & speichern
.gif	GIF – Compuserve Graphics Interchange Format	öffnen & speichern
.h	C-Quelltext-Header	nur speichern, nicht öffnen
.htm, .html	HTML-Tabelle mit farbigen Zellen	nur speichern, nicht öffnen
.ico	Microsoft-Windows-Icon	öffnen & speichern
.icon	X Bitmap Image	öffnen & speichern
.im1, .im8, .im24, .im32, .rs, .ras	SUN-Raster-Datei	öffnen & speichern
.jpeg, .jpg, .jpe	Joint Photographic Experts Group Images	öffnen & speichern

Kürzel	Datei	GIMP kann die Datei ...
.mng	Animation – Multiple Network Graphic Layered Image File	nur speichern, nicht öffnen
.pat	GIMP-Muster	öffnen & speichern
.pbm	Portable Bitmap	öffnen & speichern
.pcx, .pcc	Zsoft-PCX-Bild	öffnen & speichern
.pdd	Adobe Photoshop	öffnen & speichern
.pdf	Adobe PDF	nur öffnen, nicht speichern
.pgm	Portable Graymap	öffnen & speichern
.png	Portable Network Graphics	öffnen & speichern
.pnm	Portable Anymap	öffnen & speichern
.ppm	Portable Pixmap	öffnen & speichern
.ps, .ps.gz	PostScript-Datei	öffnen & speichern
.psd	Adobe Photoshop	öffnen & speichern
.psp	PaintShop Pro	öffnen & speichern
.sgi, .rgb, .bw, .icon	Silicon-Graphics-IRIS-Bild	öffnen & speichern
.svg	Scalable Vector-Grafik mit exportierbarem Pfad	öffnen & speichern (exportieren)
.tga	Truevision TarGA	öffnen & speichern
.tiff, .tif	Tagged Image File Format	öffnen & speichern
.tub	PaintShop Pro	öffnen & speichern
.xbm	X-Bitmap-Bild	öffnen & speichern
.xhtml	XHTML	nur öffnen, nicht speichern
.xjt, .xjtgz, .xjbz2	GIMP-komprimiertes XJT-Bild	öffnen & speichern
.xcf, .xcf.gz, .xcf.bz2, .bz2, .xcfbz2	GIMP-eigener Dateityp, kennt z.B. GIMP-Ebenen	öffnen & speichern
.xpm	X-Pixmap-Bild	öffnen & speichern
.xwd	X-Window-Speicher	öffnen & speichern

Darüber hinaus ist GIMP in der Lage, über das UFRaw-Plug-in zahlreiche RAW-Bildformate zu öffnen. Mehr dazu siehe Seite 44.

Dateitypen

Eine Beschreibung der gängigsten Dateitypen, deren Eigenschaften, Vor- und Nachteile bzw. ihre besonderen Einsatzbereiche finden Sie unter *Grundlagen digitaler Bilder* auf Seite 16.

Tipp

gewünschten neuen Dateinamen ein. Zum „Wegspeichern" eines Zwischenstands der aktuellen Datei bietet sich der Befehl DATEI > KOPIE SPEICHERN an bzw. Sie können diesen Befehl auch verwenden, um JPG aus XCF zu erzeugen.

3 Abspeichern: Beim Speichern wählen Sie analog zum

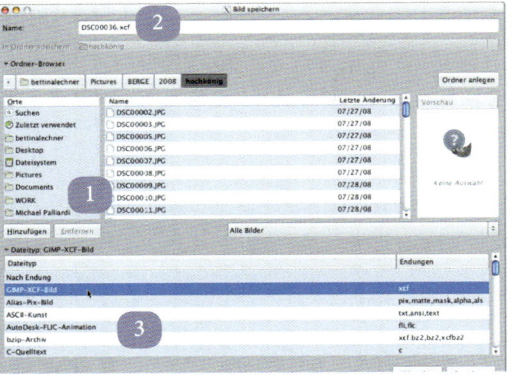

Öffnendialog (siehe Seite 22) zunächst den Ordner **(1)**, in dem Sie die Datei ablegen möchten, und tippen dann den Dateinamen mit dem Dateityp in die oberste Zeile, z.B. *venedig.jpg* **(2)**, oder Sie wählen die Endung aus der Liste DATEITYP: NACH ENDUNG **(3)**.

Die weiteren Dialoge sind abhängig vom gewählten Dateityp, wobei Sie die meisten Voreinstellungen getrost bestätigen können – hier nur ein paar Tipps zu den Unterschieden bei den gängigsten Varianten:

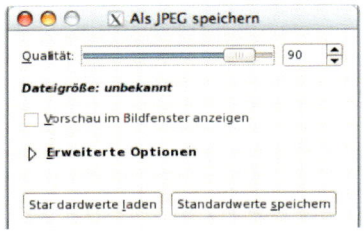

JPG: Beim Speichern einer Datei als JPG stellen Sie in dem Dialog die Qualitätsstufe ein. Für eine gleichbleibende QUALITÄT der Datei bleiben Sie beim Speichern immer in derselben oder einer höheren Qualitätsstufe. Für das Veröffentlichen in einem Webalbum oder zum Versenden per E-Mail ist eine Qualität von 65 bis 70 meist völlig ausreichend (siehe *JPG und PNG im Einsatz*, Seite 21). Für den Druck genügt eine Qualität von 90.

PNG: Achtung – beim PNG-Format

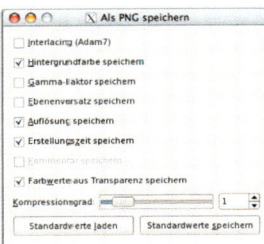

ist es umgekehrt: Dort stellen Sie die Kompression und nicht die Qualitätsstufe ein, das heißt, für eine qualitativ hochwertige Datei wählen Sie einen *geringen* KOMPRESSIONSGRAD, z.B. 1.

GIF: Beim GIF-Format bestätigen Sie im ersten Dialog, dass die Farben indiziert werden sollen (siehe auch *Dateiformate für Bilder*, Seite 19) bzw. in Graustufen gespeichert wird. (Für eine manuelle Indizierung wählen Sie zuvor BILD > MODUS > INDIZIERT.) Im zweiten Dialog aktivieren Sie gegebenenfalls INTERLACED – dadurch wird das Bild beim Laden im Web in Streifen aufgebaut, so dass die Benutzer/innen schon eine Vorschau erhalten, obwohl das Bild noch nicht vollständig geladen wurde.

HINWEIS

Wenn Sie z.B. in einer JPG-Datei bereits GIMP-spezifische Informationen wie Ebenen angelegt haben und diese Datei als JPG abspeichern wollen, erhalten Sie eine Warnung in Form dieses Dialogs:

Bestätigen Sie mit EXPORTIEREN, um die Datei als JPG zu speichern, oder BRECHEN Sie AB, um mit dem Befehl SPEICHERN UNTER in XCF (GIMP-Dateiformat, Ebene bleibt erhalten) zu speichern.

Bildgröße
Bildgröße ▪ Druckgröße ▪ Skalieren

Lesen Sie auf diesen Seiten, wo Sie die Größe einer Aufnahme schon vor dem Öffnen feststellen, wie Sie die Druckgröße verändern, welchen Einfluss die Auflösung darauf hat und was es beim Verändern der Bildgröße zu beachten gilt.

Bildgröße auf einen Blick

Die Bildgröße lesen Sie in GIMP einerseits vor dem Öffnen und auch ganz leicht nach dem Öffnen eines Bilds aus:

Vor dem Öffnen

Wählen Sie DATEI > ÖFFNEN ([Strg]/[Ctrl]+[O]). In dem Dialog sehen Sie in der rechten Leiste die Auflösung des Bilds. Falls Sie nur das Wilber-Maskottchen sehen, klicken Sie darauf – dadurch aktualisieren Sie die Ansicht. Dieses Bild eines Tuk-Tuks hier hat beispielsweise eine Auflösung von 2.592 x 3.888 Pixel.

Nach dem Öffnen

Sobald Sie eine Datei geöffnet haben, sehen Sie die Bildgröße auf einen Blick in der Titelleiste der aktuellen Datei: Die letzten beiden Werte sind die Breite x Höhe in Pixel:

Druckgröße feststellen und verändern

Aus der Pixelauflösung oben können Sie nicht die eigentliche Größe für die Ausgabe des Bilds am Drucker feststellen. Daher gibt es dafür in GIMP einen eigenen Dialog, den Druckgrößen-Dialog:

1 Die Druckgröße des Bilds sehen Sie unter BILD > DRUCK-GRÖSSE.

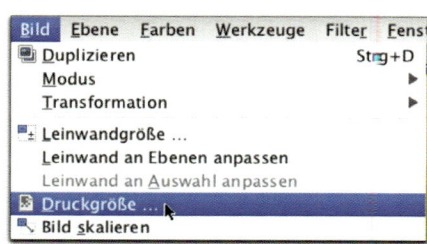

In dem Dialog sehen Sie oben die Breite bzw. Höhe des Bilds in verschiedenen Maßeinheiten für den Druck, daher nicht in Pixel (siehe auch Tipp, nächste Seite). Darunter befindet sich die Auflösung in *Pixel per Inch* (ppi). Verändern Sie zunächst die Maßeinheit der Breite und Höhe in ein für Sie bekanntes Maß, z.B. Millimeter oder durch Klick auf MEHR... auf Zentimeter.

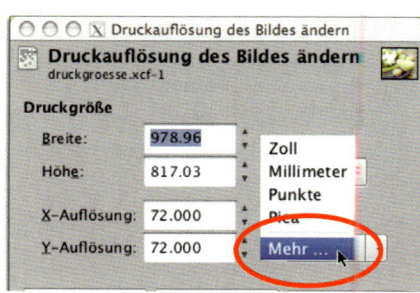

Tipp

2 Verändern der Druckauflösung: Für einen qualitativ hochwertigen Druck benötigt das Bild eine Auflösung von 150 bis 300 ppi. Die beiden Werte X- UND Y-AUFLÖSUNG sind voneinander abhängig – ändern Sie einen Wert, ändert sich der zweite automatisch mit – erkennbar auch am geschlossenen Kettensymbol 🔗. Bei diesem Bild hier steht die Auflösung auf 72 ppi. Das ist für den Ausdruck zu wenig, das Bild wäre unscharf. Beim Verändern der Auflösung ändern sich Breite und Höhe automatisch mit, da ja in diesem Dialog keine Pixel gelöscht, sondern nur neu verteilt werden.

Beispiel: Ich überschreibe nun die 72 ppi mit 150 ppi und drücke ⏎. Die Breite und Höhe haben sich verändert, das Bild kann mit einer Größe von rund 46 x 39 cm ausgedruckt werden. Ändere ich hingegen die Auflösung auf 300 ppi, kann es nur noch mit rund 23 x 19 cm Größe gedruckt werden, ist aber dafür schärfer.

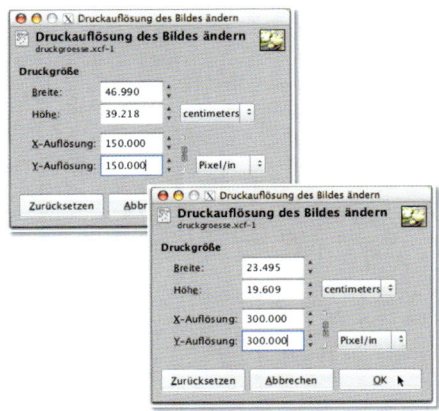

Bild skalieren

1 Zum Verändern der Abmessungen eines Bilds öffnen Sie den Dialog BILD > BILD SKALIEREN.

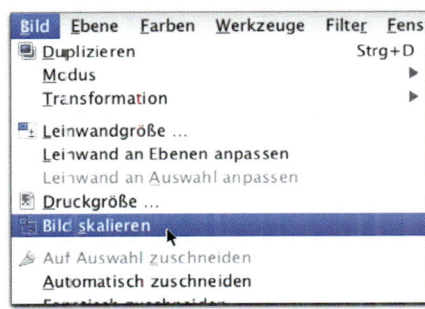

2 Breite/Höhe: Die beiden Werte sind miteinander verkettet 🔗. Belassen Sie bitte unbedingt diese Verbindung, andernfalls verzerren Sie das Bild. Zum Verändern der Größe tragen Sie bei BREITE ODER HÖHE den gewünschten Wert ein, durch Bestätigung mit ⏎ passt sich der jeweils andere Wert mit an.

Auflösung in Pixel pro Inch (ppi) – hier könnten Sie die Auflösung bei gleichbleibenden Abmessungen (im Gegensatz zur DRUCKGRÖSSE) ändern.

Die Werte hier haben keine Relevanz bei reiner Ausgabe des Fotos am Bildschirm (z.B. Web). Siehe auch *Der 72-dpi-Mythos*, Seite 18.

Qualität/Interpolation: Bei der Veränderung der Größe eines Bilds werden die Pixel neu berechnet. Auf welche Art das geschieht, bestimmen Sie mit der Interpolation:

» **Keine (am schnellsten):** Dabei werden beim Vergrößern des Bilds die Pixel einfach nur dupliziert und beim Verkleinern gelöscht. Keine gute Wahl.
» **Linear:** Mittelmäßige Interpolation.
» **Kubisch:** Damit wird das Bild am schönsten interpoliert – benötigt aber entsprechend Rechenzeit. Empfehlenswert beim Verkleinern.
» **Sinc (Lanczos3):** Hochwertigste Interpolation, funktioniert in dieser GIMP-Version nur beim Vergrößern eines Bilds.

Grundlagen

Werkzeuge
Überblick ▪ Beschreibung ▪ Verwaltung

Sehen Sie hier im Überblick eine kurze Beschreibung aller Werkzeuge. Außerdem erfahren Sie, wie Sie dem Werkzeugkasten Symbole hinzufügen oder wegnehmen und – falls nötig – die Einstellungen eines Werkzeugs auf den Standard zurücksetzen.

Werkzeuge im Überblick

Farbcodierung

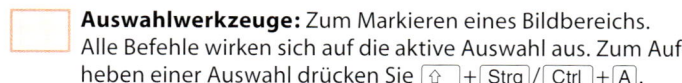

Auswahlwerkzeuge: Zum Markieren eines Bildbereichs. Alle Befehle wirken sich auf die aktive Auswahl aus. Zum Aufheben einer Auswahl drücken Sie ⇧ + Strg / Ctrl + A.

Transformationswerkzeuge: Zum Drehen, Skalieren, Spiegeln etc. Bitte sparsam einsetzen! Jede Transformation (Umformung) berechnet die Pixelzusammensetzung neu und verändert daher die Qualität des Bilds.

Mal- und Korrekturwerkzeuge

Aktivieren Sie ein Werkzeug, indem Sie es anklicken oder die in Klammer angeführte Taste bzw. Tastenkombination drücken.

Rechteckige Auswahl (R)
Klicken und ziehen Sie über einen Bereich (mit ⇧ für ein Quadrat). In der Statusleiste des Bildfensters sehen Sie die Abmessungen. Die Auswahl skalieren Sie an ihren Ecken und Längsseiten. Die Eigenschaften der Auswahl – z.B. weiche = AUSGEBLENDETE KANTE – nehmen Sie vorher in den Werkzeugeinstellungen vor.

Elliptische Auswahl (E)
Funktioniert wie die rechteckige Auswahl – nur dass die Auswahl rund wird. Halten Sie beim Ziehen der Auswahl ⇧ gedrückt, um einen Kreis zu erzeugen.

Freie Auswahl (F) – auch Lasso
Halten Sie beim Ziehen die Maustaste gedrückt für eine Freihandauswahl. *NEU in GIMP 2.6:* Klicken Sie Punkte für eine polygone Auswahl.

Zauberstab (U)
Klicken Sie in eine Farbe, um eine Auswahl ähnlicher und *benachbarter* Farbbereiche zu erzeugen. Die Stufe der Ähnlichkeit legen Sie in den Werkzeugeinstellungen über SCHWELLE fest.

Nach Farbe auswählen (⇧ + O)
Funktioniert ähnlich wie der Zauberstab, nur dass hier die Farben über das gesamte Bild hinweg ausgewählt werden und nicht nur die benachbarten.

Schere (I)
Die Schere „erkennt" Kanten. Klicken Sie damit an scharfkantigen Objekten entlang, um sie auszuwählen. Punkte lassen sich während der Auswahlerzeugung verschieben. Zum Abschließen der Auswahl klicken Sie exakt auf den Anfangspunkt und danach einmal in das Objekt hinein.

Werkzeug nach dem Start

Sie wünschen, dass immer ein bestimmtes Werkzeug nach dem Start von GIMP aktiv sein soll? Kein Problem:
1. Klicken Sie das gewünschte Werkzeug an, zum Beispiel das Verschiebenwerkzeug ✱.
2. Wählen Sie BEARBEITEN > EINSTELLUNGEN, Kategorie EINGABEGERÄTE.
3. Klicken Sie auf die Schaltfläche GERÄTESTATUS JETZT SPEICHERN.

Vordergrundauswahl

Ein äußerst effizientes Werkzeug zur automatischen Auswahl von Vordergrundmotiven: Funktioniert in zwei Schritten: 1. Wählen Sie das Objekt aus. 2. Markieren Sie die verschiedenen Farben des Objekts. Drücken Sie ⏎ für den Abschluss der Auswahl.

Pfad (B)

Das Pfadwerkzeug ist vektorbasierend, die Verwaltung erfolgt in einem eigenen Dialog im rechten Dock bzw. FENSTER > ANDOCKBARE DIALOGE > PFADE. Klicken Sie für je einen Ankerpunkt, halten Sie Strg/Ctrl bzw. ⇧ gedrückt für das Biegen einer Pfadlinie mithilfe von Markern.

Farbpipette (O)

Klicken Sie auf eine Farbe im Bildfenster, um sie im Werkzeugkasten als Vordergrund- bzw. Hintergrundfarbe (Strg/Ctrl) abzulegen bzw. im Infofenster (⇧) auszulesen.

Lupe (Z)

Klicken oder ziehen Sie eine Auswahl zur vergrößerten bzw. verkleinerten (Strg/Ctrl) Darstellung des Bilds.

Maßband (⇧+M)

Klicken und ziehen Sie, um Abstand und Winkel zwischen zwei Punkten auszulesen. Das Ergebnis steht in der Statusleiste bzw. mit ⇧ in eigenem Infofenster. Über das Pull-down-Menü der Statusleiste stellen Sie die Maßeinheit um.

Verschieben (M)

Klicken Sie und ziehen Sie, um eine Auswahl, einen Pfad, eine Hilfslinie oder die gesamte Ebene innerhalb des Bildfensters zu verschieben.

Ausrichten (Q)

Zum Ausrichten von mehreren Objekten. Klicken Sie mit ⇧ auf die einzelnen Objekte und klicken Sie dann in den Werkzeugeinstellungen auf den gewünschten Button bei RELATIV ZU, z.B. linksbündig.

Zuschneiden (⇧+C)

Klicken Sie und ziehen Sie über den Bildbereich, der erhalten bleiben soll, korrigieren Sie gegebenenfalls durch Verschieben der Ecken und Längsseiten die Auswahl. Bestätigen Sie mit ⏎ den Ausschnitt.

Drehen (⇧+R)

Transformationswerkzeug. Legen Sie in den Werkzeugeinstellungen fest, ob es sich auf die Ebene 🖼, die Auswahl 🟥 oder einen Pfad ⌁ auswirken soll. Zum Drehen eines Elements klicken Sie einmal darauf und ziehen dann nach oben oder unten oder tragen den Winkel im Dialog ein. Bestätigen Sie mit ⏎.

Skalieren (⇧+T)

Klicken Sie und ziehen Sie an den Ecken bzw. Längsseiten, um die Ebene, die Auswahl oder den Pfad zu vergrößern bzw. zu verkleinern.

Scheren (⇧+S)

Mit diesem Neigenwerkzeug bewegen Sie jeweils zwei Seiten: links/rechts oder hinauf/hinunter.

Perspektivisch ändern (⇧+P)

Damit transformieren Sie eine Ebene, eine Auswahl oder einen Pfad perspektivisch. Besonders für die Korrektur der stürzenden Linien geeignet: Dafür genügt es meist, wenn Sie die oberen beiden Ecken etwas auseinanderziehen.

Spiegeln (⇧+F)

Ein Klick genügt, um die Ebene, Auswahl oder den Pfad horizontal oder vertikal (Strg) zu spiegeln.

Textwerkzeug (T)

Klicken Sie und ziehen Sie mit dem Textwerkzeug einen Rahmen auf. Im Texteditor schreiben Sie den Text. Mehr zum Textwerkzeug lesen Sie auf Seite 38.

Füllwerkzeug (⇧+B)

Wählen Sie zunächst die Vordergrundfarbe (Doppelklick auf 🔳) bzw. das Muster. Klicken Sie dann mit dem Werkzeug auf die Ebene bzw. die Auswahl, um sie mit Farbe zu füllen. Wechseln Sie in den Werkzeugeinstellungen auf GANZE AUSWAHL FÜLLEN, wenn die Füllung nicht vollständig ist.

Farbverlauf (L)

Der Farbverlauf setzt sich standardmäßig aus der Vordergrund- und Hintergrundfarbe zusammen (), kann aber auch mehr Farben bzw. Transparenz enthalten (FENSTER > ANDOCKBARE DIALOGE > FARBVERLÄUFE). Klicken Sie und ziehen Sie über die Ebene bzw. Auswahl. Je länger Sie ziehen, desto sanfter wird der Verlauf – Sie können auch außerhalb der Ebene bzw. der Auswahl ansetzen.

Stift (N)

Alle Zeichenwerkzeuge verwenden standardmäßig die Vordergrundfarbe und die jeweils eingestellte Werkzeugspitze (FENSTER > ANDOCKBARE DIALOGE > PINSEL). Mit dem Stift zeichnen Sie immer mit harten Kanten – selbst wenn Sie eine weiche Werkzeugspitze ausgewählt haben. Zum Zeichnen einer Linie klicken Sie einmal, halten dann ⇧ gedrückt, fahren mit der Maus so weit weg, wie die Linie lang werden soll, und klicken dann nochmals.

Pinsel (P)

Mit dem Pinsel zeichnen Sie weicher als mit dem Stift.

Radierer (⇧+E)

Mit dem Radierer löschen Sie Pixel (verwandeln sie in Transparenz). Wenn Sie den Radierer auf der Hintergrundebene verwenden – die standardmäßig über keinen Alphakanal verfügt und daher keine Transparenz kennt –, werden die Pixel durch Pixel mit der eingestellten Hintergrundfarbe () ersetzt.

Sprühpistole (A)

Mit der Sprühpistole zeichnen Sie ähnlich wie mit dem Pinsel, doch noch weicher und sanfter.

Tinte (K)

Mit diesem Werkzeug malen Sie tatsächlich ähnlich wie mit einer Füllfeder – bleiben Sie länger an einer Stelle, patzt sie sogar! In den Werkzeugeinstellungen legen Sie die verschiedenen Federtypen fest.

Klonen (C)

Eines der wichtigsten Werkzeuge für das Retuschieren und Korrigieren: Damit kopieren und fügen Sie Bildbereiche ein. Halten Sie Strg/Ctrl, um Bildbereiche als Quelle zu definieren, und klicken Sie dann (ohne eine Taste zu drücken) auf jene Bereiche, wo Sie den zuvor aufgenommenen Bereich einfügen möchten.

Heilen (H)

Damit korrigieren Sie Unregelmäßigkeiten (Hautunreinheiten, Lackfehler etc). Die Technik ist die gleiche wie beim Klonen-Werkzeug : Sie nehmen mit Strg/Ctrl „saubere" Bildteile auf und klicken, ohne eine Taste zu drücken, auf die zu korrigierenden Bereiche. Das Heilenwerkzeug berücksichtigt Beleuchtung und Schattierung.

Perspektivisches Klonen

Funktioniert ebenfalls ähnlich wie das Klonen-Werkzeug , nur wird hier die Perspektive des Bilds, die Sie vor dem Klonen mit einem Hilfsrahmen festlegen, berücksichtigt.

Weichzeichnen/Schärfen (⇧+U)

Damit machen Sie kleinere Bildteile unscharf (weichzeichnen) oder schärfen (Strg/Ctrl) sie nach. Für größere Bereiche verwenden Sie FILTER > WEICHZEICHNEN > GAUSSSCHER WEICHZEICHNER bzw. FILTER > VERBESSERN > UNSCHARF MASKIEREN.

Verschmieren (S)

Mit dem „Wischfinger" verschmieren Sie kleine Bildbereiche. Halten Sie die Maustaste gedrückt und fahren Sie damit ein wenig hin und her.

Abwedeln/Nachbelichten (⇧+D)

Damit hellen Sie Bildbereiche oder auch nur Tonwerte wie Schatten, Mitten oder Glanzlichter auf oder dunkeln (Strg/Ctrl) sie ab.

Vordergrund- bzw. Hintergrundfarbe

Zeigt die eingestellte Vordergrund- bzw. Hintergrundfarbe an. Die Bezeichnung Vordergrund- bzw. Hintergrundfarbe hat nichts mit einer Funktion zu tun – sie könnten auch Farbe 1 und Farbe 2 heißen. Zum Verändern der jeweiligen Farbe klicken Sie doppelt auf das Kästchen, zum Zurücksetzen auf Schwarz und Weiß drücken Sie D. Zum Tauschen der beiden Farben klicken Sie auf ⤢ bzw. drücken X.

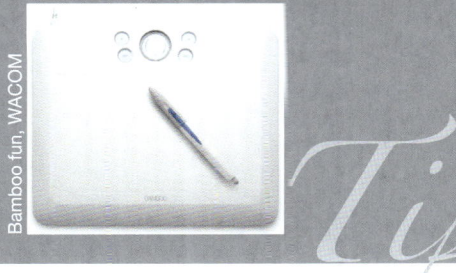
Werkzeugkasten anpassen

Sie können in GIMP selbst festlegen, welche Werkzeuge im Werkzeugkasten angezeigt werden sollen und in welcher Reihenfolge sie stehen sollen.

Um den Werkzeugkasten zu konfigurieren, wählen Sie Fenster > andockbare Dialoge > Werkzeuge. In diesem Dialog klicken Sie auf das Auge 👁, das vor einem Werkzeug steht, um es aus dem Werkzeugkasten zu nehmen, bzw. klicken Sie auf das leere Kästchen links von einer Werkzeugzeile, um es einzublenden. Zum Ändern der Reihenfolge der Werkzeuge im Werkzeugkasten klicken Sie auf die Pfeilchen am Fuß des Dialogs oder Sie ziehen das gewünschte Werkzeug mit gedrückter Maustaste hinauf bzw. hinunter. Sie sehen die Auswirkungen sofort außerhalb des Dialogs im Werkzeugkasten.

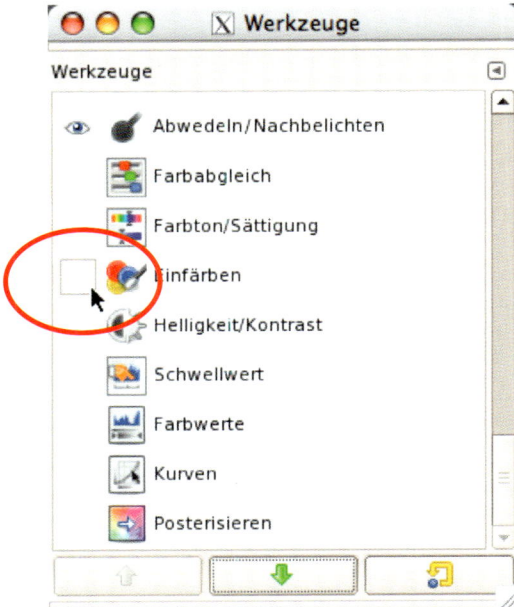

Werkzeugeinstellungen

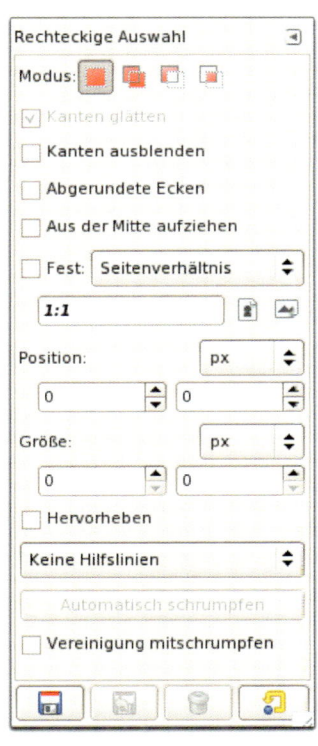

Die Werkzeugeinstellungen ändern sich abhängig von der Auswahl des Werkzeugs im Werkzeugkasten oben. Hier konfigurieren und feinjustieren Sie das jeweilige Tool – am besten bevor Sie es einsetzen.

Zum Zurücksetzen der Einstellungen eines Werkzeugs auf die GIMP-Standardeinstellungen klicken Sie am Fuße des Fensters *Werkzeugeinstellungen* auf das Symbol mit dem gelben Pfeil. Wenn Sie beim Klicken die ⇧-Taste gedrückt halten, wirkt sich das Zurücksetzen auf alle Werkzeuge aus.

Ebenentechnik
Grundlagen ▪ Technik ▪ Verwaltung

Ohne Ebenen geht nichts in der professionellen Bildbearbeitung. In diesem Abschnitt erfahren Sie, wozu sie dienen, wann Sie auf keinen Fall darauf verzichten sollten und wie Sie Ebenen verwalten.

Was sind Ebenen?

Ebenen sind in der höherwertigen Bildbearbeitung absolut essenziell. In GIMP werden Ebenen bereits seit der Version 0.60, die 1996 erschien, verwaltet. Ebenen werden im GIMP-Dateiformat XCF mitgespeichert (aber auch im Photoshop-Dateiformat PSD, das GIMP ebenfalls erkennt). Speichern Sie daher – sobald Sie mit Ebenen arbeiten – die Datei immer als XCF-Datei ab und erst am Schluss z.B. über KOPIE SPEICHERN UNTER... das Ergebnis in einem gängigeren Dateiformat wie JPG, PNG oder GIF.

Was Ebenen sind, möchte ich Ihnen anhand eines Praxisbeispiels erläutern: Sie haben bestimmt schon einmal eine Fotocollage gebastelt. Auf die gleiche Art und Weise sind Ebenen zu sehen – machen Sie mit!

1 Für die Fotocollage nimmt man sich ein großes Blatt Papier und legt es auf den Tisch:

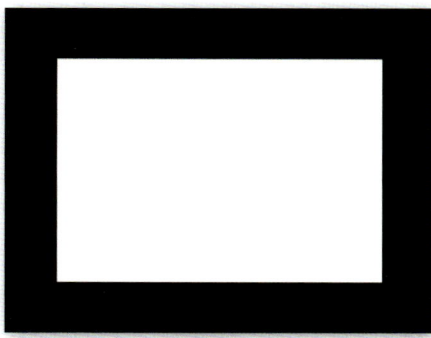

In GIMP starten Sie analog dazu mit einer neuen Datei (DATEI > NEU). Im Ebenendialog werden Ebenen verwaltet und Sie sehen, dass diese Ebene automatisch *Hintergrund* (1) genannt wurde.

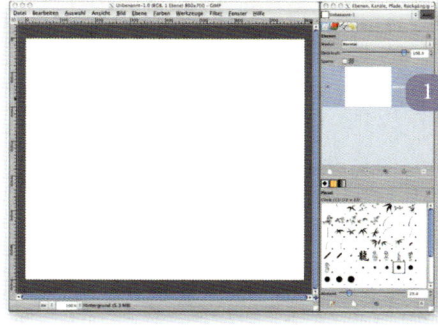

2 Auf das Blatt Papier legt man nun ein erstes Foto:

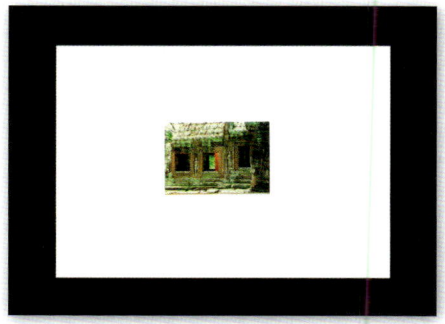

Analog dazu laden Sie in GIMP ein Foto *in* die zuvor angelegte Datei hinein, indem Sie DATEI > ALS EBENE ÖFFNEN... wählen:

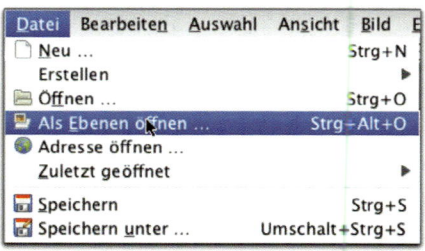

Das Foto wird nun also als neue Ebene in der Datei platziert. Werfen Sie einen Blick in den Ebenendialog

Photoshop-Ebenen

Wenn Sie in GIMP eine Photoshop-Datei mit Ebenen öffnen, bleiben diese erhalten. GIMP kennt zwar keinen Ebenensatz, holt jedoch automatisch die Ebenen aus dem Ebenensatz heraus. Die Photoshop-Einstellungsebenen werden ignoriert, das heißt, dass das Erscheinungsbild der Ebenen in GIMP sich von jenem im Photoshop unterscheiden kann.

Tipp

rechts **(2)** – dort ist das Foto mit dem Dateinamen als Ebene abgebildet:

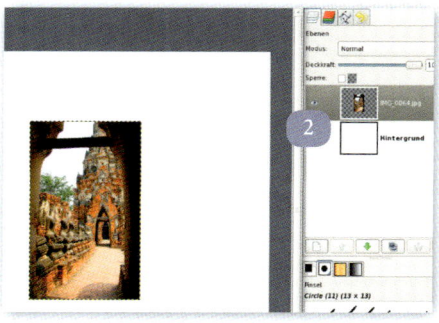

TIPP

Achtung auf die Dateigrößen! Das einzufügende Foto sollte nicht größer als der Hintergrund sein. Mehr zum Verändern der Bildgröße, siehe *Bild skalieren*, Seite 27.

3 Ich habe weitere Fotos eingefügt. Nun soll die Fotocollage beschriftet werden – um möglichst flexibel zu bleiben, habe ich den Text mit einem Marker auf ein Stück Folie geschrieben – so kann ich ihn jederzeit verschieben:

In GIMP gibt es dafür das Textwerkzeug – sobald Sie Text damit

schreiben, wird automatisch eine Textebene angelegt **(3)**:

4 Und zum Schluss unseres „Bastel"-Workshops noch ein wichtiger Einsatzbereich für Ebenen: Das Freistellen von Objekten, also das Extrahieren von Bildteilen aus dem Hintergrund. Bei der Fotocollage habe ich die beiden Frauen grob ausgeschnitten und platziert:

In GIMP kann man dafür eines der vielen Auswahlwerkzeuge, wie z.B. das „LASSO", die ELLIPTISCHE AUSWAHL oder das VORDERGRUND-AUSWAHLWERKZEUG verwenden. Die Auswahl schneidet man dann aus (Strg/Ctrl+X) und fügt sie auf einer eigenen Ebene ein (Strg/Ctrl+V) – so hat man

völlige Freiheit beim Verschieben und Anordnen des Motivs. Eine weitere Technik ist das Abdecken von Bildteilen mit einer Ebenenmaske. Die Entscheidung für ein Werkzeug ist u.a. abhängig vom Hintergrund und auch von der Aufgabenstellung bzw. Zielsetzung. In diesem Fall habe ich einfach ganz grob den Hintergrund des Tuk-Tuks wegradiert – das ist nur möglich, wenn sich das Bild auf einer eigenen Ebene befindet.

www.photografin.at

Ich glaube, Sie haben jetzt eine Vorstellung davon bekommen, was Ebenen sind und wozu sie dienen. Jedes Bild, das Sie öffnen, besteht zumindest aus einer Ebene (HINTERGRUNDEBENE). Mehrere Ebenen werden im Ebenenstapel immer von oben – also aus der Vogelperspektive – betrachtet. Die im Ebenendialog zuoberst liegende Ebene verdeckt daher gegebenenfalls eine darunterliegende. Die Gesamtheit aller sichtbaren Ebenen ergibt das Bild – auch beim Speichern als JPG.

Grundlagen

Ebenen benötigen Sie, wenn Sie zum Beispiel …

» eine rasche „Sicherheitskopie" oder aber auch eine Vergleichsmöglichkeit vor der Bearbeitung anlegen möchten – daher also die Ebene des Fotos duplizieren.
» Objekte freistellen („ausschneiden"), um sie auf einen anderen Hintergrund zu stellen.
» Bilder miteinander kombinieren.
» Text zu einem Bild schreiben.
» eine Grafik aus mehreren Teilen aufbauen – z.B. Hintergrundfläche, Rahmen, Text, verlaufende Bereiche.

Ebenen brauchen Sie nicht, wenn …

» Sie nur mal schnell die Größe des Bilds verändern.
» das Bild drehen, spiegeln und Ähnliches – es also transformieren.
» eine kleine Farbkorrektur durchführen.
» ein Bild in einem anderen Dateiformat bzw. unter einem anderen Namen abspeichern.

Ebenen verwalten

Die gängigsten Befehle für die Ebenenverwaltung – beispielsweise neue Ebene anlegen, Ebenen verschieben,

löschen, ausblenden etc. – sind am einfachsten und schnellsten über den Ebenendialog (1) (FENSTER > ANDOCKBARE DIALOGE > EBENEN) und dort über die Schaltflächen am Fuß des Dialogs bzw. auch durch Klick auf

die Ebene mit der rechten Maustaste erreichbar. Weitere Befehle befinden sich im Menü EBENE. Achten Sie beim Arbeiten mit mehreren Ebenen darauf, welche markiert, also aktiv ist. Befehle wirken sich immer nur auf diese aus und häufig „tut sich nichts", weil die falsche Ebene angeklickt ist. Nun zu den wichtigsten Befehlen im Einzelnen:

Ebene duplizieren

Um ein Duplikat einer Ebene zu erstellen, klicken Sie im Ebenendialog auf das Symbol ▦. Arbei-

ten Sie immer mit dem Duplikat eines Bilds bzw. einer Ebene – so können Sie stets nach dem Bearbeiten mit dem Original vergleichen und haben zudem eine Sicherheitskopie.

Neue Ebene und umbenennen

Eine neue, leere Ebene legen Sie an, indem Sie auf das Symbol ▢ im Ebenendialog klicken.

In dem Dialog legen Sie den Namen, die Größe und die Farbe bzw. die Transparenz der Ebene fest.

Die Ebene lässt sich auch noch im Nachhinein umbenennen: Klicken Sie im Ebenendialog doppelt auf den Namen, dann ist die Bezeichnung überschreibbar.

Tippen Sie den Namen für die Ebene und bestätigen Sie mit ↵.

Ebenensichtbarkeit

Ebenen blenden Sie aus, indem Sie auf das Auge 👁 , das vor jeder

Ebene steht, klicken. Mit gedrückter ⇧-Taste blenden Sie alle anderen Ebenen gleichzeitig aus. Kein Auge bedeutet, dass die Ebene ausgeblendet ist. Beim Speichern einer Ebenendatei z.B. als JPG-Datei (enthält keine Ebenen) wird immer der jeweils sichtbare Ebenenstatus abgespeichert – also das, was Sie gerade im Bildfenster sehen. Das heißt, Sie können in der XCF-Datei Ebenen ausblenden, diese Ansicht als JPG-Datei „rausspeichern" und anschließend in der XCF-Datei die Ebene wieder einblenden und weiterbearbeiten.

Ebene von einem anderen Bildfenster holen

1 Öffnen Sie beide Dateien. Achten Sie darauf, dass sie in ihren Größen zueinander passen.

> **TIPP**
> Es macht meist keinen Sinn, eine z.B. 5.000 x 3.000 Pixel große Datei in eine wesentlich kleinere – z.B. 400 x 200 Pixel – zu platzieren. Skalieren Sie daher vorher das Bild BILD > BILD SKALIEREN bzw. die Ebene im Ebenendialog: rechte Maustaste > EBENE SKALIEREN.

2 Ordnen Sie die beiden Bildfenster so an, dass jenes, aus dem Sie die Ebene rausziehen möchten, im Vordergrund liegt. Bei diesem Beispiel soll das Foto des Vogels IN das dahinterliegende Foto vom Meer – um z.B. eine Kombination aus beiden zu montieren:

3 Klicken Sie einmal auf die im Vordergrund liegende Datei, dann sehen Sie im Ebenendialog die gewünschte Ebene. Ziehen Sie mit gedrückter Maustaste aus dem *Ebenendialog* die Ebene auf das Bildfenster im Hintergrund:

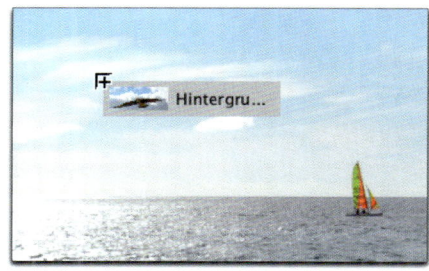

4 Sobald Sie die Maustaste im Zielfenster losgelassen haben, wird die Ebene dort zentriert platziert und ist nun auch – als zweite Ebene – im Ebenendialog der Datei abgebildet. Das Ergebnis sieht bei diesen beiden Fotos dann so aus (2). Falls die neue Ebene keinen Alphakanal hat, wird sie im Ebenendialog schwarz umrahmt dargestellt.

Die Hintergrundebene

Jede Datei hat zumindest eine Ebene – entweder ist es das Bild selbst oder Sie haben eine neue Datei (DATEI > NEU) mit einer leeren Ebene angelegt. Diese Hintergrundebene kennt grundsätzlich keine Transparenz (außer Sie haben eine transparente, neue Datei angelegt), erkennbar auch daran, dass der Name in fetten Buchstaben geschrieben ist. Sie können der Hintergrundebene jedoch die Transparenz durch Hinzufügen eines Alphakanals geben. Der Alphakanal enthält die Informationen über die Transparenz einer Ebene. Der Alphakanal wird als eigener Kanal mit dem Namen DECKKRAFT im Kanäledialog (FENSTER > ANDOCKBARE DIALOGE > KANÄLE) abgebildet.

 Klicken Sie im Ebenendialog mit der rechten Maustaste auf die Hintergrundebene > ALPHAKANAL HINZUFÜGEN.

Ebenenreihenfolge

Die Reihenfolge der Ebenen verändern Sie, indem Sie im Ebenendialog die zu verschiebende Ebene einmal anklicken und dann auf die Pfeile ⬆ ⬇ klicken – halten Sie beim Klicken ⇧, um die Ebene ganz nach oben bzw. ganz hinunter zu versetzen. Oder: Ziehen Sie die Ebene im Ebenenstapel mit gedrückter Maustaste hinauf oder hinunter.

Ebenentechnik
Grundlagen ▪ Technik ▪ Verwaltung

Ebenen miteinander verschmelzen (vereinen)

Um aus mehreren Ebenen eine einzige zu erzeugen, blenden Sie diejenigen ein (Auge 👁), die miteinander vereint werden sollen,

und die anderen aus. Dann klicken Sie mit der rechten Maustaste im Ebenendialog > SICHTBARE EBENEN VEREINEN. Um alle in der Datei vorhandenen Ebenen zu verschmelzen, verwenden Sie BILD ZUSAMMENFÜGEN. Um aus der aktuellen Ansicht eine neue Ebene zu erzeugen, wählen Sie NEU AUS SICHTBAREM aus dem Kontextmenü.

Die Größe einer Ebene

Die Größe einer Ebene muss sich nicht zwingend mit der Bildfläche decken. Sie können daher den Inhalt einer Ebene in ihren Abmessungen ändern (skalieren), aber auch den Ebenenbereich erweitern oder verkleinern (Ebenengröße). Die Größe einer Ebene ist am gelb-schwarz gestrichelten Ebenenrahmen erkennbar. Diesen blenden Sie über ANSICHT > EBENENRAHMEN ANZEIGEN aus bzw. wieder ein.

Ebene skalieren

Zum Skalieren einer Ebene klicken Sie im Ebenendialog mit der rechten Maustaste auf die Ebene > EBENE SKALIEREN bzw. 🖼. In dem Dialog geben Sie die neuen Abmessungen in Pixel ein. So können Sie zum Beispiel rasch ein Bild rahmen: Fügen Sie unter das Bild eine farbige Ebene ein und skalieren Sie die obere – also das Bild – kleiner.

Ebenengröße

Die Ebenengröße ist der Bereich einer Ebene, auf dem Sie arbeiten

www.photografin.at

können. Dieser Bereich muss nicht unbedingt den gleichen Umfang wie das Bild haben. Er kann größer sein oder auch kleiner – mit dieser Funktion beschneiden Sie rasch und einfach einen Teil des Bilds.

Den Bereich einer Ebene verändern Sie, indem Sie im Ebenendialog mit der rechten Maustaste auf die Ebene klicken > EBENENGRÖSSE. In dem Dialog legen Sie die neuen

Abmessungen (BREITE & HÖHE) fest und bestimmen über VERSATZ, wo das Bild

innerhalb der neuen Grenzen stehen soll. Zum ZENTRIEREN klicken Sie auf die gleichnamige Schaltfläche. Oder Sie verschieben das Vorschaubild.

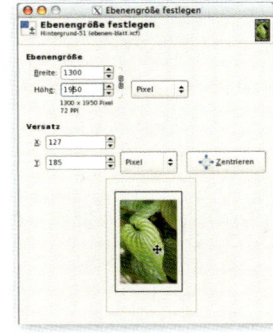

Möchten Sie den Bereich einer Ebene auf das Bild oder gezeichnete Objekt anpassen, wählen Sie EBENE > EBENE AUTOMATISCH ZUSCHNEIDEN. Der gelbe Ebenenrahmen umfasst danach exakt das Objekt.

Um den Bereich der Ebene auf die Hintergrundfläche selbst anzupassen, wählen Sie im Kontextmenü EBENE AUF BILDGRÖSSE. Dieser Befehl

Grundlagen

Tipp

ist u.a. dann wichtig, wenn Sie die Leinwand – also die Hintergrundebene – erweitert haben und dabei nicht die Ebenengröße mitangepasst haben. Solange die Leinwand

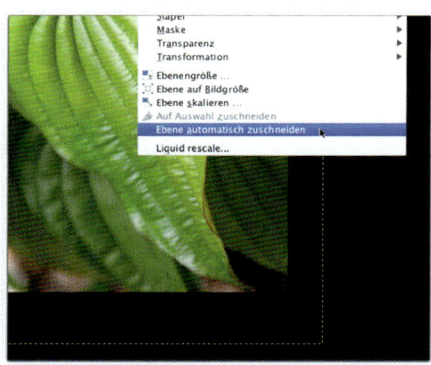

über einen nicht ebenso großen Ebenenbereich verfügt, können Sie darauf nicht arbeiten.

An der Abbildung ist es gut zu sehen: Die Leinwand ist vergrößert (Schachbrettmuster = Transparenz), aber der gelb-schwarz gestrichelte Ebenenrahmen umfasst nur das Foto. Den transparenten Bereich

www.photografin.at

können Sie erst dann bearbeiten, wenn Sie den Ebenenbereich vergrößern: also EBENE AUF BILDGRÖSSE.

Ebenenmodus

Interessante Effekte erzielen Sie mit Ebenenmodi. Dabei wird festgelegt, wie eine oberhalb liegende Ebene eine darunterliegende überblenden soll. Sie benötigen also immer zumindest zwei Ebenen für die Effekte. GIMP bietet 21 Möglichkeiten der Überblendung. Einige kommen in den Praxisbeispielen der nachfolgenden Kapitel zur Anwendung. Die Ebenenmodi gibt es nicht nur im Zusammenhang mit Ebenen, sondern auch mit Malwerkzeugen.

Den Ebenenmodus verändern Sie im Ebenendialog. Markieren Sie die jeweils obere Ebene und wählen Sie aus dem Pull-down-Menü einen Ebenenmodus aus. Bei diesem Beispiel habe ich die Hintergrundebene dupliziert und den Ebenenmodus BILDSCHIRM gewählt. Das Bild ist sichtbar heller – zum Vergleich darunter in Klein das Original.

Deckkraft

Mit dem Deckkraft-Schieber im Ebenendialog regulieren Sie die Transparenz der aktiven Ebene.

Ebenen löschen

Um eine Ebene zu entfernen, klicken Sie im Ebenendialog mit der rechten Maustaste darauf > EBENE LÖSCHEN.

Schwebende Auswahl

Beim Kopieren (Strg/Ctrl+C) und Einfügen (Strg/Ctrl+V) von ausgewählten Bildbereichen erzeugt GIMP eine sog. schwebende Auswahl. Diese können Sie erst bearbeiten, wenn Sie sie verankert haben. Klicken Sie dazu im Ebenendialog auf den Anker oder auf die neue Ebene.

www.photografin.at

Grundlagen

37

blumen_aufhellen.jpg

Text
Erstellen ▪ Formatieren ▪ Verändern

Wie erstellen Sie Text in GIMP? Auf diesen Seiten erfahren Sie dies und alles, was dazugehört: also das Einstellen der Schriftart, Schriftgröße, Schriftfarbe, das Erstellen und Formatieren von Absätzen und wie Sie vorhandenen Text nachträglich verändern.

Wie Sie Text mit Effekten, zum Beispiel mit Schlagschatten, aufpeppen, lesen Sie unter *Texteffekte*, Seite 128.

Neu in GIMP 2.6 ist, dass Sie Text in einem Rahmen schreiben, dessen Größe veränderbar ist und den Umbruch des Textes beeinflusst. Außerdem kann man nun den Text direkt mit dem Textwerkzeug verschieben!

Text in GIMP

Sie können Text über ein Bild tippen oder einfach nur in einer neuen Datei schreiben. Für den Text legt GIMP automatisch eine neue Ebene an, erkennbar im Ebenendialog an diesem Symbol. Der Text in einer Textebene ist

Symbol für
Textebene

nachträglich jederzeit veränderbar. Bestimmte Funktionen, wie Filter, Drehen, Spiegeln etc., verändern die Textebene in eine normale Ebene aus Bildpunkten. In dieser Form kann der Text nicht mehr

Gerasterte
Textebene

editiert werden, sondern wird – nach einer Abfrage – zurück in eine Textebene verwandelt. Dadurch verliert der Text jedoch jene Veränderungen, die für die Rasterung verantwortlich waren (die Drehung, den Filter etc.).

Text erstellen

1 **Texteinstellungen.** Aktivieren Sie im Werkzeugkasten das TEXTWERKZEUG **A**. In den Werkzeugeinstellungen darunter stellen Sie am besten *vor* dem Schreiben die Formatierungen ein – zumindest mal grob:

1. **Schrift (1):** Klicken Sie auf das Symbol Aa, um die Liste der vorhandenen Schriftarten zu öffnen (zur Installation von Schriften siehe *Erweiterungen installieren*, Seite 42). Wählen Sie eine Schriftart aus.

> HINWEIS
> Einen Schriftschnitt wie fett und/ oder kursiv wählen Sie direkt über die Schriftart selbst aus, z.B. ARIAL BOLD, ARIAL ITALIC.

2. **Größe (2):** Passen Sie hier die Schriftgröße an die Auflösung

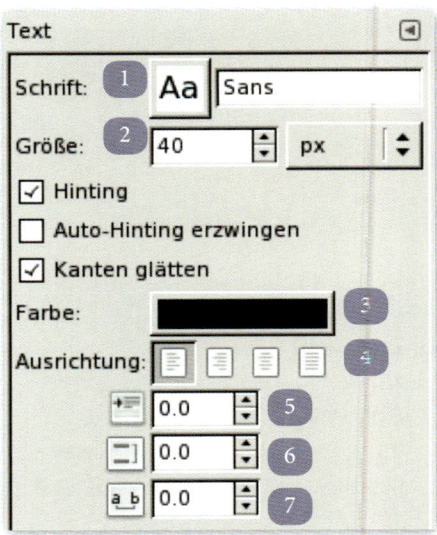

des Bilds an. Beachten Sie, dass eine 9 Pixel hohe Schrift auf einer 3000 x 4000-Pixel-Bilddatei kaum zu sehen ist (die Auflösung des Bilds steht auf der Titelleiste der Datei). In unserem Beispiel verwende ich für die 600 x 300-Pixel-Datei eine Schriftgröße von 40 Pixel.

3. **Farbe (3):** Für die Textfarbe klicken Sie auf die Schaltfläche und im Farbselektor auf eine Farbe.

Text kopieren und einfügen

Wenn Sie mit [Strg]/[Ctrl]+C und [Strg]/[Ctrl]+V eine Textebene kopieren, wird sie zunächst als SCHWEBENDE AUSWAHL und nachdem Sie sie verankert haben (Klick auf den Anker ⚓) als gerasterte Pixelebene eingefügt. Um die Textebene beim Kopieren zu behalten, klicken Sie einfach nur auf DUPLIZIEREN 🖼️ .

---

4. **Ausrichtung (4):** Für mehrzeiligen Text legen Sie hier die Ausrichtung fest, wählen zwischen links- bzw. rechtsbündig, zentriert oder Blocksatz.

5. **Einzug (5):** Hier bestimmen Sie die Position des Textes innerhalb des Ebenenrahmens. So rückt der Text bei einem positiven Wert nach rechts ein.

Lorem ipsum dolor sit a
sed diam nonummy nibl
magna aliquam erat vol
quis nostrud exerci tati
aliquip ex ea commodo
dolor in hendrerit in vu

6. **Zeilenabstand (6):** Bei mehrzeiligem Text stellen Sie hier den Abstand zwischen den Zeilen ein. Positive Werte erhöhen und negative reduzieren den Abstand.

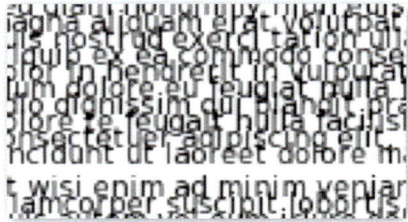

7. **Zeichenabstand (7):** Wenn Sie diesen Wert verändern, erzielen Sie auch bei normalen Schriftarten ungewöhnliche Effekte. Möglich sind auch hier sowohl positive als auch negative Werte.

ed diam non
magna aliqua
uis nostrud

② **Text schreiben.** Ziehen Sie mit dem Textwerkzeug einen Rahmen in Bildfenster auf. Es öffnet sich der *Texteditor (8)*. Darin schreiben Sie den Text (und nicht direkt im Bildfenster). Der Text umbricht innerhalb des Textrahmens, kann aber auch verdeckt sein, wenn der Rahmen zu klein ist. Ziehen Sie ihn

also entsprechend groß. Solange der Texteditor geöffnet ist, wirken sich Änderungen an der Formatierung sofort aus. Positionieren Sie den Text mit dem Textwerkzeug. Wenn Sie fertig sind, SCHLIESSEN Sie den Texteditor.

Text nachträglich verschieben

Um den Text bei geschlossenem Texteditor an eine andere Stelle

im Bildfenster zu setzen, aktivieren Sie das Verschiebenwerkzeug ✛ und sorgen Sie dafür, dass in den Werkzeugeinstellungen AKTIVE EBENE VERSCHIEBEN eingestellt ist. Nun können Sie den Text mit der Maus verschieben.

Text verändern

Markieren Sie im Ebenendialog die TEXTEBENE (9) und klicken Sie dann mit dem Textwerkzeug im Bildfenster direkt auf den Schriftzug. Der Texteditor springt erneut auf. Nur wenn Sie darin den Text sehen, den Sie editieren wollen, sind Sie richtig! Nun können Sie den Wortlaut,

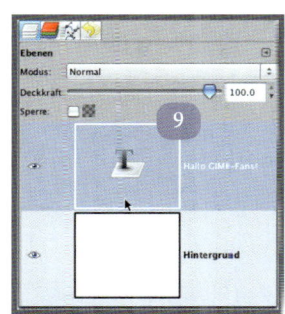

bzw. in den Werkzeugeinstellungen die Formatierungen ändern.

HINWEIS

Zwei oder mehr unterschiedliche Formatierungen: Eine Textebene kann immer nur *eine* Formatierung enthalten. Möchten Sie einen Teil des Textes anders formatieren, müssen Sie dafür eine neue Textebene anlegen.

Erweiterungen installieren
Plug-in ▪ Script-Fu ▪ Schriften

Erweiterungen sind das Salz in der Suppe! Da ja GIMP seinen Quellcode offenlegt (Open Source), hat jeder, der kann und will, die Möglichkeit, Plug-ins bzw. Script-Fus für das Programm dazuzuprogrammieren. Es gibt zahllose – einige davon sind standardmäßig bei GIMP schon mit dabei (siehe auch HILFE > PLUG-IN-BROWSER). Viele weitere finden Sie im Web zum Download. Wie Sie GIMP um interessante Funktionen erweitern oder tolle Werkzeugspitzen installieren, lesen Sie hier.

Das UFRaw-Plug-in

Allgemeines

Erweiterungen finden Sie als Plug-ins bzw. Script-Fus. Plug-ins sind ausführbare Dateien, Script-Fus Textdateien mit der Endung *.scm. Abhängig davon, welche Erweiterung Sie installieren, legen Sie sie in unterschiedliche Ordner. Darüber hinaus gibt es c-codierte Dateien, die erst kompiliert werden müssen (z.B. mit GIMPtool). Alle erweitern GIMP um eine bestimmte Funktionalität.

Download

Sie finden Plug-ins, Script-Fus und Werkzeugspitzen im Web. Suchen Sie mit einer Suchmaschine zum Beispiel nach den Begriffen *gimp plug-in, script-fu, pinselspitze, pinselform, brush* etc.

Eine ausgezeichnete (englischsprachige) Plattform für Plug-ins ist *http://registry.gimp.org*. Prüfen Sie vor dem Download, ob die jeweilige Erweiterung für Ihr Betriebssystem

passt. Da GIMP ursprünglich für Linux entwickelt wurde, gibt es die meisten Plug-ins dafür. Werkzeugspitzen sind plattformunabhängig, das heißt, Sie können jede Werkzeugspitze unabhängig von Ihrem Betriebssystem installieren.

Hilfe

Bei Plug-ins gibt es zumeist eine Beschreibung in der mitgelieferten Dokumentation – bei einem Script-Fu finden Sie Informationen und die Installationsanleitung in der Datei selbst. Öffnen Sie dazu die Datei in einem Texteditor (Windows: Klick mit der rechten Maustaste auf die

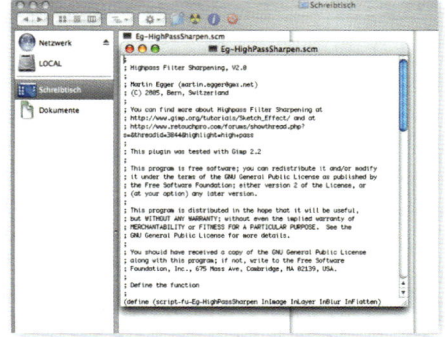

passt. Datei > ÖFFNEN MIT … > EDITOR; Mac: rechte Maustaste > ÖFFNEN MIT > ANDEREM PROGRAMM > TEXTEDIT).

Installationsanleitungen

Plug-in installieren

Ich möchte Ihnen eine Installation anhand des UFRaw-Plug-ins beschreiben. Es handelt sich dabei um ein umfangreiches Tool zum Öffnen und Verändern von RAW-Dateien (siehe auch *Dateiformate für Bilder*, Seite 19), wir sehen uns die Funktionen im Detail auf Seite 44 an. UFRaw kann sowohl als GIMP-Plug-in als auch als Stand-alone-Lösung installiert werden. Downloaden Sie das für Ihr Betriebssystem verfügbare Paket unter *http://ufraw.source-forge.net/Install.html*.

Installation unter Linux
1. Stellen Sie sicher, dass Sie GTK+2 installiert haben – was gegeben ist, wenn Sie GIMP bereits laufen haben.

2. Geben Sie das folgende Kommando zum Entpacken ein (passen Sie gegebenenfalls den Dateinamen an, der sich bezüglich der Versionsnummer unterscheiden kann):
   `tar xzf ufraw-0.14.tar.gz` ⏎

3. Wechseln Sie in das Verzeichnis:
   `cd ufraw-0.14` ⏎

4. Starten Sie das Konfigurationsskript mit:
   `./configure` ⏎

5. Es folgt eine lange Liste mit Informationen. Um UFRaw als GIMP-Plug-in zu installieren, tippen Sie:
   `make` ⏎
   Mit Root-Zugriffsrechten installieren Sie die Stand-alone-Version mit
   `make install` ⏎

Nach dem Neustart von GIMP ist das Plug-in verfügbar und Sie können RAW-Dateien öffnen und bearbeiten (mehr dazu siehe Seite 44).

Installation unter Windows
1. Auf der Website *http://ufraw. sourceforge.net/Install.html* befindet sich unter *for Dummies* eine ausgezeichnete Installationsanleitung. Folgen Sie den Instruktionen, sie ist simpel und sehr gut erklärt. Selbstverständ-

lich funktioniert UFRaw auch auf Vista.

2. Achten Sie im Installationsverlauf beim zweiten Schritt auf das richtige Verzeichnis: Wenn Sie UFRaw als GIMP-Plug-in installieren wollen, bestätigen Sie das Programmverzeichnis von GIMP (standardmäßig *C:\programme\gimp-2.6*). Andernfalls wird UFRaw als Stand-alone-Version installiert und die Dateien werden nach dem Öffnen nicht automatisch in GIMP übernommen.

Ab sofort werden RAW-Dateien mit UFRaw geöffnet und anschließend in GIMP übernommen. Eine detaillierte Beschreibung des UFRaw-Plug-ins lesen Sie auf Seite 44.

Installation unter Mac OS X
In den meisten GIMP-Versionen für Mac ist UFRaw bereits automatisch enthalten und Sie müssen das Plug-in nicht mehr gesondert installieren.

Um das zu prüfen, ziehen Sie eine RAW-Datei (auch auf der beiliegenden CD enthalten) auf das GIMP-Icon. Es sollte sich ein neues, externes Fenster mit dem Foto und einigen Symbolen (siehe auch *Screenshot*, Seite 40) öffnen. Dann ist UFRaw erfolgreich installiert.

Falls das nicht der Fall ist, machen Sie Folgendes:

1. Auf der Website *http:// ufraw.sourceforge.net/Install. html* werden mehrere Möglichkeiten für Mac-User/innen angeführt:

   Unter Tiger (OS X 10.4.) verwenden Sie das Paket, das unter *http://homepage.mac.com/ barijaona/photos/ufraw-natif. html* angeboten wird. Nach dem Download einfach auf die *Ufraw-Quartz.dmg*-Datei doppelklicken und die als Filmrolle dargestellte UFRaw-Programm-Datei in den Programme-Ordner ziehen. Von dort ziehen Sie dann das Symbol ins Dock, so dass Sie es schneller finden und starten.

2. Eine weitere Variante ist die Installation via Macports. Mehr Infos dazu finden Sie auf der Website von Macports *http:// www.macports.org.*

Script-Fu installieren

Script-Fus sind Textdateien, die GIMP anleiten, bestimmte Befehle auszuführen. Als Beispiel möchte ich die Installation des Hochpassfilters anführen. Downloaden Sie die Datei (Eg-HighPassSharpen.scm) von *http://registry.gimp.org/node/103*. Der Hochpassfilter ist ein fantastisches Werkzeug zum Schärfen von

Fotos (Tutorial: *http://www.gimp. org/tutorials/Sketch_Effect/*), entwickelt von Martin Egger. Die nachfolgende Installationsanleitung gilt für alle Betriebssysteme gleichermaßen. Die Datei muss nur noch in das richtige Verzeichnis kopiert werden. Welches das ist, lesen Sie in den Einstellungen:

1. Klicken Sie in GIMP auf BEARBEITEN > EINSTELLUNGEN.

2. Wechseln Sie zur Kategorie ORD-NER > SKRIPTE. In der rechten Hälfte des Fensters sind zwei Pfade angeführt. Der obere, eventuell als beschreibbar gekennzeichnete, verweist auf Ihr persönliches Skript-

Verzeichnis. Das zweite darunter ist das GIMP-eigene Systemverzeichnis und sollte nie verändert werden – auch nicht, wenn es leer ist. Falls sich dort kein zweites Verzeichnis befindet, legen Sie ein eigenes an. Klicken Sie dazu auf das weiße Blatt und bestimmen Sie den Pfad zu einem Ordner, wo Sie die Skripte gesammelt ablegen möchten.

3. Kopieren Sie nun das Skript in das persönliche Verzeichnis (z.B.

über den Finder, den Windows Explorer). Gegebenenfalls starten Sie GIMP neu.

4. Im Fall des Hochpass-Filters sehen Sie nun den neuen Eintrag im Menü FILTER. Dort rufen Sie den Filter auf. Bei anderen

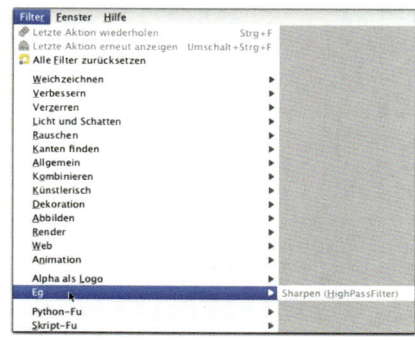

Skripten lesen Sie in der jeweiligen Dokumentation nach, falls Sie es nicht gleich finden, oder rufen Sie HILFE > PLUG-IN BROWSER auf und suchen Sie dort nach dem Skript. Lesen Sie hier Detailinfos zu dem Skript nach, vorausgesetzt die Installation war erfolgreich.

Werkzeugspitzen installieren

Werkzeugspitzen werden von zahlreiche Werkzeugen wie Stift, Pinsel, Sprühpistole, Tinte, Radierer, aber auch vom Klonen- oder Heilenwerkzeug verwendet. Es gibt die folgen-

den Werkzeugspitzentypen. Je nach Dateiendung haben sie verschiedene Funktionen:

» *.gbr (GIMP Brush = Standardwerkzeugspitze)
» *.gih (GIMP Image Hose = animierte Werkzeugspitze)
» *.vbr (Variable Size Brush = parametrische Werkzeugspitze, deren Größe dynamisch veränderbar ist)
» Auch Photoshop-Pinselspitzen (*.abr = Adobe Brush) lassen sich in GIMP installieren.

Als Beispiel für die Werkzeugspitzeninstallation habe ich von *http://hawksmont.com/brushes* den komprimierten Ordner *bamboo_gimp_brushes_by_hawksmont* heruntergeladen. Er enthält wunderschöne Spitzen in Bambusblätterform. Werkzeugspitzen installieren Sie genauso wie Skripte, indem Sie sie einfach in den richtigen Ordner kopieren:

1. Entpacken Sie gegebenenfalls den komprimierten Pinselspitzen-Ordner, indem Sie darauf doppelklicken. Kopieren Sie die *.gbr-Dateien in den Zwischenspeicher Strg / Ctrl + C.

2. Fügen Sie die Dateien in den folgenden Ordner ein

([Strg] / [Ctrl] + [V]): ...\Users\Ihr Benutzername\.gimp-2.6\brushes (Vista) bzw. ...\Dokumente und Einstellungen\Ihr Benutzername\.gimp-2.6\brushes (XP und früher). Oder erstellen Sie einen eigenen Ordner an einem beliebigen Ort Ihres Systems und fügen Sie dort die Pinselspitzen ein. GIMP muss nun über den Pinsel-Ordner „Bescheid wissen": Wechseln Sie

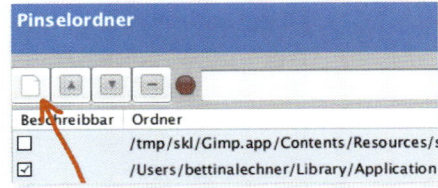

zu GIMP, BEARBEITEN > EINSTELLUNGEN, Kategorie ORDNER > PINSEL, klicken Sie auf das weiße Blatt oben und fügen Sie den Pfad zu dem Ordner hinzu. Achtung! Die Pinselspitzen-Dateien dürfen in keinem zusätzlichen Unterordner liegen!

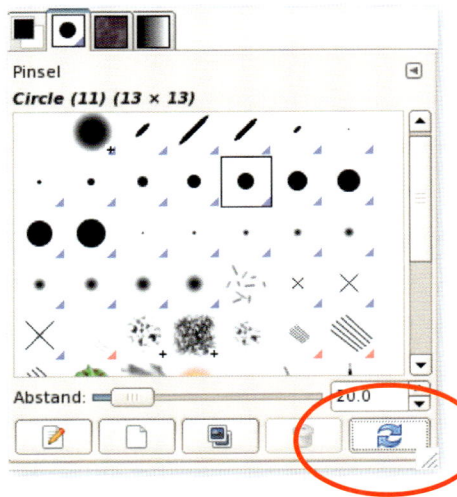

3. Klicken Sie in GIMP auf den Dialog WERKZEUGE. Sind die Werkzeugspitzen nicht sichtbar, klicken Sie am unteren Ende des Dialogs auf AKTUALISIEREN.

Aktivieren Sie z.B. den Pinsel 🖌, wählen Sie in den Werkzeugeinstellungen eine der Bambus-Pinselspitzen aus und klicken Sie auf ein leeres Blatt. Sie werden begeistert sein von der Vielfalt der Pinsel. Ein Beispiel sehen Sie auf dieser Seite.

Schriften installieren

GIMP unterstützt zehn verschiedene Schriftdateitypen, darunter BDF, CFF, Mac X11 PCF, OpenType, TrueType, Windows FNT Fonts. Genauso wie bei den Script-Fus legen Sie neue Schriften in Ihr persönliches Verzeichnis für Schriften.

1. Wählen Sie in GIMP BEARBEITEN > EINSTELLUNGEN.

2. Wechseln Sie zur Kategorie ORDNER > SCHRIFTEN. Merken Sie sich den Pfad zum Schriftenordner.

3. Kopieren Sie die Schrift in diesen Ordner fonts.
Windows-User/innen kopieren die Schrift, wenn diese systemweit verfügbar sein soll, jedoch wie gewohnt in den Standardschriften-Ordner von Windows: C:\windows\fonts bzw. C:\winnt\

fonts. Falls Sie die Schrift nur für GIMP bereitstellen wollen, verwenden Sie das persönliche Schriftenverzeichnis von GIMP.

4. Wechseln Sie zu GIMP. Die Schrift ist dort üblicherweise sofort – auch ohne Neustart – verfügbar. Falls nicht, öffnen Sie FENSTER > ANDOCKBARE DIALOGE > SCHRIFTEN und klicken dort auf die Schaltfläche mit dem Doppelpfeil, um die Schriftenliste neu einzulesen.

5. Aktivieren Sie das Textwerkzeug A und wählen Sie in den Werkzeugeinstellungen die Schrift aus.

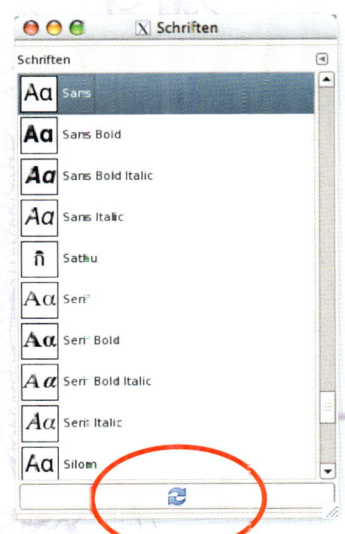

RAW-Dateien öffnen
UFRaw ▪ Bildkorrekturen ▪ EXIF-Daten

Höherwertige Kameratypen sind in der Lage, RAW-Dateien zu liefern – es handelt sich dabei um unbehandelte, unkomprimierte Dateien. Die Dateiendung ist dabei abhängig von der Kamera, so gibt es zum Beispiel *.raf, *.crw etc. Der Vorteil der RAW-Dateien ist, dass Sie die Belichtung bestimmen sowie einen Weißabgleich und zahlreiche weitere Korrekturen durchführen können. In GIMP lassen sich diese Dateien mit dem von Udi Fuchs entwickelten UFRaw-Plug-in professionell importieren.

Reinhard Helmer

△ Ein bemerkenswertes Werkzeug stellt Udi Fuchs mit dem UFRaw-Plug-in zur Verfügung. Damit bearbeiten Sie die Belichtung, führen Korrekturen in Lichtern und Schatten durch und holen so das Beste aus Ihren Rohdateien heraus – gehen Sie es chronologisch nach den angeführten Nummerierungen durch. Es ist zwar englischsprachig, aber ich bin mir sicher, dass Sie mit diesen Anleitungen hier zurechtkommen werden.

Das UFRaw-Plug-in

RAW-Dateien öffnen Sie in GIMP mit dem UFRaw-Plug-in (Unidentified Flying Raw). Eine ausführliche Installationsanleitung für alle gängigen Betriebssysteme lesen Sie auf Seite 40 (*Erweiterungen installieren*) nach. In UFRaw selbst erfolgt die Bearbeitung eines Bilds in 16 Bit, nach dem Import in GIMP wird automatisch auf 8 Bit heruntergerechnet. Das Plug-in öffnet sich von selbst, sobald Sie versuchen, eine RAW-Datei in GIMP zu öffnen. Gehen Sie chronologisch Schritt für Schritt die folgenden wichtigsten Funktionen durch – sämtliche Einstellungen sehen Sie sofort am Vorschaubild.

1 Belichtungskorrektur (exposure compensation in EV) Die Belichtung verändern Sie durch Verschieben des Reglers (1). Je weiter Sie ihn nach rechts stellen, desto stärker wird die Belichtung – achten Sie dabei darauf, dass es zu keinem Bildrauschen

V. l. n. r.: Weißabgleich mit der Pipette (Markierung); Anwendung verschiedener Farbtemperaturen: 3600 K, 4800 K, 6400 K und 8400 K

kommt. Verschieben Sie daher die Werte nur ganz vorsichtig – beobachten Sie dabei das Histogramm. Mit Klick auf den Button AUTO-BELICHTUNG ✍ wird eine automatische Korrektur durchgeführt. Mit Klick auf diesen Button ⟳ setzen Sie den Belichtungswert wieder auf die STANDARDWERTE von UFRaw zurück und Sie können wieder von vorne starten.

2 Der Weißabgleich (white balance)
Er ist für die Farbtemperatur (Farbstimmung) des Bilds zuständig. Die Maßeinheit für die Farbtemperatur ist *Kelvin (K)*. Die Mittagssonne bzw. normales Tageslicht hat den Wert 5500 K, diese Farbe wird vom Menschen als neutral empfunden. Sonnenaufgang und -untergang haben einen Wert von rund 2500 K – das Licht wirkt rot und weiße Farbe reflektiert dies. Unser Gehirn kompensiert diesen Effekt – die CCD Ihrer Kamera jedoch nicht und deshalb ist ein Weißabgleich nötig.

UFRaw verwendet beim Einlesen der Aufnahme den von Ihrer Kamera mitgelieferten Weißabgleich. Für die manuelle Regulierung verschieben Sie den Regler TEMPERATURE (2) nach links (kühler) bzw. rechts (wärmer).

Mit Klick auf die Pipette ✎ wird ein automatischer Weißabgleich durchgeführt: Klicken Sie dazu zuerst auf einen grauen Bereich im Vorschaubild und anschließend auf die Pipette. Dadurch wird der Weißabgleich auf Basis des neutralen Punkts (Mittelwert) durchgeführt.
Klicken Sie auf RESET ⟳, um die Werte wieder auf den Anfangswert (= Status nach dem Öffnen) zurückzusetzen.

3 Interpolation
Bei der INTERPOLATION lassen Sie am besten die voreingestellte AHD-INTERPOLATION. Sie liefert die besten Resultate bei der Neuberechnung der Pixel. Nur falls es zu außernatürlichen Pixelformationen – wie z.B. überschärfte Kanten oder rote bzw. blaue Ränder (= Bayer-Muster-Artefakte) – kommt, versuchen Sie eine der anderen Interpolationsarten. Vor allem bei Porträts kann die VNG-INTERPOLATION bessere Ergebnisse als andere erzielen.

4 Tonkurve (base curve)
Mithilfe der Tonkurve verändern Sie die Tonwerte des Bilds. Um das Bild aufzuhellen, fassen Sie die Kurve mit der Maus in der Mitte und ziehen Sie sie leicht hinauf

bzw. hinunter zum Abdunkeln der Mitteltöne. Zum Verändern der helleren Bereiche (Lichter) bzw. der schattigeren Bereiche Ihres Bilds (Tiefen) fassen Sie die Kurve am oberen bzw. unteren Ende. Mit [Entf] löschen Sie die gesetzten Punkte wieder.

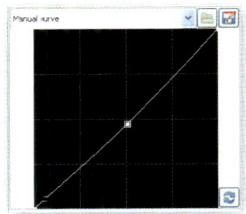

5 Farbkorrekturen (correct luminosity, saturation)
In dem Dialog FARBKORREKTUREN verändern Sie nur die Sättigung der Aufnahme. Helligkeit und Farbton bleiben erhalten. Werte über 1 erhöhen, Werte unter 1 reduzieren die Sättigung. Mit einer Sättigung von 0 besteht das Bild nur noch aus Graustufen.

6 EXIF-Viewer
Die EXIF-Daten eines Bilds liefern Informationen über Ihre Aufnahme, z.B. Aufnahmedatum, Kameratyp, Blendengröße, Belichtungszeit, Format, Größe. Mit dem Viewer haben Sie Einblick in die EXIF-Daten – Sie können sie jedoch nicht verändern. Für das Auslesen von EXIF-Daten aus Nicht-RAW-Dateien gibt es XNVIEW bzw. das EXIF-Tool, siehe Seite 71, oben.

Farbmanagementsystem
Definition ▪ Farbverwaltung ▪ Farbprofile

Mit Farbmanagementsystemen (auch Color-Management-Systeme = CMS) sorgen Sie dafür, dass die Farben Ihrer Aufnahmen von der Kamera oder zum Beispiel vom Scanner über die Bildbearbeitungssoftware bis hin zum Drucker durchgängig stimmig bleiben. Lesen Sie hier die wichtigsten Informationen zu einem hochkomplexen Thema, das ganze Bücher füllt und Tausende Websites beschäftigt.

Allgemeines

Überlegen Sie sich einmal den Weg eines Fotos – mit wie vielen verschiedenen Geräten und Applikationen es in Berührung kommt: Kamera, Scanner, Monitor, Betriebssystem, Software, Drucker etc. All die unterschiedlichen Geräte und Hersteller verwenden verschiedene Farbsysteme zur Darstellung Ihrer Aufnahme und sogar das Papier, auf dem Sie ausdrucken (lassen), verändert die Farben. Das macht Probleme. Die Farben können beispielsweise am Monitor leuchtend und kräftig sein, während sie beim Ausdruck stumpf sind. Um für eine möglichst stimmige Farbdarstellung zu sorgen, sollten Sie sich mit dem Thema Farbmanagement beschäftigen.

Farbprofile

Zu den gängigsten Farbprofilen gehören:

» **sRGB:** kleinster verfügbarer Farbraum, ausreichend für Bilder, die im Web veröffentlicht werden.

» **Adobe RGB (1998):** größer als sRGB, enthält jedoch leider kein Update auf den ECI-Farbraum (europäischer Standard).
» **ECI-RGB:** enthält alle Druckfarben und wird für die professionelle Weiterverarbeitung empfohlen (Download unter *www.eci.org*).
» **ColorMatch-RGB:** ist kleiner als Adobe RGB (1998), ähnelt dem CMYK-Farbraum.

CMS-Arbeitsablauf

Ein durchgängiger Arbeitsablauf mit Farbmanagement sieht so aus: Sie sorgen für kalibrierte Hardware (Monitor, Drucker, Scanner). Die Kamera hinterlegt den Aufnahmen das Profil automatisch. Wenn Sie nun über einen kalibrierten Monitor verfügen, weisen Sie in der Bildbearbeitungssoftware ein entsprechendes Farbprofil zu. Welches Farbprofil, das hängt von der weiteren Verarbeitung ab. Für den Großteil der Anwendungen (Web, E-Mail, Druck am Home-Office-Drucker) genügt sRGB oder Adobe RGB (1998).

Wenn Sie die Aufnahme ins Fachlabor oder in eine Druckerei schicken, verwenden Sie ein CMYK-Farbprofil (z.B. Europe ISO Coated FOGRA27) oder eventuell sogar ein ICC-Profil, das Ihnen die Druckerei zukommen lässt.

1 **Monitor-Kalibration.** Beginnen Sie zunächst einmal damit, Ihren Monitor zu kalibrieren. Darunter versteht man das Einstellen der Farben, um für eine möglichst hohe Farbechtheit zu sorgen. Dazu gibt es Software – eher die schlechtere Wahl, weil Sie mit Augenmaß kalibrieren, dafür aber gratis – oder auch Hardware – die jedoch kostet. Für eine softwarebasierende Kalibration verwenden Sie zum Beispiel das Open-Source-Programm Little CMS (*http://www. littlecms.com*) bzw. finden Sie in Ihrem jeweiligen Betriebssystem auch Programme dafür:

» **Windows XP**: Color Control Panel, Download unter *www. microsoft.com*

Neutrales Grau

Um die Bilder in einer möglichst neutralen Umgebung zu betrachten und zu bearbeiten, stellen Sie die Farbe Ihres Desktops bzw. Schreibtischhintergrunds auf ein dunkles Grau. In GIMP lässt sich die Arbeitsoberfläche auch standardmäßig auf ein Grau einstellen und zwar über BEARBEITEN > EINSTELLUNGEN, Kategorie BILDFENSTER > DARSTELLUNG. Klicken Sie auf BENUTZERDEFINIERTE RAHMENFARBE (die obere der beiden Möglichkeiten).

» **Windows Vista** hat automatisch ein eigenes System, die *Windows Color System*-Standardpalette integriert.
» Für **Linux** Lprof oder Argyll CMS. Infos über Suchmaschine und die jeweiligen Begriffe.
» In **Mac OS X** wechseln Sie im Finder zu PROGRAMME > SYSTEMEINSTELLUNGEN, Klick auf MONITORE, Register FARBEN.

Hardwarebasierende Kalibration führen Sie zum Beispiel mit Silver Haze Pro (*http://www.quato.com*) oder mit System Eye-One von GretagMacbeth (*http://www.xrite.com*) durch. Das Bildbearbeitungsprogramm übernimmt das Monitorfarbprofil automatisch.

2 Die Kamera. Sie liefert üblicherweise das Profil mit und speichert es in der Aufnahme automatisch mit ab.

3 Drucker. Für eine einfache Druckerkalibration verwenden Sie einen aktuellen Treiber – laden Sie ihn von der jeweiligen Hersteller-Website herunter.

4 Scanner. Zum Kalibrieren des Scanners suchen Sie ein Foto mit möglichst vielen Farben, scannen Sie es ein und nutzen Sie

– falls vorhanden – eine IT8-Farbkarte. Justieren Sie den Scanner so lange, bis die Farben übereinstimmen. Lesen Sie dazu auch die Gebrauchsanweisung Ihres Scanners.

5 GIMP. Als Erstes stellen Sie in GIMP die Farbprofile ein: BEARBEITEN > EINSTELLUNGEN, Kategorie FARBVERWALTUNG. Stellen Sie den Arbeitsmodus auf FARBKORRIGIERTE DARSTELLUNG. Als RGB-PROFIL verwenden Sie z.B. das gängige *sRGB* oder *Adobe RGB (1998)*. Wenn Sie keines der beiden Profile auf Ihrem Computer finden, laden Sie sie aus dem Web (*www.adobe.com*) herunter. Bei CMYK-FARBPROFIL können Sie *Europe ISO Coated FOGRA27* einstellen. Da GIMP jedoch keine besonders

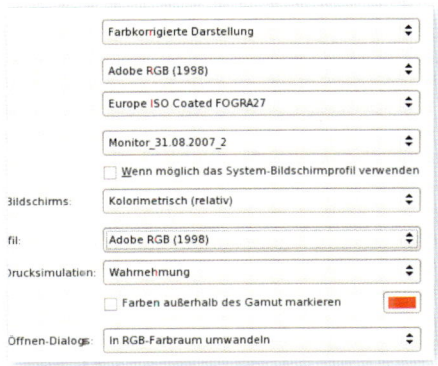

ausgefeilte CMYK-Unterstützung bietet, ist dieses Profil eher zu vernachlässigen.

BILDSCHIRMPROFIL: Legen Sie hier das Farbprofil Ihres Monitors fest. Wenn Sie über kein Monitorprofil verfü-

gen, aktivieren Sie die Option darunter VERSUCHEN, DAS BILDSCHIRMPROFIL VOM FENSTERSYSTEM ZU ÜBERNEHMEN.

Unter FARBANPASSUNG DES BILDSCHIRMS und FARBANPASSUNG DER DRUCKSIMULATION stellen Sie am besten KOLORIMETRISCH (RELATIV) ein, das DRUCKSIMULATIONSPROFIL auf *Adobe RG3 (1998)* oder das Ihres Druckertreibers.

Bei VERHALTEN DES DATEI-ÖFFNEN-DIALOGS legen Sie fest, was mit einer Datei passieren soll, die über ein eingebettetes Profil verfügt. Stellen Sie hier ein, dass es in den RGB-ARBEITSFARBRAUM UMGEWANDELT werden soll, aber nur dann, wenn dieser nicht der kleinste ist und später ein größerer benötigt wird.

6 Farbprofil auslesen und zuweisen. Um festzustellen, welches Farbprofil ein Bild hinter-

legt hat, klicken Sie auf BILD > BILDEIGENSCHAFTEN, Register FARBPROFIL.

Bilder, die über kein Farbprofil verfügen, erhalten eines über BILD

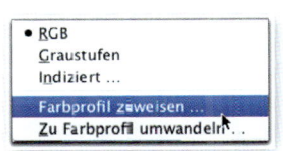

> MODUS > FARBPROFIL ZUWEISEN.

GIMP 💣☹☠⚡
Häufige Probleme

Vorweg: GIMP ist seit vielen Jahren ein äußerst stabiles Programm – die Abstürze, die ich erlebt habe, lassen sich an einer Hand abzählen. Meist sind es kleine Bedienungsfehler, die zu großen Ärgernissen führen – lesen Sie daher diesen Abschnitt, bevor oder weil Sie GIMP gerade 💣☹☠⚡. Es sind hier die häufigsten Probleme zusammengefasst, die ich bei den Teilnehmern und Teilnehmerinnen während meiner GIMP-Trainings beobachte. Und gleich ein Tipp: In der Statusleiste des Bildfensters (ganz unten) sind immer wieder wertvolle Hinweise eingeblendet. Es zahlt sich aus, dort ab und zu einen Blick hinzuwerfen.

Keine Reaktion

Problem: GIMP reagiert auf keinen Befehl.

Lösung 1: Wenn Sie zum Beispiel malen wollen und Sie sehen keinen Pinselstrich, dann kann es sein, dass Sie auf der falschen Ebene arbeiten. Werfen Sie einen Blick in den Ebenendialog und prüfen Sie, welche Ebene markiert ist. Wenn Sie eine darunterliegende irrtümlich bearbeitet haben, machen Sie Ihre Aktion rückgängig (Strg / Ctrl + Z) und markieren Sie die richtige Ebene.

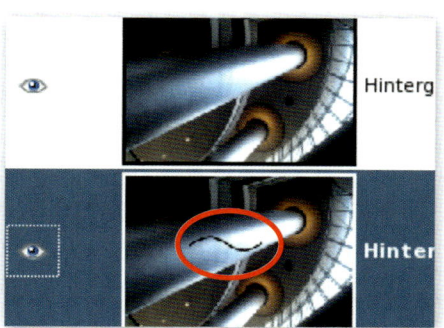

△ Beide Ebenen sind sichtbar geschaltet (Auge 👁) und die untere ist markiert, der Pinselstrich wurde daher dort aufgetragen. Im großen Bildfenster werden Sie davon nichts bemerken.

Lösung 2: Eine zweite Ursache dafür, dass GIMP augenscheinlich auf nichts reagiert, kann eine aktive Auswahl sein. Diese kann so klein sein, dass Sie sie nicht einmal sehen. Das heißt, dass sich alle Befehle auf diese Miniaturauswahl ausgewirkt haben. Prüfen Sie daher im JOURNAL

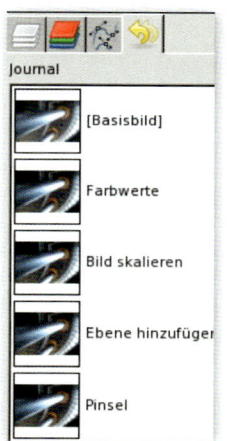

, ob die abgesetzten Befehle protokolliert wurden. Falls ja, machen Sie sie durch mehrmaliges Klicken auf den gelben Pfeil am unteren Ende des Dialogs rückgängig und wählen Sie zum Deaktivieren der Miniauswahl AUSWAHL > NICHTS AUSWÄHLEN (⇧ + Strg / Ctrl + A).

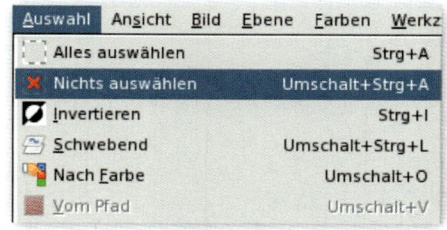

Dialog verschwunden

Problem: Der Dialog ROTIEREN/ SKALIEREN/ZUSCHNEIDEN etc. ist nicht mehr sichtbar und der Befehl kann nicht abgeschlossen werden.

Lösung: GIMP besteht ja aus vielen einzelnen Fenstern – ein Dialog kann daher zum Beispiel hinter dem Bildfenster verschwinden. Meist genügt es, mit ⏎ den Befehl abzuschließen. Ansonsten fassen Sie mit der Maus das Bildfenster an der Titelleiste und tragen Sie es auf die Seite – dahinter versteckt sich dann mit Sicherheit der gesuchte Dialog. Bestätigen Sie durch Klick auf den entsprechenden Befehl.

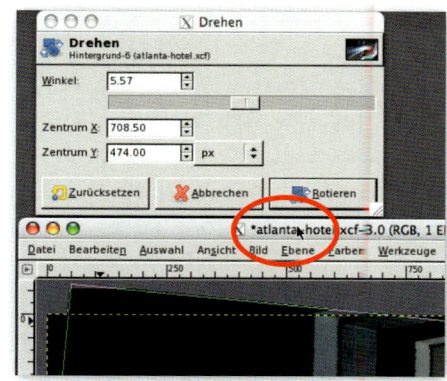

Grundlagen

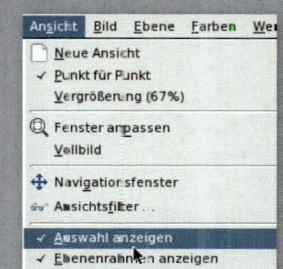

Auswahl ausblenden

Mit der Tastenkombination Strg / Ctrl +T bzw. ANSICHT > AUSWAHL ANZEIGEN blenden Sie den Auswahlrahmen aus – für eine Vorschau oft recht praktisch. Dennoch bleibt natürlich die Auswahl aktiv und alle Befehle wirken sich nur darauf aus! Eine vergessene unsichtbare, aber aktive Auswahl kann ein Grund dafür sein, dass sich Befehle seltsam verhalten oder nicht auswirken.

Starrer Ebenendialog

Problem: Es sind mehrere Bilder geöffnet. Trotz Wechsel zwischen den Dateien bleibt der Inhalt im Ebenendialog immer gleich und stellt nur die Ebenen einer Datei dar.

Lösung: Der Trick heißt AUTO. Ganz rechts oben in der Ecke des Ebenendialogs befindet sich die AUTO-Schaltfläche. Ist diese deaktiviert, wechselt der Ebenendialog nicht automatisch zwischen den Dateien. Dann könnte man sich mit dem Pull-down-Menü behelfen, dort sind alle Dateien aufgelistet. Um den Wechselmodus jedoch zu automatisieren, klicken Sie einmal auf AUTO.

Bildfenster hinter Werkzeugkasten/Docks

Lösung: *Neu in GIMP 2.6* ist, dass Sie festlegen können, wie sich die Docks bzw. der Werkzeugkasten zum Bildfenster verhalten soll. Genaugenommen gibt GIMP dem Windowmanager Ihres Betriebssystems Empfehlungen, wie er mit den Paletten verfahren soll. Zum Verändern des Verhaltens der Fenster wählen Sie über BEARBEITEN > EINSTELLUNGEN die Kategorie FENSTERVERWALTUNG. Experimentieren Sie mit den unterschiedlichen Einstellungsmöglichkeiten.

Beim Verschieben wird ein anderes Element bewegt

Problem: Bei Versuch, z.B. den Text zu verschieben, bewegt sich stattdessen der Hintergrund.

Lösung: Beim Text liegt es daran, dass Sie ihn *zwischen* den Buchstaben angeklickt und gezogen haben. Dieser ist dort jedoch transparent, das heißt, Sie haben mit der Maus quasi durchgegriffen und daher den Hintergrund zu fassen bekommen. Um das zu verhindern – und stets die Ebene, die Sie im Ebenendialog 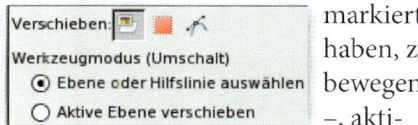 markiert haben, zu bewegen –, aktivieren Sie in den Werkzeugeinstellungen des Verschiebenwerkzeugs ✛ die Option AKTIVE EBENEN VERSCHIEBEN.

Wenn Sie bei mehreren Ebenen mal die eine, mal die andere verschieben möchten, ohne im Ebenendialog jedes Mal die jeweilige Ebene markieren zu müssen, stellen Sie in der Werkzeugeinstellung des Verschiebenwerkzeugs auf EBENE ODER HILFSLINIE AUSWÄHLEN um. Soll gleichzeitig die jeweilige EBENE im Ebenendialog AKTIVIERT werden, stellen Sie dies über die Einstellungen um: Öffnen Sie BEARBEITEN > EINSTELLUNGEN > Kategorie WERKZEUGEINSTELLUNGEN und aktivieren Sie die entsprechende Option.

Ebenengröße ist nicht gleich Bildgröße

Problem: Beim Klonen oder auch Zeichnen wird kein Bildmaterial bzw. keine Farbe aufgetragen.

Lösung: Eine Ursache dafür kann die Ebenengröße sein. Diese muss nicht unbedingt gleich groß wie der Hintergrund (Bildgröße) sein. Erkennbar ist die Größe der Ebene an dem gelb-schwarz gestrichelten Rahmen (falls dieser nicht über ANSICHT > EBENENRAHMEN ANZEIGEN ausgeblendet ist). Jegliche Werkzeuge stoßen dann praktisch an die Grenzen der Ebene. Erweitern Sie daher die Begrenzungen mit EBENE > EBENE AUF BILDGRÖSSE.

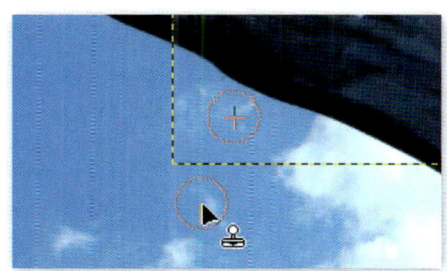

Befehle im Menü Farben lassen sich nicht aufrufen

Lösung: Dann ist das Bild höchstwahrscheinlich indiziert – wählen Sie BILD > MODUS > RGB. Hinweise dazu finden Sie auch stets in der Statusleiste.

⚠ Das Anpassen von Kurven funktioniert nicht mit Ebenen im indizierten Farbmodus.

2 Fotokorrekturen

Fast kein Bild kommt absolut perfekt aus der Kamera – selbst die Profis korrigieren die meisten ihrer Aufnahmen nach. Sie werden sehen, dass dafür oft nur wenige Schritte nötig sind, die dafür sorgen, dass das Foto vollkommen aussieht. GIMP bietet auch für die komplizierteren Fälle ideale Werkzeuge und Filter. Machen Sie mit – die Übungen bieten oft überraschend einfache Lösungen und Wege für gängige Probleme.

Drei Schritte zum perfekten Bild
Werte ▪ Kurven ▪ Schärfen

So gut wie jedes Bild, das mit einer Digitalkamera aufgenommen wurde, benötigt nachträglich ein paar einfache Korrekturen. Die folgenden Handgriffe gehören zum Standardrepertoire der Profis: In drei Schritten werden die Tonwerte angepasst, der Kontrast mittels KURVE verstärkt und die Schärfe erhöht. Sie werden sehen, dass Ihr Bild an Qualität gewinnt und aus einer matten Aufnahme eine ausdrucksstarke Erinnerung wird. Wenden Sie die Technik nicht an, wenn die Stimmung des Bilds weich und eher neblig bleiben soll.

Die einzelnen Werkzeuge, die wir dafür verwenden, werden auf den weiter hinten folgenden Seiten noch detaillierter erklärt. Hier finden Sie einen ersten Überblick für ihren alltäglichen Einsatz.

💿 kueste_vh.jpg

◁ Flache, matte Farben und kontrastarm – sehen Sie darunter, was aus dem Foto dieser wunderschönen Küste an Frische rauszuholen war!

Michael Palliardi

1 Tonwerte anpassen.
Öffnen Sie über FARBEN > WERTE den Tonwertedialog. Am Histogramm erkennen Sie, wie viel von einem Helligkeitswert vorhanden ist. Die Tonwerte verteilen sich von 0 (= Schwarz) bis 255 (= Weiß) über

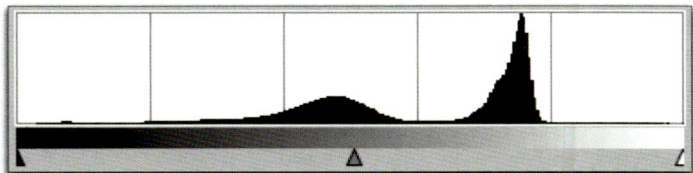

den gesamten RGB-Bereich. Bei dieser dumpfen Küstenaufnahme ist der rechte Bereich fast gar nicht vorhanden – die Höhen sind nicht ausgeprägt.

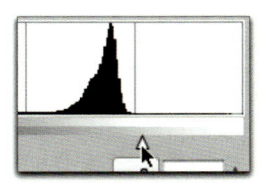

Verschieben Sie nun den rechten Pfeil nach rechts hinein – bis zum Beginn der Tonwerte. Dadurch verteilen sich die Helligkeitsinformationen neu über den gesamten Bereich. Das Histogramm wird aufgefüllt,

Filter UNSCHARF MASKIEREN verstehen

Der UNSCHARF MASKIEREN-Filter schärft entlang von Kanten. Was als Kante gilt, legen Sie mit dem Regler SCHWELLWERT fest. Je *kleiner* der Schwellwert, desto eher werden benachbarte Pixel als Kante gewertet und geschärft und umso *stärker* wirkt der Filter. Bei null wird alles scharf gezeichnet.
Der RADIUS bestimmt den Umfang der Kontrasterhöhung entlang der Kanten. Je höher der Wert, desto stärker der Filter und mit MENGE bestimmen Sie die Stärke des gesamten Filters, auch hier gilt: je höher, desto stärker.

die dunkelsten Töne korrekt schwarz und die hellsten werden weiß. Dieser Vorgang intensiviert die Schatten und Lichter. Das Bild ist schon wesentlich kontrastreicher (oben).

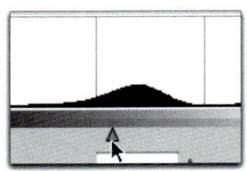

Ist die Aufnahme nach der Wertekorrektur zu dunkel geworden, verschieben Sie den mittleren Pfeil (Gamma, Helligkeitskorrektur) etwas nach links. Dadurch hellen Sie die Mittelwerte auf.

HINWEIS
Meist erzielen Sie alternativ zur manuellen Tonwertkorrektur mit FARBEN > AUTOMATISCH > AUTOMATISCHE KONTRASTSPREIZUNG gute Ergebnisse. Dabei wird der hellste Punkt automatisch auf 255 (Weiß) und der dunkelste auf 0 (Schwarz) versetzt. Rot, Grün und Blau werden auf ihre höchsten Spitzen hin verteilt. Das funktioniert am besten, wenn alle Kanäle ähnliche Tonwertbereiche aufweisen. Kontrollieren Sie dahingehend das Histogramm.

2 Kontrast erhöhen.
Wählen Sie FARBEN > KURVEN. Die Kurven gehören zu den wichtigsten Werkzeugen, auch damit bearbeiten Sie die Tonwerte: Das Histogramm ist im Hintergrund sichtbar. Durch Klick auf die Kurve setzen Sie Ankerpunkte, durch Ziehen dieser Punkte verändern Sie die Tonwerte zueinander.

Um den Kontrast zu erhöhen, sind zwei Schritte nötig: Zunächst verschieben Sie den oberen Bereich (Lichter) nach oben und den unteren Bereich (Tiefen) hinunter. Dadurch hellen Sie die Lichter auf und verstärken die Tiefen. Bei aktivierter VORSCHAU beobachten Sie die Auswirkungen auf das Bild. Bestätigen Sie mit OK und öffnen Sie erneut die KURVEN. Steilen Sie die Kurve in der Mitte etwas auf, um das Bild insgesamt aufzuhellen.

3 Schärfen. Dieser Schritt kommt immer erst am Schluss. Ich verrate Ihnen hier einen Trick, den mir Barbara Wilding, Profifotografin vor Kurzem gezeigt hat: Duplizieren Sie die Ebene,

klicken Sie dazu im Ebenendialog auf das Symbol laut Abbildung oder ⇧ + Strg / Ctrl + D.

Wählen Sie FILTER > VERBESSERN > UNSCHARF MASKIEREN. Stellen Sie hier

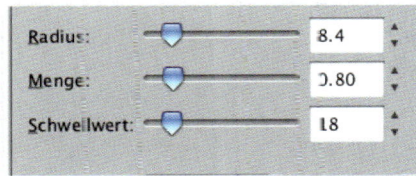

eine relativ starke Schärfung ein, z.B. SCHWELLWERT: 18, RADIUS: 8.4, MENGE: 0,8 (Details zu dem Filter siehe Tipp-Kasten oben). Bestätigen Sie mit OK.

Damit die Schärfe keine Halos an den Konturen bildet, stellen Sie den Ebenenmodus auf WERT. Die Stärke der Schärfung regulieren Sie nachträglich über die Deckkraft der Ebene. Genial, oder?

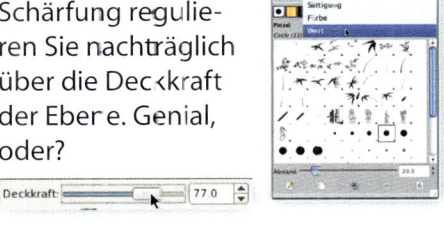

Tonwerte
Definition ▪ Histogramm ▪ Tonwertkorrektur

Was sind Tonwerte? Was sind Schatten, Mitten und Lichter? Wie lesen Sie ein Histogramm? In diesem Abschnitt bekommen Sie ein Auge für die Verteilung der Tonwerte und Sie lernen, Ihre Aufnahmen professionell nachzukorrigieren.

Für die Veränderung der Tonwerte eines Bilds gibt es in GIMP mehrere Zugänge, am häufigsten kommen die beiden Dialoge WERTE – wo die Tonwerte als Histogramm abgebildet sind – und KURVEN – wo die Werte zu Beginn wie auf einer geraden, diagonalen Linie dargestellt sind – zum Einsatz.

💿 strandsessel_tiefen lichter.jpg

Für die Korrektur der Tonwerte ist es wichtig zu erkennen, wo sich die hellen, dunklen und mittleren Bereiche eines Bilds befinden.

Lichter bzw. Höhen
Die Lichter sind die hellen Bereiche eines Bilds. Natürlich befinden sich auch in den nicht so eindeutig hellen Bereichen helle Pixel – so z.B. am Strand darunter.

Mitten bzw. Grau
Die Mitten zeigen die grauen mittelhellen Bereiche eines Bilds.

Histogramm
Das Histogramm des Bilds zeigt eine „Welle" bei den dunkleren Bereichen und ganz rechts eine intensive Ausprägung der Lichter.

Tiefen   Mitten   Höhen

Tiefen bzw. Schatten
– also die dunklen Seiten des Bilds. Schatten ist meist nicht wirklich eindeutig schwarz, Details sollten erkennbar bleiben.

Tonwerte

Ein Bild im RGB-Modus besteht aus den Farben Rot, Grün und Blau. Ein Pixel nimmt in jedem dieser Kanäle einen **Tonwert** zwischen 0 und 255 an. Ein Pixel mit dem Wert 0 ist dabei schwarz – unabhängig vom jeweiligen Farbkanal (dunkelstes Rot, Grün, Blau) und ein Pixel mit 255 ist Weiß (hellstes Rot, Grün oder Blau).

Diese Helligkeitswerte bildet das *Histogramm* ab. Wenn Sie nur einen Blick darauf werfen möchten, ohne Korrekturen durchzuführen, öffnen Sie es über FARBEN > INFORMATION > HISTOGRAMM.

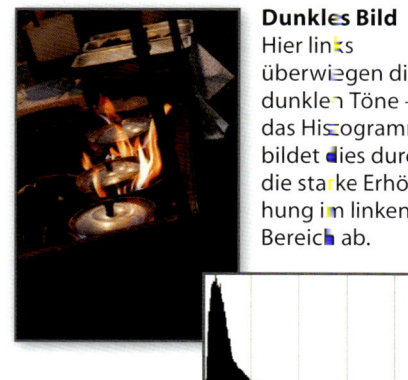

Dunkles Bild
Hier links überwiegen die dunklen Töne – das Histogramm bildet dies durch die starke Erhöhung im linken Bereich ab.

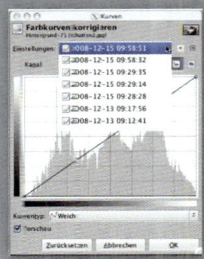

Tipp

Tonwertkorrektur

Die Korrektur der Tonwerte erfolgt über FARBEN > WERTE (aber auch über die *Kurven*, siehe Seite 56). Lassen Sie uns verschiedene Anwendungsmöglichkeiten durchgehen:

Problem: Kontrastarm

www.brodegger.at

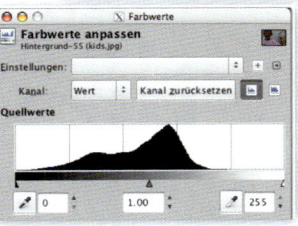

Das Histogramm dieses Bilds ist in den dunklen Tönen links ein wenig und in den hellen Bereichen rechts stärker abgeflacht. Um die Kontraste zu verstärken, also Helles heller zu machen, verschieben Sie den Weißpunkt (1) rechts hinein. Dadurch erweitern Sie den Kontrastumfang.

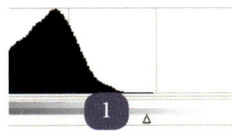

Problem: Matte Farben

Mit dem zuvor beschriebenen Ausgleich des Kontrastumfangs haben Sie alle Kanäle gleichzeitig bearbeitet. Sind dann die Farben noch zu matt, selektieren Sie die RGB-Kanäle einzeln: Klicken Sie in das Pull-down-Menü (2) und wählen Sie zunächst z.B. den ROT-Kanal. Ist das Histogramm an den Enden abgeflacht, ziehen Sie den jeweiligen Punkt ganz außen hinein, so lange,

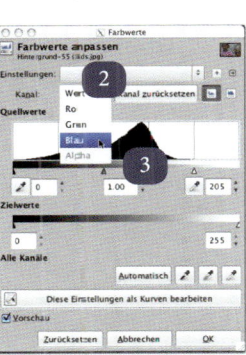

bis die ersten Werte der Kurve sichtbar werden. Regulieren Sie die Helligkeit über den mittleren Regler (3) noch nach (Gamma). Wiederholen Sie den Vorgang für die anderen Kanäle.

Mit ZURÜCKSETZEN setzen Sie alle Kanäle wieder auf den Status nach dem Öffnen des Dialogs zurück und können wieder weiterprobieren. Haben Sie ein wenig Geduld beim Probieren – es zahlt sich aus!

Problem: Farbstich

www.photografin.at

⊙ farbstich.jpg

Bilder mit einem Farbstich lassen sich mit der Pipette rasch korrigieren. Klicken Sie im WERTE-Dialog auf eine der entsprechenden Pipetten, um die Schwarz-, Mittel- bzw. Weißwerte zu definieren.

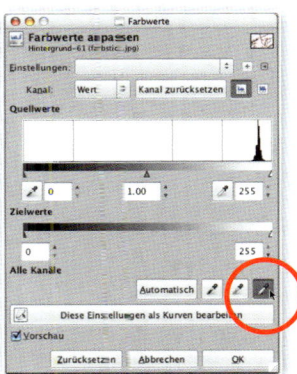

Bei diesem Bild oben habe ich mit der Pipette FÜR ALLE KANÄLE in einen der helleren Bereiche (☐ Markierung im Foto oben) geklickt und damit den Weißpunkt neu definiert. GIMP verteilt daraufhin die restlichen Tonwerte automatisch.

Kurven
Helligkeit ▪ Kontrast ▪ Farbstich

Der Kurve gilt nach den WERTEN (siehe vorherige Seite) gleich der zweite Blick. Hier sind die Tonwerte nach dem Öffnen des Dialogs auf einer geraden, diagonalen Linie dargestellt. Durch Verbiegen der Linie greifen Sie in die Tonwerte ein. Die Kurve gehört zu den schwierigsten und komplexesten Werkzeugen in der Bildbearbeitung, dafür sind Sie aber bei der Tonwertkorrektur flexibel und genauer. Diese Seiten helfen Ihnen, die Kurven zu verstehen und richtig anzuwenden.

⊙ tonwerte.jpg

◁ Zu dunkle Bereiche lassen sich mit dem Kurvenwerkzeug hervorragend bearbeiten. Wie schon bei den Werten ist es auch hier ganz wichtig zu wissen, welche Bereiche eher die Tiefen, die Mitten und die Höhen darstellen. Experimentieren Sie stets vorsichtig mit der Kurve, bewegen Sie sie nur wenig und betrachten Sie immer wieder das Zwischenergebnis – dank der Vorschaufunktion wird ja das Foto im Bildfenster bei geöffnetem Dialog sofort neu aufgebaut.

www.photografin.at

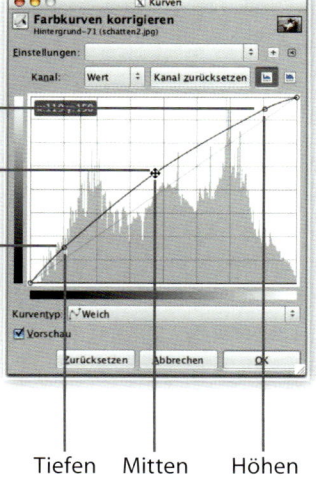

Tiefen Mitten Höhen

Kurven

Die Kurve bildet ebenfalls die Tonwerte ab (siehe auch Seite 52). Öffnen Sie den Dialog über FARBEN > KURVEN. Die diagonale Linie ist unser Werkzeug, mit ihr beeinflussen wir die Höhen, Tiefen und Mittelwerte. Im Hintergrund ist zur Orientierung das Histogramm abgebildet. In dem Dialog sind die Tiefen links unten, die Mitten mittig und die Höhen rechts oben abgebildet. Über KANAL beeinflussen Sie alle Kanäle gleichzeitig (WERT) oder jeden Farbkanal (Rot, Grün, Blau) einzeln.

Wenn Sie auf die diagonale Linie klicken und sie hinaufziehen, erhöhen Sie die Helligkeit in dem Bereich – also wie in dem Beispiel links die Höhen, die Mitten und die Schatten auch einzeln. Um einen Punkt zu löschen, ziehen Sie auf der Linie entlang nach oben oder unten hinaus. Mit ZURÜCKSETZEN fangen Sie wieder von vorne an. Oft bestätigt man den Dialog auch, um ihn anschließend erneut zu öffnen und die gesamten Tonwerte noch etwas hinaufzuziehen und das Bild insgesamt aufzuhellen.

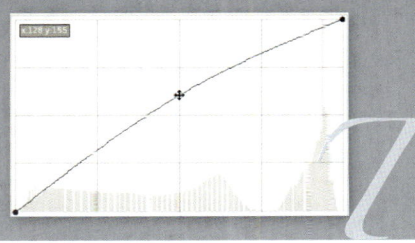
Kontrast erhöhen mit S-Kurve

Reinhard Helmer

1 Verformen Sie die diagonale Linie in eine S-Form, indem Sie im Bereich der Höhen einen Punkt setzen und diesen leicht hinaufziehen und bei den Schatten an einem weiteren Punkt hinunterziehen – dadurch erhalten flache, kontrastarme Bilder kräftigere Höhen und Tiefen, wobei die Tonwerte nicht gespreizt werden. Bestätigen Sie die Kurve mit OK und öffnen Sie sie erneut.

2 Im zweiten Schritt hellen Sie die Mittelwerte noch etwas auf, indem Sie die Kurve in der Mitte sanft hinaufziehen. Beobachten Sie stets das Bild – für einen besseren Vorher/Nachher-Vergleich deaktivieren/aktivieren Sie die VORSCHAU.

Farbstich entfernen

Erich Gruber

Farbstiche – wie hier der Rotstich – lassen sich mit dem Kurvenwerkzeug ganz leicht entfernen: Wählen Sie den entsprechenden Kanal und verschieben Sie die Kurve. Bei diesem Bild waren im Rotkanal die Höhen sehr ausgeprägt – also habe ich links oben die Linie hinuntergezogen. GIMP zeigt im KURVEN-Dialog sehr schön (eingekreist), dass Sie Rot nicht *entfernen*, sondern gegen die Komplementärfarbe (hier Cyan) verschieben. Achten Sie bei der Korrektur darauf, dass die Komplementärfarbe dann nicht zu stark hervortritt.

Farbkanäle einzeln korrigieren

www.photografin.at

Experimentieren Sie bei farbenreichen Bildern mit den einzelnen Kanälen.

1 Zunächst musste dieses Bild in allen Kanälen aufgehellt werden. Die Blüte ist dadurch schön weiß geworden.

2 Indem nur im Rotkanal die Höhen (rechter oberer Marker) aufgehellt und die Schatten (linker unterer Marker) abgedunkelt wurden, sind die Rottöne intensiver geworden. Beachten Sie v. a. die Ränder der Blütenblätter.

3 Zum Schluss sind hier die Werte im Grünkanal noch leicht aufgehellt – wie man an den Blättern im Hintergrund sehen kann. Dadurch erhält die Blüte im Vordergrund mehr Aufmerksamkeit.

 angkor.jpg
kamele.jpg
kurven_blume.jpg

Schärfen im Helligkeitskanal
Umwandeln ▪ Schärfen ▪ Filter

Wie Sie mit dem UNSCHARF MASKIEREN-Filter einfach und rasch Ihre Fotos nachschärfen, zeigt Ihnen das Beispiel *Drei Schritte zum perfekten Bild* auf Seite 52. Auf den folgenden Seiten sehen wir uns an, wie die Profis arbeiten – denn sie schärfen nur im Helligkeitskanal im HSV-Modus und verhindern so Halos (Lichthöfe), die durch Überschärfen entstehen.

💿 schaerfen_hsv.jpg

▽ Zur besseren Kontrolle der Unschärfe zoomen Sie das Bild bis maximal 150% heran, verwenden Sie dazu die Lupe 🔍 oder klicken Sie in der Statusleiste des Bildfensters auf die Prozentwerte. Das Schärfen-Ergebnis prüfen Sie unbedingt bei 100%, denn andere Stufen zeigen das Ergebnis verfälscht, vor allem krumme Zoomstufen, wie 85,95%.

1 Hintergrundebene duplizieren. Um später das Ergebnis mit dem Original vergleichen zu können, duplizieren Sie erst mal die Hintergrundebene. Klicken Sie dazu im Ebenendialog auf den Button **(1)** DUPLIKAT DIESER EBENE ERSTELLEN.

2 Umwandeln in HSV-Modus. Als Nächstes konvertieren wir das Bild in den HSV-Modus. Wählen Sie FARBEN > KOMPONENTEN > ZERLEGEN. Wählen Sie unter FARBMODUS: HSV. Dieser Modus besteht aus den drei Kanälen Hue (= Farbton),

www.photografin.at

Fotokorrekturen

58

Schärfen mit digitalen Kameras

Selbst kleine Kompaktkameras bieten die Möglichkeit, bereits bei der Aufnahme nachzuschärfen. Vermeiden Sie jedoch diese Methode und schärfen Sie lieber in GIMP nach – das
Ergebnis ist weitaus besser!

Tipp

Saturation (= Sättigung) und Value
(= Helligkeit). Durch das Schärfen
im Helligkeitskanal wird verhindert,
dass farbige Pixel die gefürchteten
leuchtenden Kanten bekommen.
In GIMP wird beim Umwandeln in
den HSV-Modus das Bild in einer
neuen Datei „zwischengelagert",
dort bearbeitet und anschließend
wieder zurückgewandelt.

GIMP hat nun automatisch eine
neue Datei erstellt, wo die einzelnen Farbkanäle des HSV-Modus
als Ebenen in Graustufen abgelegt
sind. Blenden Sie die oberen beiden Ebenen FARBTON und SÄTTIGUNG
aus und achten Sie darauf, dass die
Ebene WERT **(2)** markiert ist.

3 Unscharf Maskieren.
Wählen Sie FILTER > VERBESSERN
> UNSCHARF MASKIEREN. Zoomen Sie
im Vorschaubild eine Stelle heran,
die repräsentativ die Unschärfen
anzeigt – hier sind es die Bambus-
stangen und ein Teil der Blätter.
Experimentieren Sie mit den
Werten, in diesem Helligkeitskanal
dürfen Sie sogar etwas übertreiben
und relativ kräftig schärfen. Bei
dem Beispielbild brachten die folgenden Werte das beste Ergebnis:

» RADIUS: 1.5
» MENGE: 1.65
» SCHWELLWERT: 12
   (Ein höherer Schwellwert schützt
   die Flächen vor dem Schärfen.)

Achtung – die Werte sind abhängig von der Auflösung Ihres Bilds,
verwenden Sie dann ein adäquates
Verhältnis der oben angeführten Werte. Eine Erläuterung des
UNSCHARF MASKIEREN-Filters lesen Sie
auf Seite 53 oben im Tipp-Kasten.

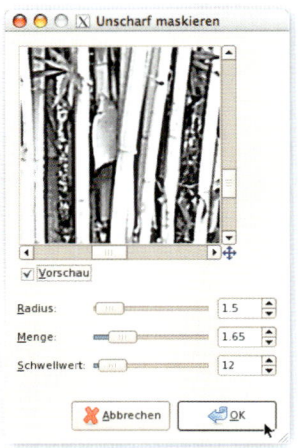

**4 Zusammenfü-
gen.** Jetzt wird
das Bild wieder zusammengesetzt. GIMP erkennt von selbst,
wohin die Ebenen gehören, und
stellt sie wieder in das Originalbild
zurück. Wählen Sie dazu den Befehl
FARBEN > KOMPONENTEN > WIEDER
ZUSAMMENFÜGEN. Wechseln Sie zur
Originaldatei. Zum Vergleich mit
der unscharfen Hintergrundebene
blenden Sie die obere Ebene aus
und wieder ein, indem Sie im
Ebenendialog auf das Auge 👁
klicken. Wenn Sie mit dem Ergebnis
nicht zufrieden sind, kehren Sie
zurück zur Datei mit dem HSV-
Kanal, die noch im Hintergrund
geöffnet ist. Machen Sie über
BEARBEITEN den letzten Schritt
RÜCKGÄNGIG (Strg / Ctrl + Z) und
experimentieren Sie mit dem Filter
UNSCHARF MASKIEREN weiter.

5 Schatten aufhellen. Sind die
Schatten durch das Schärfen
dunkler geworden, hellen Sie sie
über FARBEN > KURVEN noch etwas
auf. Klicken Sie in den linken unteren Bereich der Linie und ziehen
Sie die Linie an dem Punkt leicht
hinauf. Um die restlichen Tonwerte
nicht mit aufzuhellen, setzen Sie in
der Mitte der Linie einen zweiten
Punkt und
ziehen
ihn leicht
wieder
hinunter.

Bildausschnitte und fixe Größe
Technik ▪ Tipps ▪ Goldener Schnitt

Wie schneiden Sie Bilder zu? Und was gilt es dabei zu beachten? Auch wenn Sie die GIMP-Technik beherrschen, gibt Ihnen dieses Kapitel Tipps und Ratschläge mit auf den Weg, wie Sie die Wahl des Ausschnitts bestimmen. Wir sehen uns außerdem an, wie Sie ein Bild auf eine vorgegebene Größe unter Beibehaltung von möglichst viel Bildmaterial bringen.

Zuschneidenwerkzeug

Mit dem Zuschneidenwerkzeug selektieren Sie jenen Bereich des Bilds, der *erhalten* bleiben soll.

1 **Zuschneiden.** Aktivieren Sie das Zuschneidenwerkzeug (⇧+C) und ziehen Sie damit über das Bild. Die Auswahl – der Bereich, der erhalten bleiben soll – wird heller und der wegzuschneidende Teil wird dunkler dargestellt. Wenn der Ausschnitt passt, drücken Sie ↵ oder klicken Sie mit der Maus einmal in die Auswahl.

2 **Doch nicht zuschneiden.** Zum Aufheben der Zuschneide-Auswahl drücken Sie die Esc-Taste.

3 **Zuschnitt verändern**. Der Auswahlrahmen kann, solange Sie nicht bestätigt haben, an den Längsseiten und den Ecken verändert werden. Ziehen Sie mit der Maus an den Ecken, um die Breite und Höhe der Auswahl zu ändern, bzw. an den Längsseiten, um nur die Breite/Höhe zu ändern. Klicken und ziehen Sie in der Mitte des Rahmens, um ihn zu verschieben. Bestätigen Sie anschließend mit ↵.

◁ An den Griffen passen Sie den Zuschneiderahmen exakt an und positionieren ihn mittels Ziehen im inneren Bereich.

Reinhard Helmer

Bild auf eine fixe Größe bringen

Ziel ist es, ein Bild auf eine bestimmte, z.B. durch eine Website vorgegebene, Größe zu bringen – dabei wollen Sie so viel Bildmaterial erhalten wie möglich.

1 Bild skalieren. Angenommen, das Bild hat ursprünglich 3043 x 2036 Pixel und es soll webtaugliche 800 x 500 Pixel klein werden.

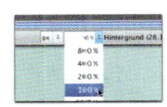

Wählen Sie BILD > BILD SKALIEREN, überschreiben Sie die BREITE mit 800, drücken

Sie ⏎. Dadurch ändert sich die HÖHE auf 535. Also 35 Pixel zu viel. Die schneiden Sie im nächsten Schritt weg. Bestätigen Sie den Dialog mit SKALIEREN. Machen Sie nicht den Fehler, die Verkettung zwischen Breite und Höhe aufzuheben (Klick auf 🔗) – und so die Werte zu erzwingen, dadurch verzerren Sie das Bild!

2 Zuschneiden. Bevor Sie zuschneiden, ist es eventuell nötig, das Bild heranzuzoomen. Ändern Sie den Zoomfaktor an der Statusleiste (am unteren Ende des Bildfensters) auf 100% oder drücken Sie die +-Taste.

Aktivieren Sie nur das Zuschneidenwerkzeug und ziehen Sie eine Auswahl über das gesamte Bild auf. Ziehen Sie an der oberen oder unteren Längsseite den Rahmen hinein und beobachten Sie gleichzeitig die Werte in der Statusleiste – ziehen Sie, bis dort der gewünschte Wert 500 steht, und drücken Sie ⏎. Fertig!

Reinhard Helmer

Harmonische Bildausschnitte

Bilder wirken auf uns mit einem Seitenverhältnis von 4:3 oder 16:9 harmonisch. So schneiden Sie ein Bild unter Beibehaltung des ursprünglichen Seitenverhältnisses zu: Markieren Sie mit dem Zuschneidewerkzeug das *gesamte* Bild. Aktivieren Sie in den Werkzeugeinstellungen FEST und SEITENVERHÄLTNIS. Skalieren Sie die Auswahl und bestätigen Sie mit ⏎. Ein Seitenverhältnis von 4:3 bzw. 16:9 erhalten Sie, wenn Sie die Werte in der Zeile darunter eingeben.

© MEV-Verlag, www.mev.de

Bei Porträtaufnahmen positionieren Sie die Kamera auf Augenhöhe – die Augen sollten sich 1/3 unterhalb der oberen Bildkante befinden. Wenn Sie ein Porträt daraufhin zuschneiden, blenden Sie in den Werkzeugeinstellungen des Zuschneidenwerkzeugs den Hilfsrahmen DRITTELREGEL ein.

📷 bildausschnitt.jpg

Fotokorrekturen

Blenden Sie zur besseren Positionierung des Zuschneiderahmens in den Werkzeugeinstellungen die HILFSRAHMEN ein.

Mithilfe der DRITTELREGEL verschieben Sie den Rahmen so, dass sich bildbestimmende Motive in einem der Kästchen befinden.

Der GOLDENE SCHNITT teilt das Bild in ästhetische Abschnitte. Positionieren Sie die Schnittpunkte auf einer optischen Linie bzw. direkt auf dem Motiv.

Gerald Holoubek / www.media22.at

Transformieren
Geradestellen ▪ Automatisch drehen

Meist zeigt es sich bei Aufnahmen mit Meerespanorama, dass die Kamera nicht ganz gerade gehalten wurde – doch auch bei anderen Fotos sollten Sie mit Hilfslinien kontrollieren, ob die Aufnahme nicht in eine Richtung schief geworden ist. Hier erfahren Sie, wie Sie Bilder geradestellen oder sie automatisch um vorgegebene Grade drehen. Darüber hinaus lesen Sie, wie Sie eine Textebene drehen und mehrere Ebenen gleichzeitig transformieren.

◁ Das Meer scheint nach links auszulaufen.

Alle Fotos: www.photografin.at

Bild geradestellen

1 **Hilfslinie.** Ziehen Sie zur besseren Orientierung zunächst eine Hilfslinie aus dem oberen (horizontalen) Lineal und positionieren Sie sie zirka in der Mitte des Horizonts oder der Hauswand, der Säule etc. Falls Sie das Lineal nicht sehen, aktivieren Sie es über ANSICHT > LINEALE ANZEIGEN.

2 **Leere Bildbereiche.** Durch die Drehung ergeben sich naturgemäß Leerbereiche an den Bildrändern. Legen Sie in den Werkzeugeinstellungen vor dem Drehen fest, was damit passieren soll. Mit der Auswahl ANPASSEN bleiben die Ränder und Sie könnten

diese mit dem Klonen-Werkzeug vervollständigen (mehr zum Klonen siehe *Weg damit!*, Seite 92).

Flotter geht es mit der Einstellung AUF ERGEBNIS BESCHNEIDEN. Dadurch wird das Bild auf die neuen Ränder beschnitten.

3 Drehen . Wählen Sie im Werkzeugkasten das Drehen-Symbol ([⇧]+[R]). Klicken Sie damit einmal auf das Foto. Ein Rahmen legt sich darum, das Kreissymbol in der Mitte zeigt den Mittelpunkt an.

Klicken Sie und ziehen Sie mit der Maus den Rahmen langsam hinauf (drehen nach links) bzw. hinunter (rechts). Je weiter weg vom Mittelpunkt Sie die Maus positionieren, desto we-

niger abrupt erfolgt die Drehung. Drehen Sie so lange, bis die Motivgerade (z.B. Horizont) exakt auf die Hilfslinie passt. In dem kleinen Dialog verfolgen Sie die Werte mit und können sie dort auch exakter regulieren. Bestätigen Sie mit [↵].

4 Wenn Sie bei den Werkzeugeinstellungen AUF ERGEBNIS BESCHNEIDEN (siehe Schritt 2) eingestellt haben, passen Sie mit BILD > LEINWAND

AN EBENEN ANPASSEN den Hintergrund an die neue Bildgröße an. Entfernen Sie die Hilfslinie, indem Sie sie mit dem Verschiebenwerkzeug aus dem Bild ziehen.

Automatisch drehen

Bei Bildern, die zu drehen sind, liest GIMP eventuell vorhandene EXIF-Informationen aus und fragt gleich beim Öffnen nach, ob Sie sie rotieren wollen. Müssen Sie nachträglich

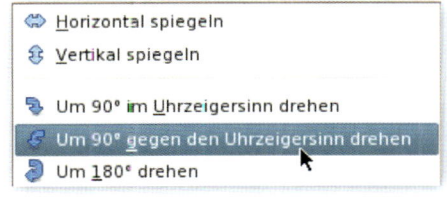

ein Bild in größeren Schritten drehen – also z.B. um 90° –, verwenden Sie am besten die unter BILD/EBENE > TRANSFORMATION angeführten Befehle.

Bei diesem Beispiel wurde das Bild des Baums um 90° gegen den Uhrzeigersinn gedreht.

Text drehen

Schreiben Sie den Text, wechseln Sie ins Menü EBENE > TRANSFORMATIONEN und klicken Sie auf den entsprechenden Befehl. Der Text wurde um 90° im Uhrzeigersinn gedreht.

Mehrere Ebenen transformieren

Um gleichzeitig mehrere Ebenen zu drehen, klicken Sie im Ebenendialog bei jeder zu verkettenden Ebene auf das leere Kästchen rechts vom Auge: Eine Kette erscheint. Eine nun abgesetzte Transformation wirkt sich dann auf alle verketteten Ebenen aus. Heben Sie durch erneuten Klick auf die Kette die Verbindung auf.

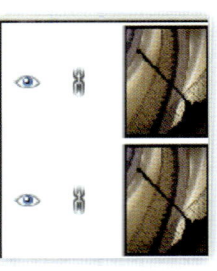

Stürzende Linien & Objektivfehler
Perspektive ▪ Kissenverzerrung

Ein wichtiges Thema ist die Korrektur stürzender Linien, wie sie überall dort vorkommen, wo der/die Fotograf/in mit dem Motiv nicht auf gleicher Höhe steht. Dieser Fehler lässt sich hervorragend mit dem Perspektive-Werkzeug korrigieren. Darüber hinaus stelle ich Ihnen ein weiteres besonderes Werkzeug vor: den Filter zur Korrektur von Objektivfehlern.

stuerzende linien.jpg

△
Dieses Foto – aufgenommen in Atlanta – ist ein gutes Beispiel für die Problematik stürzender Linien. Die Häuser wirken wie nach hinten geneigt und oben zusammengezogen.

Stürzende Linien korrigieren

Stürzende Linien sieht man am deutlichsten bei Fotos von hohen Gebäuden. Sie entstehen, weil Sie sich als Fotograf/in zumeist ja am Boden befinden und hinauf fotografieren – dadurch haben Sie von Ihrem Standort aus gesehen einen anderen Aufnahmewinkel an der unteren Kante des Gebäudes als an der oberen. Die Kanten der Häuser neigen sich nach oben hin zusammen. Zur Korrektur verwenden Sie das Perspektive-Werkzeug.

1 **Hilfslinien.** Zur besseren Kontrolle ziehen Sie vorweg einige Hilfslinien aus dem linken, vertikalen Lineal. Ich habe diese

jeweils an der unteren Kante der Häuser positioniert.

2 Aktivieren Sie das Perspektive-Werkzeug (⇧+P) im Werkzeugkasten.

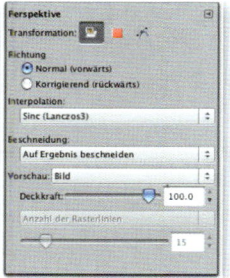

Stellen Sie in den Werkzeugeinstellungen die INTERPOLATION auf KUBISCH und die BESCHNEIDUNG auf AUF ERGEBNIS BESCHNEIDEN. So werden die überhängenden Teile später weggeschnitten.

Klicken Sie mit dem Perspektive-Werkzeug einmal auf das Bild. Ein Rahmen mit Griffen erscheint. Ziehen Sie mit der Maus an den oberen beiden Griffen das Bild vorsichtig auseinander. Ziehen Sie

wechselweise, mal an der linken und dann wieder an der rechten Seite – so lange, bis die Gebäudegeraden mit den Hilfslinien übereinstimmen. Bestätigen Sie den Perspektive-Dialog mit Klick auf TRANSFORMATION.

3 In diesem Fall hat die Korrektur eine neue, „bauchige" Verzerrung bewirkt. Diese bessern Sie mit dem FILTER > VERZERREN > OBJEKTIVFEHLER aus. Mit dem Regler BILD korrigieren Sie Bildverzeichnungen aus der Mitte heraus. Also Bauchiges wird eingezogen, indem der Regler nach links verschoben wird. Hier ist die Häuserfront mit einem Wert von -748 gerade gestellt. Wenn Sie fertig sind, löschen Sie die Hilfslinien, indem Sie sie aus dem Bild hinausziehen bzw. BILD > HILFSLINIEN > ALLE HILFSLINIEN ENTFERNEN wählen.

Weitere typische Objektivfehler

Objektivfehler hängen grundsätzlich mit der Qualität des Objektivs zusammen. Regulieren Sie all diese Fehler mit dem FILTER > VERZERREN > OBJEKTIVFEHLER.

Wenn Ihr Objektiv bei der kleinsten Brennweite zu starken Verzerrungen neigt, vergrößern Sie den Abstand zum Motiv und zoomen Sie ein wenig heran. Vermeiden Sie Totalaufnahmen – fotografieren Sie Details und versuchen Sie außergewöhnliche Perspektiven.

Die Ecken „ziehen" nach innen. Verwenden Sie dafür den Regler KANTEN. Ziehen Sie ihn nach links – ein negativer Wert zieht die Ecken nach außen. Mit den X- bzw. Y-VERSCHIEBUNGEN wenden Sie die Verzerrung auf einen Teil des Bilds an.

Das korrigierte Bild, vergleichen Sie insbesondere die Kante zum Fluss (ja, genau – Berliner Regierungsviertel und damit ein Seitenarm der Spree).

An den Bildkanten sind starke Vignettierungen (Randabschattungen) zu sehen – korrigieren Sie diese mit dem Vignettierungsregler.

Schieben Sie den Regler nach links, um die Schatten aufzuhellen. Je stärker Sie dazu den Kantenregler bewegen, desto intensiver die Auswirkung.

Selektiver Fokus
Schärfentiefe ▪ Weichzeichnen ▪ Ebenenmaske

Ein beliebter Effekt vor allem bei der Fotografie von Detailaufnahmen, Stillleben und Porträts ist es, den Hintergrund unscharf und das Hauptmotiv im Vordergrund scharf zu stellen – man sagt, das Bild hat eine *geringe Schärfentiefe*. Leider schaffen das Kompaktkameras oft nicht, da sie automatisch über eine hohe Schärfentiefe verfügen und daher alle Details über das gesamte Bild hin gleichmäßig scharf sind. Zum Glück lässt sich mit GIMP dank Weichzeichner der Effekt trotzdem erzielen.

📀 tiefenschaerfe_vorher.jpg

▽ Den Rahmen habe ich so erzeugt: Auf einer neuen transparenten Ebene legte ich eine Auswahl an und über BEARBEITEN > AUSWAHL NACHZIEHEN habe ich sie weiß nachgezogen. Mehr zu Bilderrahmen lesen Sie auf Seite 108.

flickr.com/43446613@N00

Schärfentiefe

Eine geringe Schärfentiefe bedeutet, dass ein kleiner Teil des Bilds scharf und der Rest im Hintergrund unscharf ist. Bei der Aufnahme erzielen Sie diesen Effekt mit einer weit offenen Blende (= kleine Blendenzahl, z.B. 2,8 oder 4,0). Wenn das Foto jedoch durchgehend scharf ist, tricksen wir in GIMP mit folgender Vorgangsweise: Wir duplizieren und zeichnen das Bild weich und legen anschließend gezielt einige Bildteile mittels Ebenenmaske frei:

1 Duplizieren. Kopieren Sie die Hintergrundebene, indem Sie im Ebenendialog auf 🔲 DUPLIKAT DIESER EBENE ERSTELLEN klicken. Speichern Sie die Datei als xcf-Datei ab. Diese obere Ebene bleibt scharfgezeichnet. Klicken Sie auf das Auge 👁 vor der HINTERGRUND-KOPIE-Ebene, um sie auszublenden.

2 Weichzeichnen. Wechseln Sie auf die untere Ebene (HINTERGRUND) und öffnen Sie FILTER > GAUSSSCHER WEICHZEICHNER. Verwenden Sie einen relativ hohen

Oh, flowers - how beautiful!

Fotokorrekturen

Unterschiedliche Blenden – unterschiedliche Schärfentiefe: v. l. n. r.: alles scharf – hohe Schärfentiefe mit k einer Blende *f/16*; zweites Bild: nur Vordergrund scharf bei einer großen Blende von *f/2,8* mit Fokus auf vorderem Motiv und zuletzt ebenfalls Blende *f/2,8*, den Fokus jedoch auf den Hintergrund gerichtet.

WEICHZEICHNUNGSRADIUS – zwischen 10 und 15. Bestätigen Sie mit OK. Nun sehen Sie das Bild unscharf.

3 Maske. Blenden Sie die obere Ebene HINTERGRUND-KOPIE wieder ein (Auge 👁), klicken Sie mit der rechten Maustaste darauf und wählen Sie EBENENMASKE HINZU-FÜGEN. Klicken Sie auf die Option SCHWARZ (VOLLE TRANSPARENZ). Schwarz deckt auf der aktiven Ebene alles ab und Sie sehen nach wie vor die untere unscharfe Ebene voll durch.

HINWEIS

Die Funktionsweise von **Ebenenmasken** können Sie mit Faschingsmasken vergleichen – sie decken Bildbereiche ab und lassen andere sichtbar. Dabei gilt: Alles, was Sie mit schwarzer Farbe malen, deckt ab. Alles, was Sie mit Weiß malen, bleibt sichtbar und Grau sorgt für weiche Übergänge. Man bezeichnet diese Art der Bildbearbeitung als nichtdestruktiv, da Sie das Bild selbst nicht verändern, sondern nur mithilfe der Maske abdecken oder freilegen.

4 Schärfen. Jetzt legen wir die zu schärfenden Bildbereiche frei, indem wir mit weißer Farbe auf der Maske arbeiten. Achten Sie darauf, dass die Maske aktiv ist – erkennbar an ihrem weißen Rahmen. Drücken Sie die Taste D, um die Vordergrund- und Hintergrundfarbe zurückzusetzen, und X, um die beiden Farben zu tauschen, so dass die Vordergrundfarbe weiß ist. Aktivieren Sie den Pinsel 🖌 – stellen Sie in den Werkzeugeinstellungen darunter eine große weiche Werkzeugspitze ein – die Größe ist abhängig von der Auflösung Ihres Bilds. Malen Sie damit über die zu schärfenden Bereiche.

---

5 Optional: Unscharf Maskieren. Falls nötig – und es schadet selten –, können Sie die obere Ebene noch schärfen. Klicken Sie dazu direkt auf das Miniaturbild der HINTERGRUND-KOPIE-Ebene – damit ist nicht mehr die Maske gewählt

– und öffnen Sie FILTER > VERBESSERN > UNSCHARF MASKIEREN. Die Einstellungen sind abhängig von Ihrem Bild. Hier verwendete ich RADIUS: 8, MENGE: 0.35 und SCHWELLWERT: 12.

Augenfarbe ändern
Rote-Augen-Korrektur ▪ Augen umfärben

Rote Augen lassen sich in GIMP mit FILTER > VERBESSERN > ROTE AUGEN korrigieren. Ich habe jedoch stets bessere Ergebnisse mit einer manuellen Korrektur erzielt – daher erkläre ich diese hier. Wenn Sie dennoch den Filter probieren möchten, ersetzen Sie den zweiten Schritt durch Aktivierung des Filters. Sie regulieren in dem Dialog des Filters mit einem Schieber die Stärke (SCHWELLWERT) – er ist also einfach zu bedienen.

Apropos Augen – mit außergewöhnlichen Farben für die Iris wird eine Porträtaufnahme zum einzigartigen Blickfang. Auf Seite 69 zeige ich Ihnen, wie Sie die Augenfarbe ändern. Versuchen Sie ruhig auch außergewöhnliche Farben!

💿 rote_augen.jpg

◁ Klassische Situation: Nachtaufnahme mit Blitz. Das Licht des Blitzes wird von der Netzhaut ins Objektiv zurückreflektiert. Auch mit Vorblitzen lassen sich die Reflexionen nur dann verhindern, wenn die Person oder das Tier nicht direkt ins Objektiv blickt. Ansonsten umgehen Sie diesen Fehler, indem Sie für eine indirekte Beleuchtung sorgen. Drehen Sie den Blitz – wenn möglich – vom Motiv weg und blitzen Sie z.B. zur Decke.

Rote Augen korrigieren

1 **Auswahl.** Zoomen Sie die Augen heran, indem Sie sie mit der Lupe 🔍 einrahmen. Wechseln Sie zum Freihandwerkzeug 🔗 und stellen Sie in den Werkzeugeinstellungen KANTEN AUSBLENDEN etwa

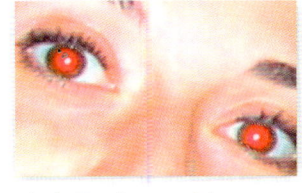

3 ein. Dadurch wird die Auswahl weicher. Rahmen Sie den gesamten roten Bereich ein. Für die zweite Auswahl halten Sie ⇧ gedrückt.

2 **Einfärben.** Öffnen Sie FARBEN > EINFÄRBEN. Verringern Sie die SÄTTIGUNG, erhöhen Sie ein wenig die HELLIGKEIT und wählen Sie mit dem FARBTON eine Augenfarbe. Hier brachten die Werte FARBTON: 10, SÄTTIGUNG: 19 und HELLIGKEIT: 7 das beste Ergebnis. Mit ⇧ + Strg / Ctrl + A heben Sie die Auswahl auf.

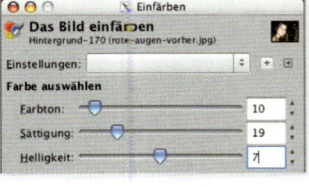

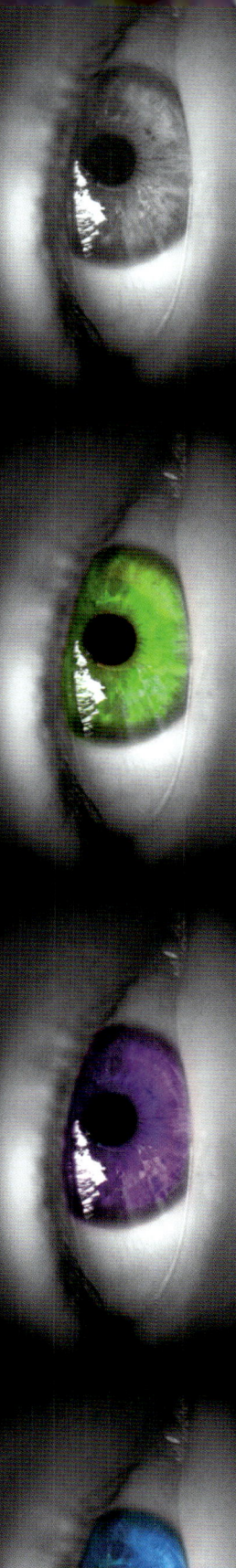

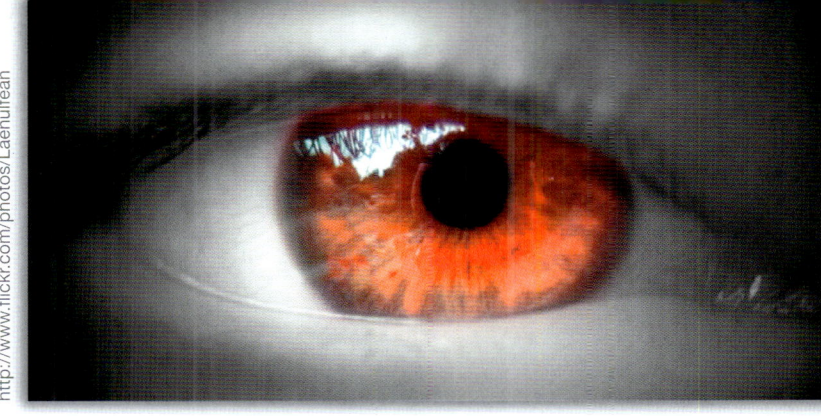

◉ augenfarbe_aendern.jpg

Augenfarbe ändern

Beim Ändern der Augenfarbe können Sie ruhig experimentierfreudig sein und außergewöhnliche Farben versuchen. Wichtig ist, dass die Struktur des Auges erhalten bleibt und wir nur die Farbtonung verschieben – wie das geht, lesen Sie hier:

1 Auswahl. Auch hier zoomen Sie zunächst die Augen mit der LUPE 🔍 heran. Wechseln Sie zum Freihandwerkzeug ✎ und stellen Sie in den Werkzeugeinstellungen

KANTEN AUSBLENDEN etwa 3 ein. Dadurch wird die Auswahl weicher.

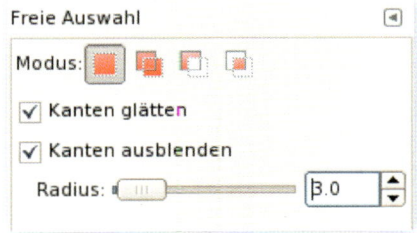

Rahmen Sie das gesamte Auge ein. Falls ein zweites Auge sichtbar ist, halten Sie ⇧ gedrückt, und ziehen Sie auch um dieses eine Auswahl.

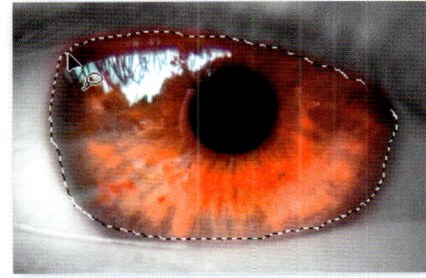

2 Auswahl auf neue Ebene. Damit Sie einerseits das Original nicht verändern und andererseits in der Farbgebung flexibler sind, kopieren Sie die Auswahl auf eine neue Ebene: Drücken Sie Strg/Ctrl+C für Kopieren und gleich darauf Strg/Ctrl+V, um die Auswahl auf einer neuen Ebene einzufügen. In GIMP wird diese als eine temporäre, so genannte SCHWEBENDE AUSWAHL angezeigt. Verankern Sie diese schwebende Auswahl, indem Sie im Ebenendialog auf NEUE EBENE **(1)** klicken. Sie sehen jetzt die Auswahl in der Ebenenminiatur abgebildet.

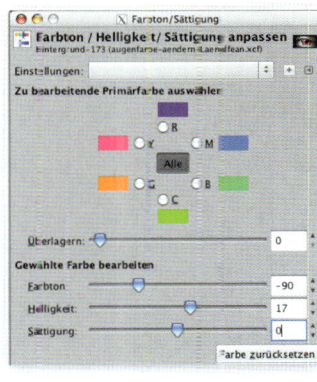

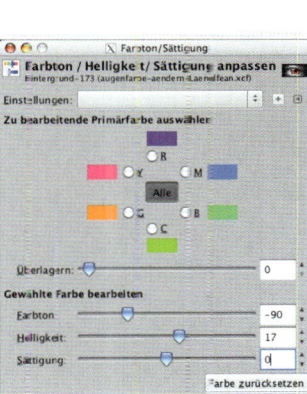

3 Färben. Öffnen Sie FARBEN > FARBTON/ SÄTTIGUNG. Damit wird eine vorhandene Farbe verändert, ohne dass Sie das Motiv dabei übermalen.

Im oberen Bereich stellen Sie die zu ändernde Farbe ein. Lassen Sie am besten ALLE, außer wenn Sie z.B. nur die Blauanteile einer ohnehin schon blauen Farbe ändern wollen, klicken Sie auf die entsprechende Farbe. Ändern Sie die Farbe des Auges mit FARBTON – dabei durchlaufen Sie den Farbkreis: 180° nach rechts bzw. nach links (Minuswert). Beobachten Sie die Ebene im Bildfenster, während Sie den Farbton ändern. Falls nötig, ändern Sie auch die HELLIGKEIT ein wenig – ich habe sie um 17 erhöht. Mit FARBE ZURÜCKSETZEN können Sie jederzeit von vorne probieren.

Bildrauschen reduzieren
Ursachen ▪ Tipps ▪ Techniken

Es gibt verschiedene Ursachen für das störende digitale Bildrauschen: schlechte Lichtverhältnisse, falsche ISO-Wahl und sogar digitales Überschärfen. Auf diesen Seiten sehen wir uns an, wie Sie Bildrauschen vermeiden und was Sie mit GIMP tun können, um es zu reduzieren. Ja – nur *reduzieren* – denn wirklich perfekt wird ein „rauschiges" Bild meist nicht mehr.

Für die Korrektur des Moiré-Effekts gibt es noch weitere Techniken (siehe Seite 72), doch auch die in diesem Abschnitt angeführten sind einen Versuch wert.

Bettina K. Lechner

△
Die *Große stehende Frau III* von Alberto Giacometti (1901–1966) befindet sich im Berliner Berggruen-Museum. Schwache Beleuchtung wie hier ist eine der Hauptursachen für Bildrauschen.

Probieren Sie aus, welche der Techniken bei Ihrem Bild am besten wirkt. Hier hat der NL-FILTER das Rauschen am besten reduziert. ▷

Ursachen für Bildrauschen

Unter Bildrauschen versteht man störende Pixel, die über das Foto verteilt sind. Man unterscheidet farbiges Rauschen (= Chroma-Rauschen) bzw. Hell/Dunkel-Rauschen (=Luminanz-Rauschen). Insbesondere sichtbar ist dieser unerwünschte Effekt in den mittleren Helligkeitsbereichen. Kleinere CCD-Sensoren – wie sie bei günstigeren Kompaktkameras oder auch in Handykameras enthalten sind – neigen eher zu Rauschen. Bei digitalen Spiegelreflexkameras tritt das Problem schwächer auf. Von all den komplexen Ursachen des Bildrauschens sind zwei besonders hervorzuheben: Eines hat seine Ursache in der Empfindlichkeit und das andere in diffusen Lichtverhältnissen. Je höher der ISO-Wert, desto höher die Rauschanfälligkeit – so rauscht 1600 ISO mehr als 400 ISO, wobei jedoch dieser Rauschtyp von vielen Kameratypen automatisch unterdrückt wird. Das von den Lichtverhältnissen abhängige Rauschen kann sowohl in manchen Kameras als auch im Bildbearbeitungsprogramm korrigiert werden. Jedoch zumeist auf Kosten der Schärfe.

EXIF-Daten mit XNVIEW

Windows & Linux: Laden Sie von *http://www.xnview.de* das gleich-namige Programm und installieren Sie es. Nach dem Öffnen wählen Sie einen Bilderordner – in der unteren Hälfte werden automatisch verfügbare EXIF-Daten in einem Extrafenster eingeblendet. Für Mac verwenden Sie das EXIF-Tool von *http://www.sno-phy.queensu. ca/~phil/exiftool* (rechte Abbildung).

Tipp

Beispiel Kameraeinstellung:

Gibt es bei schlechten Lichtver-hältnissen keine Möglichkeit, das Motiv heller erscheinen zu lassen (Blitz, Lichtaufdrehen etc.) – dann versuchen Sie folgende Kamerain-stellungen: größtmögliche Blende (= kleinste Blendenzahl) und ISO 400. Ist dann die Belichtungszeit der Programmautomatik 1/60, drücken Sie ab. Ist die Belichtungszeit länger, z.B. unter 1/30, sind sowohl das Bildrauschrisiko als auch die Gefahr, dass Sie das Bild verwackeln, höher. Verwenden Sie dann ein Stativ.

Jede Kamera reagiert unterschied-lich auf problematische Lichtver-hältnisse. Experimentieren Sie mit ISO-Zahl und Belichtungszeit und testen Sie, inwieweit für Sie akzepta-ble Ergebnisse erzielbar sind. Diese Werte werden in den EXIF-Informa-tionen des Bilds gespeichert (s. Tipp oben).

ZUSAMMENFASSUNG

» Rauschen wird durch schlechte Lichtverhältnisse hervorgerufen.

» Höhere ISO-Werte (ab 400) erhöhen das Risiko.

» ISO-Rauschen ist oft kamerasei-tig beseitigbar und daher gegen-über einer längeren Belichtungs-zeit zu bevorzugen.

» Achten Sie vor dem Kauf einer Kamera auf die Bewertung der Rauscheigenschaften. Suchen Sie nach Tests und Foren.

Bildrauschen reduzieren

GIMP bietet mehrere Varianten zur Reduktion von Bildrauschen. Pro-bieren Sie aus, welche Technik bei Ihrem Bild am besten passt:

Flecken entfernen

Öffnen Sie FILTER > VERBESSERN > FLECKEN ENTFER-NEN. Der Filter funktioniert halbautoma-tisch: Aktivieren Sie ANPASSEND, um den RADIUS automatisch – abhängig vom Histogramm des Bilds – einzustellen. Mit REKURSIV verstärken Sie den Filter.

NL-Filter

Dieser Filter bewirkte im Beispiel-bild eine hohe Rauschreduktion unter Erhalt der größtmöglichen Schärfe. Er funktioniert nur auf der Hintergrundebene bzw. auf Ebe-nen ohne Alphakanal (klicken Sie

zum Entfernen mit der rechten Maustaste auf EBENE > ALPHAKANAL ENTFERNEN). Öffnen Sie den Filter über FILTER > VERBESSERN > NL-FILTER. Wäh-len Sie die Option OPTIMALE SCHÄTZUNG. Regulieren Sie mit

---

den beiden Schiebern die Stärke, z.B. ALPHA 0.78 und RADIUS 1.00.

Selektiver Gaußscher Weichzeichner

Einen Versuch wert ist der SELEKTI-VE GAUSSSCHE WEICHZEICHNER (FILTER >

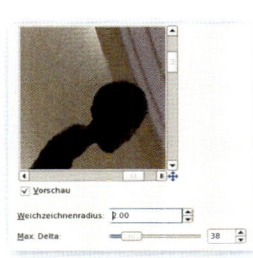

WEICHZEICH-NEN) Das Bild verliert damit zwar einen Teil seiner Schär-fe, doch die Rauschreduk-tion ist sehr

gut. Stellen Sie nur einen geringen WEICHZEICHNUNGSRADIUS ein, z.B. 2. MAX. DELTA kümmert sich um die Kanten, lassen Sie diesen Wert auch eher im niedrigen Bereich, z.B. 38.

Skript ISO-NoiseReduction

Laden Sie das Skript von *http://re-gistry.gimp.org/node/104* (Hilfe zur Installation finden Sie auf Seite 40ff., *Erweiterungen installieren*). Öffnen Sie den Filter über FILTER > EG. Der Vorteil dieses Skripts ist, dass Sie entscheiden können, welcher Kanal (RGB oder nur Helligkeits-kanal) weichgezeichnet werden soll. Die DECKKRAFT (Layer Opacity) lässt sich auch später im Ebenendialog regulieren. Mit RADIUS OF BLURRING stellen Sie die Stärke des Filters ein.

71

Scans verbessern
Moiré-Effekt ▪ Farben ▪ Staub & Kratzer

Die meisten eingescannten Bilder benötigen nachträgliche Korrekturen. Angefangen beim berühmt-berüchtigten Moiré-Effekt bis über feinen Staub oder Kratzer, die sich sowohl auf der Aufnahme selbst als auch am Scanner ansammeln, bis hin zu den Farben, die oft etwas Auffrischung benötigen. Die Lösungen für all diese Probleme finden Sie auf diesen Seiten zusammengefasst.

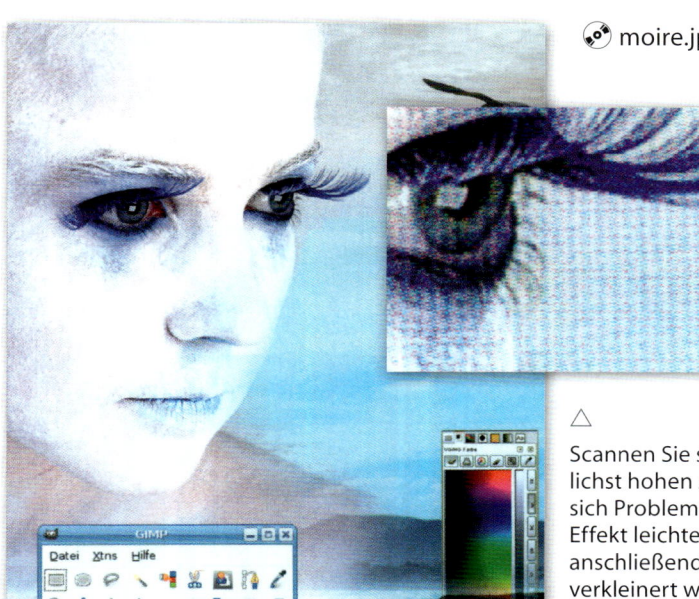

⊙ moire.jpg

△ Scannen Sie stets in einer möglichst hohen Auflösung. So lassen sich Probleme wie der Moiré-Effekt leichter beheben: Indem anschließend das Bild einfach verkleinert wird, reduzieren Sie den Effekt bereits erheblich!

◁ Zum Auffrischen von dumpfen Farben gibt es in GIMP einige sehr effektive automatische Funktionen.

⊙ adler.tif

Moiré-Effekt

Wenn Sie Bilder von Druckwerken – also zum Beispiel Zeitungen oder Zeitschriften – einscannen, kann der störende Moiré-Effekt auftreten. Es handelt sich um ein marmoriertes (moirer, franz.) Muster, das Sie auch im Fernsehen bei kleinkarierten Stoffen beobachten können. Beim Scannen wird das gerasterte Druckwerk mit einem definierten Raster abgetastet. Sind nun diese beiden Raster (Scanner, Druckwerk) nicht identisch, entsteht der Effekt, wie er hier links in der Vergrößerung zu sehen ist.

Wie vermeiden Sie den Effekt?

Suchen Sie in der Scan-Software nach der Einstellung zum ENTRASTERN. Sie müssten jetzt noch wissen, mit welchem Raster das zu scannende Stück gedruckt wurde. Experimentieren Sie mit den Werten oder fragen Sie – falls möglich – in der Druckerei nach. Leider kann bei einem falschen Raster das Ergebnis unscharf werden.

ODER: Manchmal nützt es, die Vorlage ein wenig zu drehen.

Wenn beides nichts hilft, reduzieren Sie den Moiré-Effekt mit GIMP:

1 Selektiver Gaußscher Weichzeichner. Öffnen Sie FILTER > WEICHZEICHNEN > SELEKTIVER GAUSSSCHER WEICHZEICHNER. Stellen Sie bei RADIUS 2 und bei MAX. DELTA 11 ein. Bestätigen Sie mit OK.

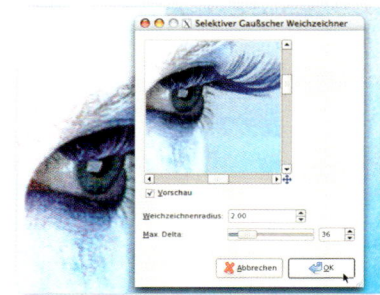

2 Skalieren. Scannen Sie mit einer hohen Auflösung – denn dann können Sie die Aufnah-

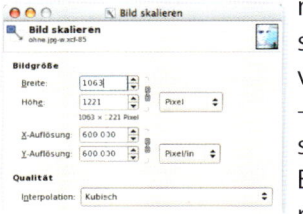

me anschließend verkleinern – das hilft sehr, den Effekt zu reduzieren. Wählen Sie BILD > BILD SKALIEREN und überschreiben Sie die AUFLÖSUNG mit 300 ppi, GIMP verändert automatisch die BREITE und HÖHE auf den doppelten Wert – reduzieren Sie diese Werte wieder auf die ursprünglichen oder kleiner.

3 Schärfen. Falls das Bild unter dem Weichzeichner zu sehr gelitten hat, schärfen Sie nach, am besten nur im Helligkeitskanal (HSV), siehe Seite 58.

Farben auffrischen

1 Farben verbessen. Analoge Aufnahmen haben häufig dumpfe Farben. Guten Erfolg erzielen Sie mit dem Befehl FARBEN > AUTOMATISCH > ABGLEICHEN. Dadurch wird die Helligkeit des Bilds optimiert. Anschließend versuchen Sie, die Farbsättigung mit FARBEN > AUTOMATISCH > FARBVERBESSERUNG zu erhöhen. Wenn Sie mit diesen automatischen Befehlen keine schönen Ergebnisse erhalten, müssen Sie die Farben manuell mit WERTEN und KURVEN korrigieren. Gehen Sie dazu wie unter *Tonwerte* bzw. *Kurven*, Seite 54 bzw. 56, beschrieben vor.

Staub und Kratzer entfernen

1 Grobe Kratzer. Vereinzelte Fäden und Härchen entfernen Sie mit dem Klonen-Werkzeug oder auch mit dem Heilen-Werkzeug (berücksichtigt Struktur). Stellen Sie in den Werkzeugeinstellungen bei Ausrichtung AUSGERICHTET

ein. Nehmen Sie staubfreies Bildmaterial in der unmittelbaren Nähe des Kratzers mit gedrückter [Strg]/[Ctrl]-Taste auf, lassen Sie die Taste los und klicken Sie auf den Kratzer.

2 Feiner Staub. Weist die gescannte Aufnahme noch viele kleine Staubkörnchen auf, entfernen Sie diese mit FILTER > VERBESSERN > FLECKEN ENTFERNEN. Wenn Sie ANPASSEND aktiviert lassen, wird der

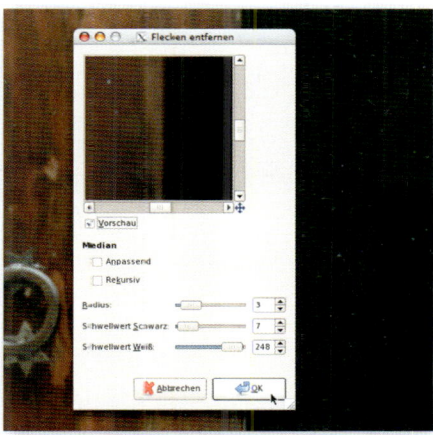

RADIUS automatisch berechnet. Für einen stärkeren Effekt deaktivieren Sie die Option ANPASSEND und regulieren Sie mit dem RADIUS-Schieber. Aber bitte vorsichtig, denn dieser Filter zeichnet das Bild weich!

HINWEIS

Versuchen Sie den FLECKEN ENTFERNEN-FILTER auch zum Reduzieren des Moiré-Effekts bzw. von Bildrauschen.

Gegenlicht
LAB ▪ Weichzeichnen ▪ Hochpass

Gegenlichtaufnahmen bestechen durch eine ganz eigene, dramatische Stimmung. Leider geraten dabei manche Bilder zu dunkel und es sind kaum noch Details erkennbar. Mit dieser Technik werden Sie bestimmt zahlreiche Aufnahmen wieder hervorkramen, die Sie eigentlich schon löschen wollten.

💿 gegenlicht_schiff.jpg

◁ Kaum etwas zu sehen und doch lässt sich mit GIMP noch einiges an spannenden Details herausarbeiten.

www.brodegger.at

Gegenlicht

Gegenlichtaufnahmen entstehen, wenn Sie direkt in das Licht hineinfotografieren – Vordergrundmotive erscheinen dann schwarz. Fotografieren Sie deshalb Objekte, deren Silhouette leicht identifizierbar ist. Unerwünschte Blendenflecken bei starkem Sonnenlicht vermeiden Sie, indem Sie die Sonne teilweise durch das Motiv verdecken.

Mit dieser Technik, die ich Ihnen hier vorstelle, retten Sie Aufnahmen, die so dunkel geworden sind, dass Sie sie normalerweise bedauernd wegwerfen würden. Wir sehen uns den Kanal an, der am meisten Helligkeit enthält, und verstärken ihn zusätzlich. Danach schärfen wir mit dem Hochpassfilter nach.

Gegenlichtaufnahme aufhellen

1 **Duplizieren.** Kopieren Sie als Erstes die Hintergrundebene, indem Sie im Ebenendialog auf das Duplikat-Symbol 🖼 klicken. Speichern Sie die Datei am besten als xcf-Datei.

Aufnahmen gegen das Sonnenlicht erzeugen eine ganz eigene Stimmung. Schirmen Sie die Sonne ein wenig ab (links) oder wählen Sie eine eher kürzere Belichtungszeit, wenn Sie eine Silhouette im Vordergrund haben (rechts).

⊙ gegenlicht.jpg, gegenlicht_2.jpg

2 LAB. Diese Ebene verwandeln wir in den LAB-Modus. Wählen Sie Farben > Komponenten >

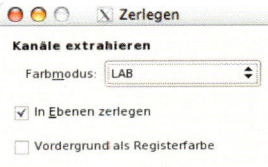

Zerlegen. In dem Dialog klicken Sie im Pull-down-

Menü auf LAB und In Ebenen zerlegen. GIMP legt eine neue Datei mit den LAB-Farbkanälen als Graustufenebenen an. Markieren Sie die hellste, also die L-Ebene (= Luminanz = Helligkeit). Zur Kontraststeigerung klicken Sie auf Farben > Automatisch > Abgleichen. Anschließend öffnen Sie Farben >

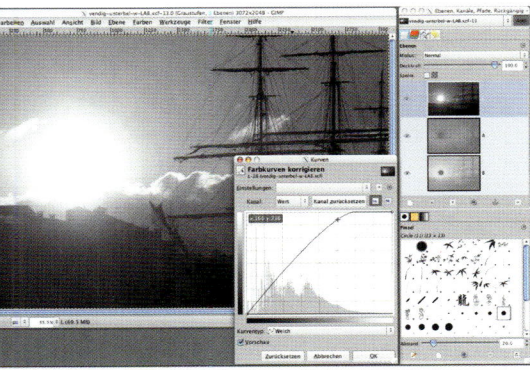

Kurve und ziehen sie im oberen Bereich relativ stark hinauf, so dass die Lichter noch heller werden. Bestätigen Sie mit OK. Wählen Sie Farben > Komponenten > Wieder zusammenfügen – dadurch setzt GIMP das Bild im Hintergrund wieder zusammen und wir arbeiten in dem originalen RGB-Bild weiter.

3 Weichzeichnen. Sie sehen nun eine extrem helle, neue

Ebene. Keine Sorge, das bleibt nicht so. Falls durch das extreme Aufhellen Bereiche mit Bildrauschen entstanden sind, korrigieren Sie diese mit dem Weichzeichner 💧 – stellen Sie in den Werkzeugeinstellungen eine große, weiche Pinselspitze ein und malen Sie über die problematischen Bereiche.

4 Deckkraft. Markieren Sie die Hintergrundebene, duplizieren Sie sie erneut 🗐 und ziehen Sie diese Kopie ganz hinauf.

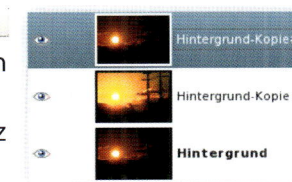

Wir arbeiten auf der obersten Ebene weiter. Reduzieren Sie die Deckkraft der Ebene auf ca. 70.

Deckkraft: ▬▬▬▬▬⬚▬ 68.6 ▲▼

Probieren Sie, den Ebenenmodus auf Bildschirm, Weiche Kanten oder nur Aufhellen zu stellen. In diesem Fall war das jedoch zu extrem.

5 Kurven. Öffnen Sie Farben > Kurven und wählen Sie dort jenen Kanal aus, der farblich in dem Bild überwiegt. In meinem Fall ist es der Rot-Kanal. Steilen Sie die Kurven an den Höhen etwas auf, aber beobachten Sie die Auswirkungen an Ihrem Bild draußen.

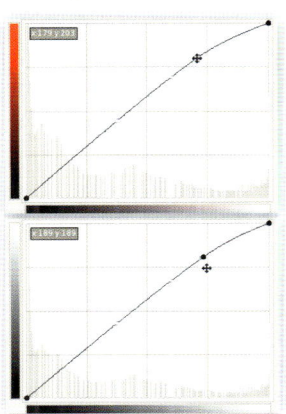

Wechseln Sie anschließend auf den Kanal-Wert (also wieder alle) und ziehen Sie auch hier die Linie im Bereich der Lichter hinauf.

6 Schärfen. Zum Abschluss schärfen wir das Bild noch nach. Ich verwende dazu Script-Fu > EG > Hochpassfilter (gesonderte Installation, siehe Seite 40, *Erweiterungen installieren*) mit einer Stärke von 16. Oder Sie verwenden Filter > Verbessern > Unscharf Maskieren. Ist die Schärfung zu intensiv verrin-

gern Sie anschließend im Ebenendialog die Deckkraft der neuen Hochpassebene.

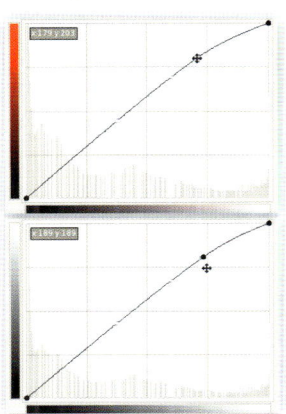

www.diereiter.at/photography
Holoubek, www.media22.at

Unterbelichtete Aufnahmen
Kontrastmaske ▪ Plug-in

Unterbelichtete Aufnahmen sind ärgerlich – doch dank der so genannten Kontrastmaske ist das Problem zum Glück schnell und einfach zu beheben. Sie werden erstaunt sein, wie einfach! Übrigens hat man diese Technik bereits zu Beginn des 20. Jahrhunderts verwendet: Damals hat man ein Farbdia mit seinem eigenen Schwarz-Weiß-Negativ überlagert und dieses dann erneut als Dia oder Foto produziert. Dadurch wurden die Schattenbereiche nachbelichtet, während die Höhen gleichblieben.

Und ich verrate Ihnen, wie Sie mit einem Plug-in den Vorgang automatisieren.

💿 sonnenblumen_unterbelichtet.jpg

www.diereiter.at/photography

1 **Duplizieren.** Kopieren Sie die Hintergrundebene, indem Sie im Ebenendialog auf das Duplikat-Symbol ▣ klicken – diese Kopie wird unsere Kontrastmaske. Speichern Sie die Datei am besten gleich als xcf-Datei ab, damit die Ebenen erhalten bleiben.

2 **Entsättigung.** Markieren Sie die obere Ebene und wählen Sie FARBEN > ENTSÄTTIGEN. In dem Dialog klicken Sie auf die Option mit der größten Helligkeitsstärke (hier: LEUCHTKRAFT) und bestätigen Sie mit OK.

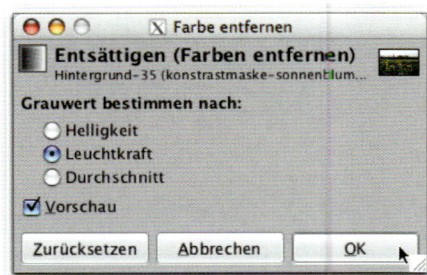

Farbtemperatur mit Filterpaket

Markieren Sie die Ebene mit der Kontrastmaske und öffnen Sie FARBEN > FILTERPAKET. Stellen Sie dort unter BETROFFENER BEREICH > MITTEN, PIXEL AUSWÄHLEN > WERT ein und klicken Sie dann bei FENSTER auf FARBTON. In dem kleinen Fenster klicken Sie ein- bis zweimal auf die gewünschte Farbe, schließen Sie es. Gehen Sie dann auf FENSTER WERT > AUFHELLEN und klicken Sie auch hier ein- bis zweimal.

Tipp

www.brodegger.at

3 Werte umkehren. Im nächsten Schritt klicken Sie auf FARBEN > WERTE UMKEHREN. Manche verwenden hier den Befehl FARBEN > INVERTIEREN. Der Effekt war bei diesem Beispiel jedoch mit WERTE UMKEHREN besser.

4 Ebenenmodus. Jetzt stellen Sie den Ebenenmodus auf ÜBERLAGERN oder DIVISION. Bei diesem speziellen Beispielbild habe ich sattere Farben mit DIVISION erhalten, während bei anderen ÜBERLAGERN effektiver sein kann. Testen Sie einfach die beiden Varianten bei Ihrer Problemaufnahme.

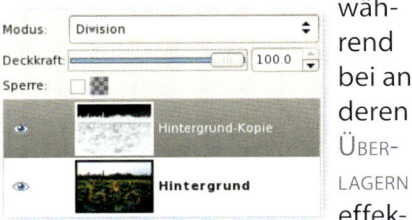

Regulieren Sie mit dem Schieber für die DECKKRAFT die Stärke der Kontrastmaske – zum Beispiel 30% bis 45%. Manche Bilder vertragen sogar 100%.

Ebenen

Modus: Division

Ebenen

Modus: Überlagern

5 Weichzeichnen. Um Halos und andere Scharfzeichnungsprobleme an den Kanten zu verhindern, zeichnen Sie zum Schluss die Ebene mit der Kontrastmaske mittels FILTER > GAUSSSCHER WEICHZEICHNER noch weich. Verwenden Sie dabei eher einen kleinen WEICHZEICHNUNGSRADIUS von etwa 2.

Plug-in

Farcry Design hat ein äußerst praktisches Skript für die Kontrastmaske entwickelt, Download unter *http://registry.gimp.org/node/182*. Das Skript legen Sie in den persönlichen Skriptordner (siehe auch *Erweiterungen installieren*, Seite 40), danach finden Sie es über SCRIPT-FU > DARLA.

Öffnen Sie das unterbelichtete Bild und gehen Sie in SCRIPT-FU > DARLA > CONTRAST FIX. In dem Dialog wählen Sie unter ORIGINAL IS, ob das Bild unter- oder überbelichtet ist (ja!– auch *überbelichtete* Aufnahmen können Sie damit korrigieren). Mit BLUR AMOUNT legen Sie fest, wie stark weichgezeichnet werden soll, bei THRESHOLD MASK werden nur dunkle Bereiche, die Sie zuvor über SCHWELLWERT ausgelesen haben, aufgehellt und mit BURNOUT TINT bestimmen Sie bei überbelichteten

Skript-Fu: Contrast Fix

Original is: Too Dark

Blur Amount: 15.31

Threshold Mask (Dark Only): 0

Burnout tint (Bright Only): Standard

Burnout tint: Custom:

Bildern, welchen „Farbfilter" Sie darüberlegen möchten – neben den Vorlagen in dem Pull-down-Menü können Sie die Farbe auch selbst einstellen.

Fotokorrekturen

77

Unterwasserbilder
Tonwerte ▪ Farbabgleich ▪ Ebenenmodus

Das Wasser filtert mit jedem Meter Tiefe die warmen Farbanteile: Schon ab einem Meter fehlt Rot, bei fünf Metern verschwinden die orangefarbenen Anteile, bei zehn Metern das Gelb und bei 20 Metern Grün. Das Bild besteht dann fast nur noch aus Blauanteilen. Wie Sie dennoch Farbe ins Bild bringen, lesen Sie auf diesen Seiten.

💿 fische1.tif

▽ Bei der Korrektur von Unterwasseraufnahmen gelten andere Regeln als bei Überwasserfotos. Der Aufwand lohnt, wie Sie am unteren farbenprächtigeren Foto sehen.

Robert Steiger

1 Werte. Öffnen Sie FARBEN > WERTE. Wir bearbeiten nun jeden einzelnen Kanal und starten mit dem BLAU-Kanal, den Sie bitte über das Pull-down-Menü KANAL auswählen. Anders als bei Überwasserfotos, wo wir die Regler nur bei den nichtbelichteten Werten im

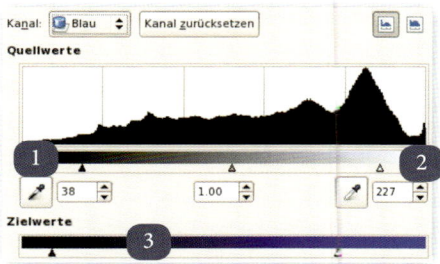

Histogramm hineingezogen haben, schieben wir nun die Schatten (1) und Lichter (2) der blauen Anteile nach innen, gleichzeitig ändern wir darunter die ZIELWERTE (3), indem wir auch hier den linken und rechten Pfeil nach innen ziehen. Damit engen wir den betroffenen Bereich der Quellwerte ein, die verbleibenden Farben werden satter.

Wechseln Sie nun in den Kanal für GRÜN. Hier bewegen wir nur den rechten Regler im Bereich der Lichter nach innen und engen die ZIELWERTE darunter auch nur im rechten Bereich ein (siehe nächste Abbildung).

Unterwasserfotografie

Die beste Tageszeit für gut belichtete Unterwasseraufnahmen ist – im Gegensatz zur Überwasserfotografie – genau die Mittagszeit, also zwischen 11.00 Uhr und 14.00 Uhr. Besonders gelungen werden Aufnahmen, wenn Sie nach oben, gegen die Wasseroberfläche fotografieren. Oder Sie verwenden künstliche Lichtquellen, wie Blitz oder Videoleuchten.

Wolfgang Mayer

Tipp

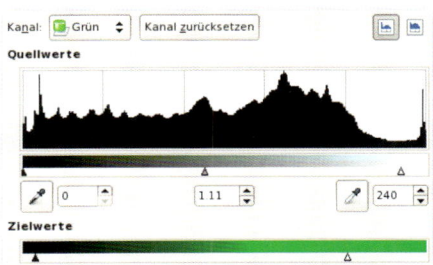

Im ROT-Kanal gehen wir ähnlich wie im GRÜN-Kanal vor. Ziehen Sie die QUELLWERTE und die ZIELWERTE für die Lichter nach links hinein. Beobachten Sie bei diesen Korrekturen stets das Bild „draußen" – deaktivieren und aktivieren Sie die VORSCHAU für einen Vergleich.

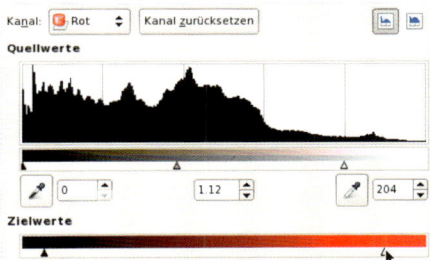

Zum Schluss wechseln Sie in den WERT-Kanal und ziehen hier noch den linken Regler für die Schatten nach innen, um die Kontraste zu erhöhen. Die Zielwerte bleiben unverändert.

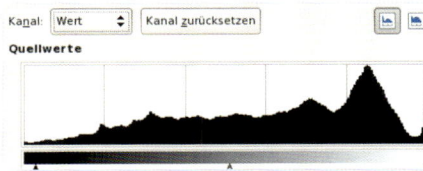

2 Kurven. Wählen Sie FARBEN > KURVEN und ziehen Sie im Bereich der Mitteltöne die Kurve leicht hinauf, dadurch wird das Bild heller.

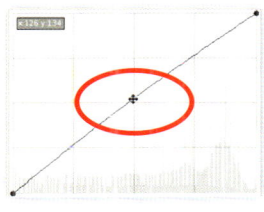

3 Farbverbesserung. Versuchen Sie FARBEN > AUTOMATISCH > FARBVERBESSERUNG und/oder WEISSABGLEICH. Mit FARBVERBESSERUNG wird die Farbsättigung erhöht, mit WEISSABGLEICH das Histogramm im Bereich der Lichter gestreckt, es wird versucht, ein reines Weiß zu erzeugen. Beide Befehle lieferten bei diesem Bild ein sehr gutes Ergebnis. Falls dies bei Ihrer Aufnahme nicht der Fall ist, machen Sie die Bearbeitung rückgängig (Strg/Ctrl+Z).

4 Farbabgleich. Ein sehr wichtiges Werkzeug für die Bearbeitung von Unterwasserfotos finden Sie unter FARBEN > FARBABGLEICH. Selektieren Sie zunächst die SCHATTEN und ziehen Sie den obersten Regler leicht Richtung Rot, den zweiten Richtung Magenta und den dritten Richtung Gelb. Klicken Sie nun die Option GLANZLICHTER an und regulieren Sie auch

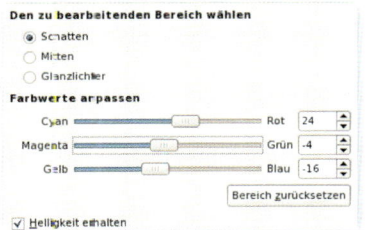

hier mit den Schiebern die Farben. Hier verstärkte ich etwas mehr Rot; Grün und Blau nur wenig. Beobachten Sie auch hier stets das Foto draußen. Deaktivieren Sie eventuell HELLIGKEIT ERHALTEN – damit verstärken Sie die Effekte.

5 Schärfen. Schärfen Sie mit FILTER > VERBESSERN > UNSCHARF MASKIEREN nach: RADIUS: 24, MENGE: ca. 4 und SCHWELLWERT 245. Beob-

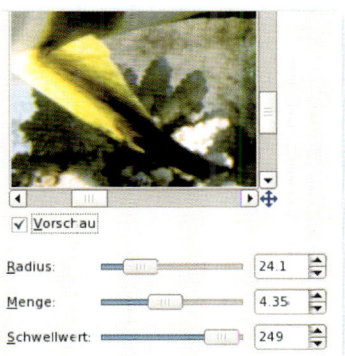

achten Sie das Vorschaubild – es dürfen keine weißen *Blitzer* hervorkommen, die durch Überschärfung entstehen. Betrachten Sie das Bild bei 100% Zoomstufe.

6 Ebenenmodus. Zur Verstärkung der Kontraste duplizieren Sie die Hintergrundebene und stellen Sie den Ebenenmodus der oberen auf MULTIPLIKATION und die DECKKRAFT auf ca. 20.

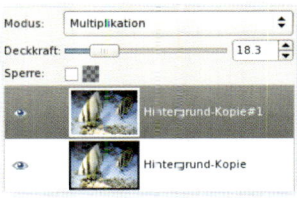

3 Retusche & Montage

Mit der Bildretusche und -montage haben Sie erfrischende und endlose Möglichkeiten, in die Natur der Dinge einzugreifen. Entfernen Sie unliebsame Objekte, simulieren Sie strahlend schönes Wetter, zaubern Sie Farbe auf die Lippen und extrahieren Sie Motive, um sie auf neutralen Hintergrund zu stellen.

Kosmetikretusche
Haut soften ▪ Augenstrahlen ▪ Make-up

Der digitale kosmetische Eingriff in das Aussehen erfordert viel Gefühl und darf nur sehr dezent erfolgen. Er erfolgt in drei Schritten – die üblichen Anpassungen von Tonwerten und Kurven, dann beginnt man Unregelmäßigkeiten abzuschwächen und im dritten Schritt Konturen zu betonen. In diesem Praxisbeispiel stelle ich Ihnen all diese Techniken vor. Doch Vorsicht, wie stark Sie diese einsetzen, hängt ganz von dem Model ab!

◉ kosmetikretusche.jpg

Nachher · Vorher

1 Duplizieren. Kopieren Sie die Hintergrundebene: Klicken Sie im Ebenendialog auf DUPLIKAT 🔲 und nennen Sie diese Ebene *Fleckchen*. Wir arbeiten auf dieser Ebene weiter.

2 Tonwerte und Kurven. Betrachten Sie über FARBEN > WERTE das Histogramm und korrigieren Sie es falls nötig, ebenso die

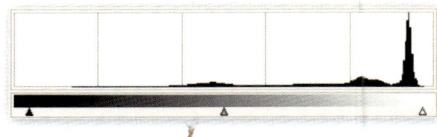

KURVEN. Die genaue Vorgehensweise ist unter *Tonwerte* bzw. *Kurven* auf den Seiten 54ff. beschrieben. Bitte lesen Sie dort nach.

3 Fleckchen. Zum Entfernen von störenden Fleckchen eignet sich das Heilenwerkzeug ✖ – stellen Sie in den Werkzeugeinstellungen eine kleine, weiche Pinselspitze ein (abhängig von der Auflösung). Der Pinsel sollte ein Fleckchen einkreisen können.

Haut bräunen

Realistische Hauttöne sind Cyan: 0–10%, Magenta: 30–40%, Gelb: 40–55% und Black 0–10%. Messen Sie zur Sicherheit mit der PIPETTE und lesen Sie im INFOFENSTER nach. Zum Tönen blasser Haut selektieren Sie den Hautbereich und drücken Strg/Ctrl+C und Strg/Ctrl+V zum Kopieren & Einfügen. Klicken Sie auf NEUE EBENE und stellen Sie dort den Ebenenmodus auf MULTIPLIZIEREN. Regulieren Sie die Stärke der Tonung über die DECKKRAFT der Ebene.

Tipp

Stellen Sie die Ausrichtung auf AUSGERICHTET. Zoomen Sie den Fleck durch Drücken der Taste + heran. Nehmen Sie nun ein Stück „saubere" Haut möglichst nahe neben dem

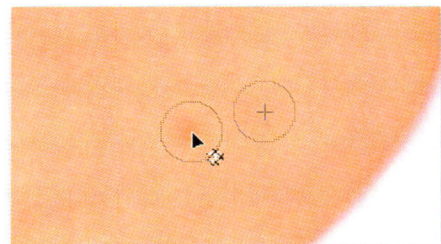

Fleck auf, indem Sie mit gedrückter Strg/Ctrl-Taste daraufklicken, und klicken Sie dann (ohne Taste!) auf den Fleck. Wiederholen Sie den Vorgang. Sie brauchen nur die gröberen Flecken damit zu entfernen. Falls ein Bereich beim Klicken dunkler wird, stellen Sie in den Werkzeugeinstellungen den Modus auf NUR AUFHELLEN.

Mit den gleichen Werkzeugeinstellungen entfernen Sie auch Fältchen zwischen den Augenbrauen, bei den Augen, etwaige Augenringe, bei den Lippen, an der Stirn und am Hals.

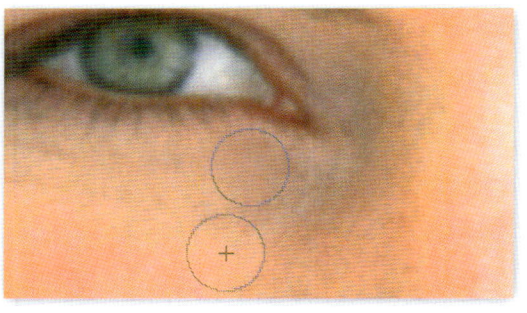

4 Haut glätten. Duplizieren Sie die *Fleckchen*-Ebene und nennen Sie diese *Haut soften*. Wählen Sie FILTER > WEICHZEICHNEN

> GAUSSSCHER WEICHZEI[CHNEN], stellen Sie dort relat[iv] ein – z.B. RADIUS 13, M[...] Die Haut im Vorscha[u...] übertrieben plastisc[h...] bleibt nicht so. Bestä[tigen Sie mit] OK und stellen Sie in[...] dialog den Ebenenm[odus auf] NICHTEND, reduzieren S[ie die DECK-] KRAFT so weit, bis die [...] wieder ein wenig he[...]

5 Ebenenmaske [...] Augen nicht u[...] tung von Schritt 4 lei[...] wir diese wieder herv[or...] im Ebenendialog mit[...]

Maustaste auf die *Haut soften*-Ebene > EBENENMASKE HINZUFÜGEN. Wählen Sie die Option WEISS (VOLLE DECKKRAFT). Aktivieren Sie den PINSEL und malen Sie mit schwarzer Farbe auf der Maske über die Augen und Augenbrauen. Dadurch decken Sie die Augen auf dieser Ebene ab und die schärferen Augen vor der unterhalb liegenden Ebene kommen an dieser Stellen wieder hervor.

Der fotografische Blick

Bildkomposition und Gestaltung

MICHAEL FREEMAN

Markt+Technik

Sie mit einer entsprechend kleinen Werkzeugspitze ein paar Mal über die Augenbrauen. Heben

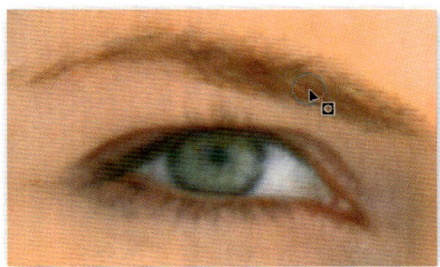

Sie mit ⇧ + Strg / Ctrl + A die Auswahl auf.

Nun zum Weiß der Augen. Aktivieren Sie das Freie-Auswahl-Werkzeug ⌇, stellen Sie KANTEN AUSBLENDEN 4 ein und rahmen Sie damit das Augenweiß ein – halten Sie ⇧ gedrückt, um die Auswahl bei allen weißen Berei-

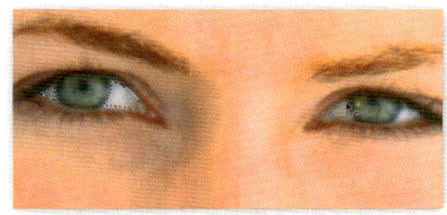

chen fortzusetzen. Stellen Sie als Vordergrundfarbe ein nicht ganz „sauberes" Weiß ein (Rot 246, Grün 245 und Blau 249), klicken Sie auf das Pinsel-Werkzeug ✎. Stellen Sie bei Modus NUR AUFHELLEN ein und malen Sie mit einer

DECKKRAFT von ca. 50 über das Augenweiß, um es zu verstärken.

Als Nächstes intensivieren wir die Iris. Markieren Sie sie erneut mit dem Freie-Auswahl-Werkzeug ⌇, stellen Sie AUSWAHL AUSBLENDEN 3 ein und halten Sie ⇧ für die Auswahl

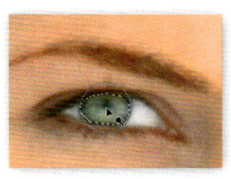

des zweiten Auges. Klicken Sie mit dem NACHBELICHTER ✎ mit den folgenden Werkzeugeinstellungen darauf: DECKKRAFT: 45, Typ: ABWEDELN, Modus: GLANZLICHTER

> **HINWEIS**
>
> Bei braunen Augen wirkt es besser, wenn Sie sie abdunkeln. Verwenden Sie daher NACHBELICHTEN statt ABWEDELN.

und BELICHTUNG ca. 50. (Wie Sie die Augenfarbe verändern, lesen Sie bitte auf Seite 68 nach.)

Die Augen bringen wir mit einem Trick richtig zum Strahlen. Wir nutzen gleich die Auswahl der Iris und kopieren sie mit Strg / Ctrl + C und Strg / Ctrl + V auf eine neue Ebene. Die schwebende Auswahl verankern Sie durch Klick im Ebenendialog auf NEUE EBENE ⬚. Wählen Sie FILTER > VERBESSERN > SCHÄRFEN.

Schieben Sie den Regler relativ weit hinauf, z.B. auf 70. Bestätigen Sie mit OK und wählen Sie dann den Ebenenmodus ÜBERLAGERN. Regulieren Sie die Stärke des Augen-

glitzerns mit der DECKKRAFT. Wählen Sie EBENE > NACH UNTEN VEREINEN.

Mit der üblichen Augenretusche sind wir nun so weit fertig hier zum Vergleich eine Vorher/Nachher-Ansicht:

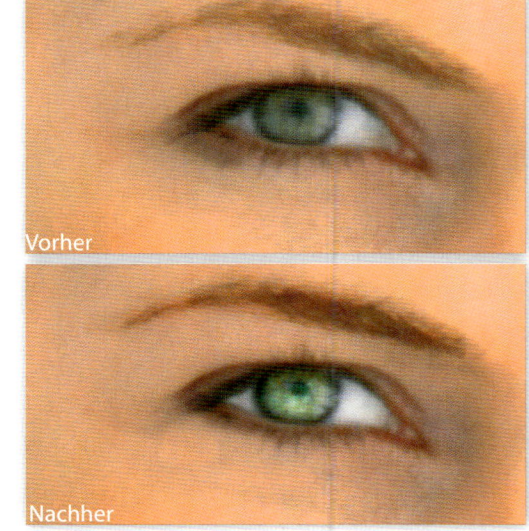

7 Make-up. Als Nächstes schminken wir ein wenig nach. Natürlich zunächst die Augen, aber auch die Lippen. Erstellen

Sie eine neue transparente Ebene und nennen Sie sie MAKEUP-AUGEN. Wir arbeiten auf dieser Ebene weiter.

Aktivieren Sie die SPRÜHPISTOLE ✎. Mit dieser tragen wir den Lidschatten auf. Ich verwende dazu eine der Augenfarbe angepasste Vordergrundfarbe – in diesem Fall also ein sehr helles Grün (R: 192, G: 220, B: 220) und anschließend etwas Weiß.

Stellen Sie bei den Werkzeugeinstellungen eine DECKKRAFT von 90 ein und experimentieren Sie mit der PINSELDYNAMIK (*Neu in GIMP 2.6*): So verändert sich z.B. die Deckkraft der Farbe abhängig davon, wie schnell Sie mit dem Werkzeug über das Bild streichen. Wechseln Sie zu einer zweiten Farbe, z.B. zu Weiß. Wird der Effekt zu intensiv, reduzieren Sie die DECKKRAFT der MAKEUP-AUGEN-Ebene im Ebenendialog.

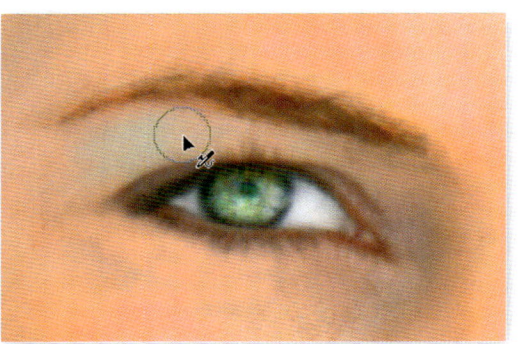

8 Lippenstift. Klicken Sie mit der rechten Maustaste auf die oberste Ebene, wählen Sie NEU AUS SICHTBAREM und nennen Sie die Ebene *Lippenstift*. Aktivieren Sie das Freie-Auswahl-Werkzeug ✎ stellen Sie KANTEN AUSBLENDEN 10 ein und rahmen Sie damit die Lippen ein – halten Sie ⇧ gedrückt, um die Auswahl fortzusetzen.

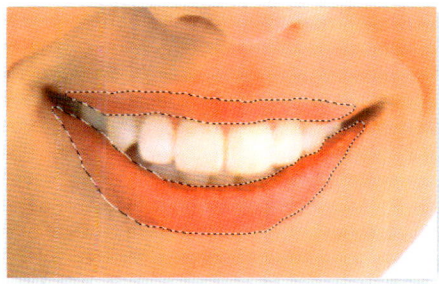

Öffnen Sie FARBEN > WERTE. Selektieren Sie nur den KANAL ROT. Die Vorgehensweise hier hängt davon ab, was Sie erreichen wollen und wie die Ausgangsfarbe ist. Bei diesem Bild hier ist es besser, das Rot abzudunkeln, daher schiebe ich den linken Regler etwas nach

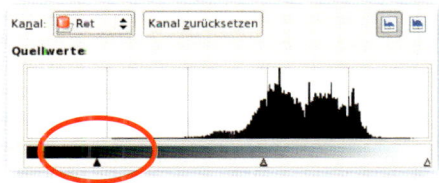

rechts. Wollen Sie das Rot aufhellen, ziehen Sie den rechten Regler nach links. Justieren Sie mit dem mittleren Regler nach. Bestätigen Sie mit OK. Zum Glätten der Lippen wählen Sie FILTER > VERBESSERN > FLECKEN ENTFERNEN. Wählen Sie ANPASSEND und bestätigen Sie mit OK.

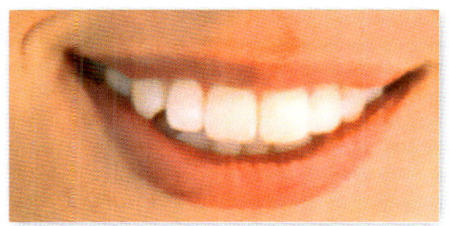

9 Schärfentiefe. Zum Schluss verstärken wir im Bereich des Gesichts noch etwas den Fokus, indem wir das restliche Bild weichzeichnen und das Gesicht schärfen. Klicken Sie mit der rechten Maustaste im Ebenendialog > NEU AUS SICHTBAREM. Markieren Sie die oberste Ebene.

Rahmen Sie mit dem Freie-Auswahl-Werkzeug ✎ großzügig das Gesicht ein. Wählen Sie AUSWAHL > AUSBLENDEN 30 (je nach Auflösung)

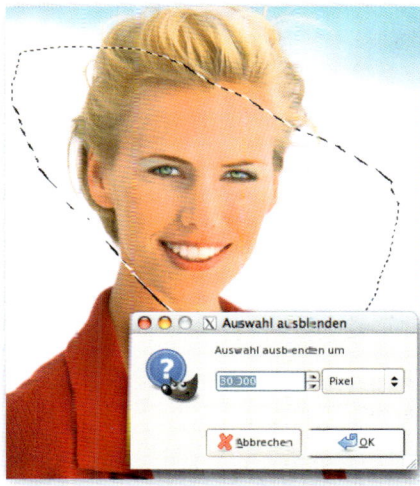

und dann AUSWAHL > INVERTIEREN. Öffnen Sie FILTER > WEICHZEICHNEN > GAUSSSCHER WEICHZEICHNER, stellen Sie einen RADIUS von ca. 8 ein. Invertieren Sie erneut die Auswahl (⌃/Ctrl+I) und wählen Sie zum Nachschärfen des Gesichts FILTER > VERBESSERN > UNSCHARF MASKIEREN. RADIUS: 1.5, MENGE: 0,3 SCHWELLWERT: 10. Heben Sie die Auswahl mit ⇧+⌃/Ctrl+A auf.

Zum Verändern von Gesichtspartien verwenden Sie den IWARP-FILTER, siehe auch Seite 102, wo ich Ihnen zeige, wie Sie ein Lächeln auf ernste Lippen zaubern!

Porträt weichzeichnen
Kurve ▪ Gaußscher Weichzeichner ▪ Ebenenmodus

Das Weichzeichnen von Porträts ist eine beliebte Technik und man findet zig Anleitungen dazu im Web. Doch was mich daran stört, ist, dass sie immer viel zu hell sind und damit eine Art Nebel darüber liegt. Die Ergebnisse wirken dann meist ausgewaschen. Ich zeige Ihnen eine Soft-Fokus-Technik, mit der die Farben und damit das Strahlen des Porträts erhalten bleiben.

 portrait_weichzeichnen.jpg

▽ Soft-Effekt mit Pep: Die Tiefen sind verstärkt, markante Bereiche wie Augen und Mund bleiben geschärft.

1 Lichter aufhellen. Öffnen Sie FARBEN > KURVEN und ziehen Sie die Linie an ihrem oberen Drittel etwas hinauf.

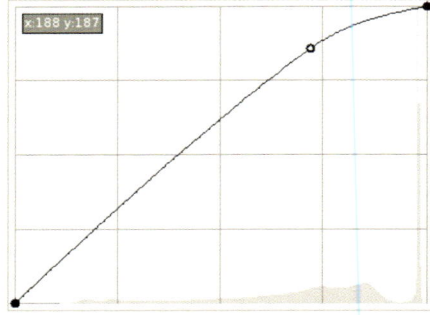

x:188 y:187

2 Duplizieren. Kopieren Sie die Hintergrundebene, indem Sie im Ebenendialog auf das Symbol DUPLIKAT 🖳 klicken. Speichern Sie die Datei als xcf-Datei ab.

3 Weichzeichnen. Stellen Sie sicher, dass die obere Ebene markiert ist, und öffnen Sie FILTER > WEICHZEICHNEN > GAUSSSCHER WEICHZEICHNER. Stellen Sie einen sehr hohen WEICHZEICHNUNGSRADIUS von 50–70 ein (hier: 60) und bestätigen

Landschaft weichzeichnen

Instant-Nebel-Effekt für Landschaftsaufnahmen: Dupli-zieren Sie die Hintergrundebene, wenden Sie darauf FIL-TER > WEICHZEICHNEN > GAUSSSCHER WEICHZEICHNER mit RADIUS 50 an. Nun stellen Sie den Ebenenmodus auf BILDSCHIRM. Regulieren Sie mit der DECKKRAFT die Stärke.

Robert Steiger

Tipp

Sie mit OK. Das Bild sieht jetzt in etwa so aus:

Reduzie-ren Sie die DECKKRAFT der oberen Ebene auf ca. 70.

4 Ebenenmaske. Klicken Sie im Ebenendialog mit der rechten Maustaste > EBENENMASKE HINZUFÜGEN. Bestätigen Sie in dem Dialog WEISS (VOLLE DECKKRAFT). Die weiße Ebenenmaske sorgt dafür, dass die aktive Ebene voll sichtbar ist – alles ist noch weichgezeichnet. Wir wollen nun mithilfe grauer Far-be die darunterliegende – originale und scharfe – Ebene partiell sicht-bar machen – und zwar an den markanten Stellen: Augen, Haare und Zähne. Stellen Sie Schwarz als Vordergrundfarbe ein und aktivieren Sie den PINSEL ✎. In den Werkzeugeinstellungen reduzieren Sie die Deckkraft auf 35% – somit arbeiten wir mit Grau. Achten Sie vor dem Ausarbeiten darauf, dass

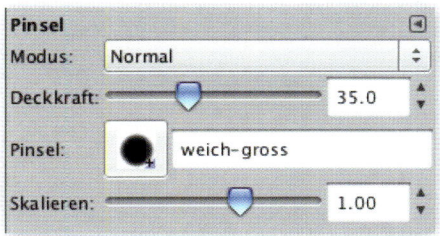

die Ebenenmaske aktiv ist, erkenn-bar an ihrem weißen Rahmen. Malen Sie mit einer jeweils pas-senden großen und sehr weichen Pinselspitze die Augen, die Zähne und die Haare frei.

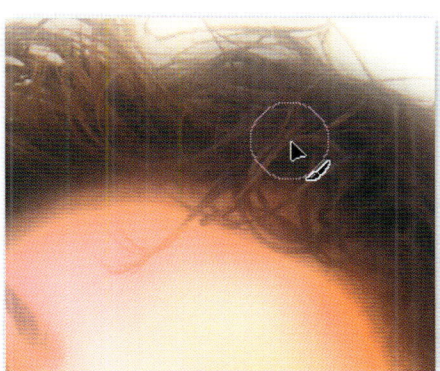

Der Ebenendialog sieht nun so aus (siehe Abbildung): Auf der Mas-

ke ist die Hervorhe-bung mit Grau gut erkennbar. Sie können hier auch mit unterschiedlichen Graustufen arbeiten – je dunkler das Grau, desto stärker kommt die untere, originale und geschärfte Ebene zum Vorschein.

5 Nachbelich-ten. Um von der weichgezeichneten Ebene den „Nebelschleier" zu nehmen, machen Sie Folgendes: Stellen Sie als VORDERGRUNDFARBE nun ein 50%-Grau ein: Klicken Sie auf das Kästchen und geben Sie unter HSV die folgenden Werte ein: 0, 0, 50.

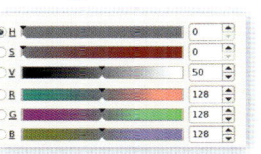

Bestätigen Sie mit OK. Klicken Sie im Ebenen-dialog auf NEUE EBENE ▭ und wählen Sie in dem Dialog unter EBENENFÜLLART die Option VORDERGRUNDFARBE. Stellen Sie als EBENENMODUS der grauen Ebene NACHBELICHTEN ein – dadurch werden

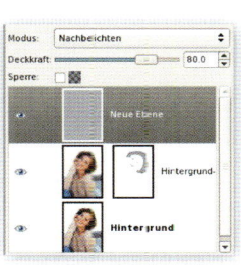

die dunklen Bereiche her-vorgehoben. Regulieren Sie mit der DECK-KRAFT der Ebe-ne die Stärke (z.B. 80).

Falls das Bild nun zu starke Rot-töne aufweist, wechseln Sie auf die Ebene darunter (mit der Maske), markieren das Miniaturbild und

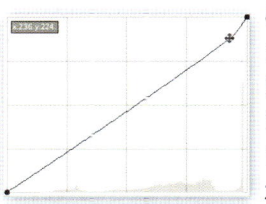

öffnen FARBEN > KURVE. Selektieren Sie nur den Kanal ROT und ziehen Sie im Bereich der Lichter die Kurve leicht nach unten.

Neutraler Hintergrund
Kanalauswahl ▪ Ebenenmaske ▪ Schatten

Gerade Kunstwerke kommen erst bei einem neutralen Hintergrund richtig zur Geltung. Dazu muss das Objekt ausgewählt und vom Hintergrund losgelöst – also freigestellt – werden. Es gibt zahlreiche Techniken zum Freistellen – für welche Sie sich entscheiden, ist abhängig vom Objekt, vom Hintergrund und der weiteren Bearbeitung. Bei diesem Beispiel hier haben wir starke Kontraste und verwenden daher die Auswahl aus der Kanalinformation – eine sehr effektive und nützliche Technik.

💿 neutraler hintergrund.jpg

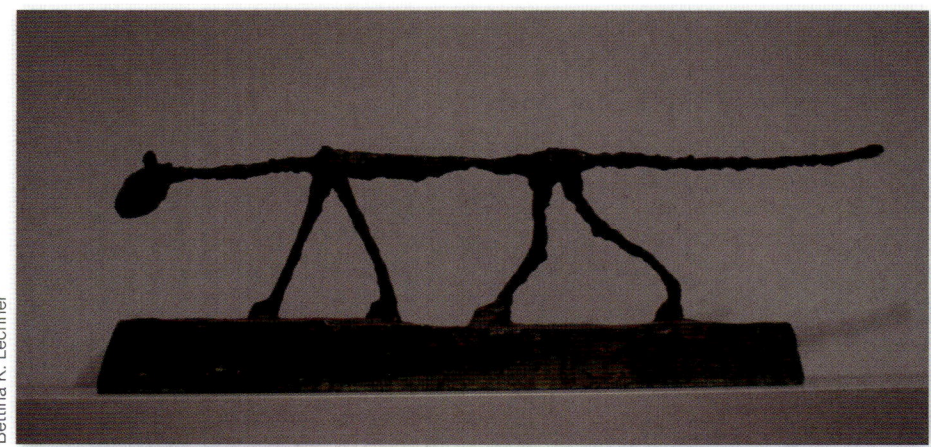

Bettina K. Lechner

▽ Nach der Retusche sieht dieses Kunstwerk aus dem Berliner Berggruen-Museum aus, als wäre es im Studio aufgenommen.

1 Farben verbessern. Bevor wir das Freistellen angehen, verbessern wir wie üblich die Tonwerte und Kontraste. Wählen Sie FARBEN > WERTE und schieben Sie die Regler links und rechts so weit nach innen, bis die ersten Werte sichtbar sind. Justieren Sie mit dem mittleren Pfeil nach. Bestätigen Sie mit OK. Als Nächstes wählen

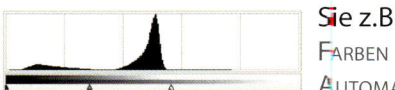

Sie z.B. FARBEN > AUTOMATISCH > WEISSABGLEICH (das muss nicht unbedingt zu einem guten Ergebnis führen). Und anschließend öffnen Sie FARBEN > KURVE und hellen

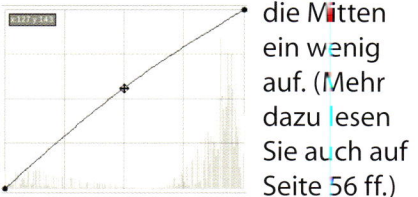

die Mitten ein wenig auf. (Mehr dazu lesen Sie auch auf Seite 56 ff.)

2 Duplizieren. Kopieren Sie die Hintergrundebene: Klick im Ebenendialog auf DUPLIKAT 🖼 – wir arbeiten auf dieser Ebene weiter.

Kontraste verstärken

Wenn sich Ihr Objekt für die Kanalauswahl nicht deutlich genug vom Hintergrund abhebt, versuchen Sie, die Kontraste zu verstärken, indem Sie die Kurve extrem aufsteilen. Verwenden Sie dazu eine eigene Ebene, die Sie anschließend wieder löschen können.

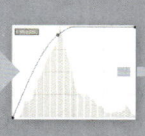

3 Auswahl. Wechseln Sie in den Kanäledialog. Wir erzeugen aus dem kontrastreichsten Kanal eine Auswahl. Hier sind alle Kanäle recht ähnlich – ich nehme den blauen. Klicken Sie mit der rechten Maustaste auf KANAL > AUSWAHL AUS KANAL.

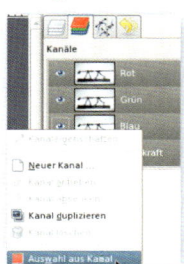

Wechseln Sie jetzt bitte wieder nach vorne in den Ebenendialog und klicken Sie mit der rechten Maustaste auf die oberste Ebene > EBENENMASKE HINZUFÜGEN. In dem Dialog wählen Sie AUSWAHL

und MASKE INVERTIEREN (da hier die dunklen Bereiche des Objekts überwiegen).

Fügen Sie über Klick im Ebenendialog auf NEUE EBENE ☐, Ebenenfüllart WEISS einen Hintergrund ein und ziehen Sie diese Ebene unter die oberste Ebene mit der Maske. Damit prüfen Sie, welche Details

noch nachbearbeitet werden müssen.

4 Maske bearbeiten. Drücken Sie ⒟, um die Vorder- und Hintergrundfarbe auf Schwarz bzw. Weiß zurückzusetzen. Klicken Sie auf die Maske der oberen Ebene. Diese wird nun bearbeitet: Dabei deckt Schwarz die – daneben liegende – Ebene ab und die darunter liegende, weiße kommt durch. Wenn Sie mit Weiß arbeiten, legen Sie die daneben liegende frei. Malen Sie nun also mit dem Pinsel 🖌 mit *schwarzer* Farbe auf der Maske über den Hintergrund. Damit decken Sie Bereiche ab, die über die AUSWAHL AUS KANAL nicht berücksichtigt wurden.

Um das Objekt (Kunstwerk) freizulegen, übermalen Sie es auf der Maske mit Weiß. Malen Sie mit weißer Farbe, um Teile sichtbar zu machen, und mit schwarzer Farbe, um Teile zu verdecken.

Fahren Sie so fort, bis Sie das gesamte Kunstwerk exakt freigelegt haben.

5 Verlauf. Für den Hintergrund wählen wir einen sanften Verlauf von Schwarz nach Weiß. Fügen Sie eine neue Ebene ein, ziehen Sie sie über die weiße und aktivieren Sie das Verlaufwerkzeug

▐. Setzen Sie damit ruhig etwas außerhalb des Bilds an und ziehen Sie bis zur Mitte des Bilds.

6 Schatten. Für den Schatten duplizieren Sie die Ebene mit der Maske, klicken mit der rechten Maustaste darauf > EBENENMASKE ANWENDEN. Dann nochmals rechte Maustaste > AUSWAHL AUS ALPHAKANAL. Füllen Sie die Auswahl mit Schwarz: BEARBEITEN > MIT VG-FARBE FÜLLEN. Wählen Sie FILTER > WEICHZEICHNEN > GAUSSSCHER WEICHZEICHNER mit hohem RADIUS (70). Löschen Sie mit dem

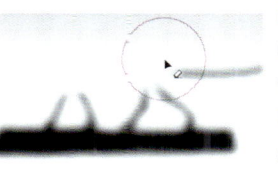

Radierer 🩹 und einer weichen Pinselspitze den oberen Bereich des Schattens. Bewegen Sie die Ebene mit dem Verschiebenwerkzeug ✛ etwas nach unten. Ziehen Sie die Ebene im Ebenenstapel direkt unter das Kunstwerk.

Schneller! Schneller!
Bewegungsunschärfe

Woran erkennen Sie an einem Bild (statisch!) die Geschwindigkeit, mit der sich das Motiv bewegt hat? Richtig – an der Umgebung. (Ich habe angenommen, dass Sie die Antwort wussten.) Genauer erkennen Sie Bewegung an der Unschärfe der Umgebung. Bei zu kurzer Belichtungszeit ist die Bewegungsunschärfe verloren. Dieser Effekt lässt sich jedoch dank digitaler Tricks auch noch nachträglich einsetzen.

◉ bewegungsunschaerfe.tif

◁ Am verschwommenen Hintergrund erkennt man die Bewegung und dabei die Geschwindigkeit. Mit dem BEWEGUNGSUNSCHÄRFE-FILTER erzielen Sie auch nachträglich diesen Effekt, der in der Fotografie mit langer Belichtungszeit zustandekommt.

Die Bewegungsunschärfe darf ja nur den Hintergrund und vielleicht die Kanten des Vordergrundmotivs betreffen, daher erzeugen wir mithilfe der SCHNELLMASKE eine Auswahl der beiden Frauen im Vordergrund.

1 **Schnellmaske.** Klicken Sie zum Aktivieren der SCHNELLMASKE in die linke untere Ecke des Bildfensters (⇧+Q).

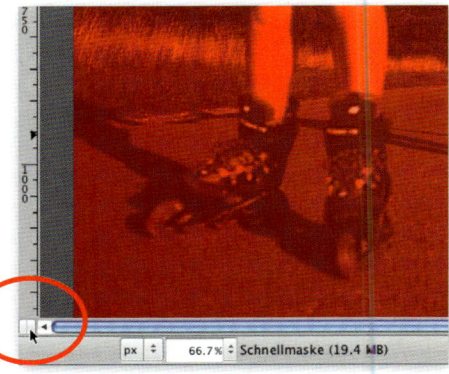

Die SCHNELLMASKE legt sich in Form einer roten Folie über das Bild. Wir malen nun jene Bereiche, die ausgewählt werden sollen, mit Weiß aus. Schwarz deckt ab – und stellt damit die „Folie", also die Schnellmaske, wieder her. Aktivieren Sie

Retusche & Montage

90

Wasserfall ganz weich

Wasserfälle, Meereswellen etc. bekommen diesen sanften, weichen Effekt durch lange Belichtungszeit. Fotografieren Sie dabei mit Blendenautomatik – dadurch können Sie die Belichtungszeit manuell einstellen. Zum Vergleich: Das linke Bild wurde mit 1/250 und das rechte mit 1/8 belichtet. Bei langer Belichtungszeit Stativ verwenden!

Reinhard Helmer

Tipp

das Pinsel-Werkzeug ✎ und stellen Sie eine dem Motiv entsprechend große Werkzeugspitze mit weichen Kanten ein. Drücken Sie die Taste D zum Zurücksetzen der Vorder- und Hintergrundfarbe auf Schwarz und Weiß und X, um die beiden zu tauschen. Malen Sie nun mit der weißen Vordergrundfarbe über das auszuwählende Vordergrundmotiv. Wenn Sie aus dem Motiv „rausgefahren" sind, drücken Sie X für Schwarz als Vordergrundfarbe und malen Sie damit über den Bereich, um die Folie wiederherzustellen.

Arbeiten Sie mit dieser Technik das Vordergrundmotiv frei. Klicken

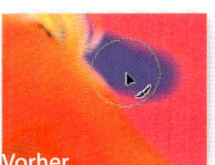

Vorher   Nachher

Sie zum Deaktivieren der Schnellmaske – und zur (Vor-)Ansicht des Auswahlrahmens wieder in die linke untere Ecke (⇧+Q).

2 Weiche Auswahlkante. Da die Auswahl noch zu exakt ist, blenden wir einen Bereich aus – wählen Sie AUSWAHL > AUSBLENDEN und geben Sie (abhängig von der Auflösung Ihres Bilds) einen relativ großzügigen Wert ein (hier bei 1800 x 1200 Pixel: 10).

3 Auswahl invertieren. Wir zeichnen ja den Hintergrund unscharf – daher kehren wir die Auswahl mit AUSWAHL > INVERTIEREN bzw. Strg/Ctrl+I um.

Auswahl	Ansicht	Bild	Ebene	Farben	Werkz
Alles auswählen					Strg+A
Nichts auswählen				Umschalt+Strg+A	
Invertieren					Strg+I
Schwebend				Umschalt+Strg+L	
Nach Farbe				Umschalt+O	
Vom Pfad				Umschalt+V	
Auswahleditor					

4 Bewegungsunschärfe. Öffnen Sie FILTER > WEICHZEICHNEN > BEWEGUNGSUNSCHÄRFE. GIMP bietet hier drei verschiedene Varianten der WEICHZEICHNUNGSART: Linear, Radial und Zoom. Für eine Bewegungsunschärfe, wie Sie es am großen Nachher-Bild auf Seite 90

sehen, verwenden Sie die Option LINEAR mit LÄNGE 27 und WINKEL 10. Heben Sie die Auswahl auf mit ⇧+Strg/Ctrl+A.

Sehen Sie hier das Ergebnis der beiden anderen Optionen:

Mit RADIAL erzeugen Sie eine runde Unschärfe. Mit WINKEL legen Sie die Stärke fest. Hier ist die Auswahl aktiv geblieben und damit nur der Hintergrund weichgezeichnet.

Mit ZOOM erzielen Sie einen ähnlich guten Effekt wie mit LINEAR. Er simuliert das Verändern der Brennweite während der Belichtung. Angewandt auf das gesamte Bild (ohne Auswahl).

Weg damit!
Perspektivisch klonen ▪ Tipps & Tricks

Sie haben lange gewartet, doch das Auto steht noch immer da ... Dann müssen wir es eben nachträglich digital entfernen. Unerwünschte Objekte wegzu„pinseln", gehört zu den wichtigsten und auch schwierigsten Bereichen in der Bildretusche. In diesem Kapitel zeige ich Ihnen, wie Sie das Werkzeug PERSPEKTIVISCHES KLONEN verwenden. Dieses besondere Werkzeug berücksichtigt die Fluchtlinie während des Kopiervorgangs. Dies ist besonders für Korrekturen an Gebäuden interessant. Außerdem gebe ich Ihnen wichtige Tipps mit auf den Weg – mit deren Hilfe und ein wenig Übung und Geduld werden Sie ein richtiger Klonen-Profi!

👓 auto_wegklonen.jpg

◁ Dieses Gebäude, erbaut 1708, war die Militärresidenz der Béthencourts. Von hier aus wurde Fuerteventura faktisch regiert. Nach seiner Renovierung 2006 erstrahlt es in neuem Glanz – nur leider stand da dieses Auto ...

Reinhard Helmer

1 **Neue Ebene.** Klicken Sie im Ebenendialog auf NEUE EBENE 🗋 mit Füllart TRANSPARENZ. Wir arbeiten auf dieser weiter.

2 **Perspektive festlegen.** Aktivieren Sie das Perspektivisches-Klonen-Werkzeug 📋. Achten Sie darauf, dass in den Werkzeugeinstellungen PERSPEKTIVE ÄNDERN aktiv ist, und klicken Sie einmal in das Bild. Es erscheint ein Rahmen mit Griffen. Passen Sie den Rahmen über die Griffe an die Perspektive des Bilds an. Achten Sie dabei auf Gebäude-, Straßen- oder Mauerfluchten (siehe Abbildung, zur besseren Veranschaulichung sind die Rahmenlinien orange hervorgehoben). Die Perspektive bleibt, solange Sie kein anderes

Retusche & Montage

Perfekt klonen

Klonen gehört zu den schwierigsten Arbeiten in der Retusche und es braucht viel Übung und Geduld. Zoomen Sie während der Arbeit (einfach ⊞ bzw. ⊟ drücken) auch immer wieder her und weg. Arbeiten Sie in der Detailansicht, aber prüfen Sie im Überblick. Und: Es gibt immer Strg / Ctrl + Z für rückgängig!

Verwenden Sie **keinen zu harten Pinsel**, damit entstehen zu scharfe Ränder.
Klicken Sie mehr, als mit gedrückter Maustaste zu ziehen – denn dadurch entstehen unnatürliche Wiederholungen.

Achten Sie auf Strukturen – wie hier z.B. dieses „Dach" im Verputz. Vermeiden Sie es, dieses zu klonen – es ist unwahrscheinlich, dass es mehrfach im Verputz vorkommt.

Grundsätzlich so nah wie möglich aufnehmen und kopieren. Doch sind Wiederholungsmuster zu vermeiden. Holen Sie daher ab und zu auch Bildteile von ein bisschen weiter weg – dabei müssen Sie jedoch wieder **auf die Belichtung achten**!

Werkzeug aktivieren. (In meiner GIMP-Version verschwindet sie sogar beim Ziehen einer Hilfslinie.)

3 Klonen. Wechseln Sie in den Werkzeugeinstellungen zu PERSPEKTIVISCHES KLONEN. Stellen Sie eine für die Türe entsprechend große Werkzeugspitze ein, weiche Kante und

wählen Sie bei Ausrichtung AUSGERICHTET und aktivieren Sie BILD > VEREINIGUNG PRÜFEN. Damit klonen Sie auf der transparenten Ebene, ohne das Original zu verändern. Halten Sie Strg / Ctrl gedrückt, um Bildmaterial aufzunehmen (z.B. Türstock), und klicken Sie – ohne Taste – auf die Stelle, an die Sie das

Bildmaterial kopieren möchten, so wie hier über das Auto.

Nehmen Sie also immer wieder Material auf und kopieren Sie es über die Stellen. (Bitte lesen Sie dazu auch die Tipps oberhalb.)

4 Kopieren. Jetzt kopieren wir ganz schamlos den rechten Fensterladen über jenen, der teilweise vom Auto verdeckt wird. Aktivieren Sie das rechteckige-Auswahl-Werkzeug ▭ und stellen Sie bei KANTE AUSBLENDEN – abhängig von der Auflösung Ihres Bilds – einen Wert von 2 bis 10 ein. Rahmen Sie damit das vollständig sichtbare Fenster

ein, drücken Sie Strg / Ctrl + C zum Kopieren und Strg / Ctrl + V zum Einfügen. Im Ebenerdialog klicken Sie auf NEUE EBENE ▭, um die schwebende Auswahl zu verankern. Ziehen Sie mit dem Verschiebenwerkzeug ✛ (M) den Fensterladen über den anderen. (Ich habe mir dazu Hilfslinien zu den Ecken

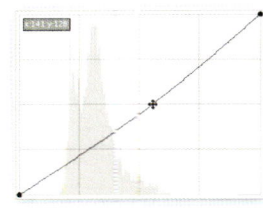

angelegt – so kann ich die Ebenen exakt übereinanderlegen.)

5 Und wieder Perspektive. Der Fensterladen muss an die Perspektive des darunter liegenden exakt angepasst werden. Aktivieren Sie das Perspektive-Werkzeug ▦ und ziehen Sie an den Griffen den Fensterladen passend auseinander.

6 Kurven. Der kopierte Fensterladen muss noch etwas dunkler werden: FARBEN > KURVEN. Ziehen Sie in der Mitte die Kurve leicht hinunter. Fertig!

Person freistellen
Vordergrundauswahl ▪ Ebenenmaske

Personen aus dem Hintergrund zu extrahieren, ist nicht einfach, besonders wenn Haare freigestellt werden müssen – doch mit dem Vordergrundauswahl-Werkzeug von GIMP wird selbst das (fast) zum Kinderspiel. Dennoch erfordert es etwas Nacharbeit – dafür verwenden wir die Ebenenmaske. So lassen sich kleine Fehler leicht wieder ausbessern.

💿 person-freistellen.jpg, himmel.jpg

▽ Ist eine Person erst einmal aus dem originalen Hintergrund extrahiert, lässt sie sich auf verschiedenen anderen Kulissen darstellen, hier auf Weiß, auf Seite 95 mit einem Himmel.

Das Vordergrundauswahl-Werkzeug 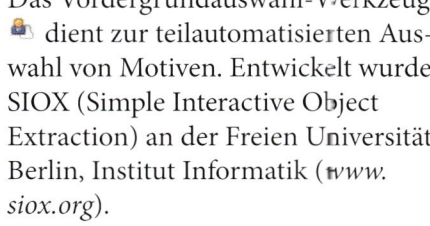 dient zur teilautomatisierten Auswahl von Motiven. Entwickelt wurde SIOX (Simple Interactive Object Extraction) an der Freien Universität Berlin, Institut Informatik (*www.siox.org*).

1 Duplizieren. Kopieren Sie zunächst die Hintergrundebene (Klick im Ebenendia og auf DUPLIKAT 📄). Wir arbeiten auf dieser Ebene weiter. Speichern Sie die Datei als xcf-Datei ab.

2 Vordergrundauswahl. Aktivieren Sie das Vordergrundauswahl-Werkzeug.

1. Als Erstes rahmen Sie das Motiv so knapp wie möglich ein. Sobald Sie die Runde fertig haben, erscheint der Hintergrund eingefärbt.

Und so fügen Sie einen neuen Hintergrund ein: Öffnen Sie mit dem Befehl <small>Datei > Als Ebene öffnen</small> jene Datei, die als neuer Hintergrund fungieren soll. Ziehen Sie die Ebene im Ebenenstapel unter die Ebene mit der Maske. Achten Sie dabei auf passende Farben und Lichtverhältnisse! Korrigieren Sie gegebenenfalls das Vordergrundmotiv bzw. den Hintergrund mit <small>Farben > Kurven</small> nach.

2. Die Werkzeugspitze hat nun automatisch zu einem Pinsel gewechselt. Mit diesem malen Sie großzügig über das Motiv. Ziel ist es, dass möglichst alle Farben, die in dem Motiv vorkommen, von dem Pinselstrich berührt wurden. GIMP baut die Auswahl auf.

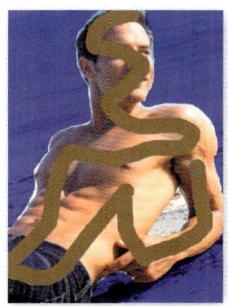

3. Erscheinen noch „Löcher" im Motiv, malen Sie darüber. Wenn zu viele freie Stellen vom Hintergrund sichtbar sind, stellen Sie in den Werkzeugeinstellungen auf <small>Hintergrund markieren</small> um und malen Sie damit über den Hintergrund.

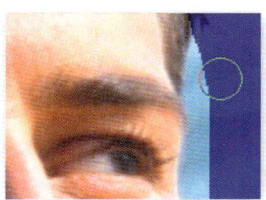

4. Zuletzt drücken Sie ↵. Die Auswahl wird automatisch erstellt.

5. Laufen nun noch vereinzelt Auswahl„flecken" *im* Motiv, fügen Sie sie nachträglich der Auswahl hinzu, indem Sie sie mit dem Freie-Auswahl-

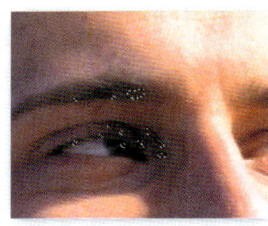

Werkzeug ✐ bei gedrückter ⇧-Taste einrahmen.

3 Ebenenmaske. Die laufende Auswahl übertragen wir nun in eine Ebenenmaske, um sie dort zu verfeinern. Klicken Sie im Ebenendialog mit der rechten Maustaste auf die obere Ebene > <small>Ebenenmaske hinzufügen</small>. Im Dialog wählen Sie die Option <small>Auswahl</small>. Auf der Maske legen wir mit weißer Farbe Bereiche frei und decken mit Schwarz ab (Infos zu Ebenenmasken lesen Sie auf Seite 67).

Vor der Bearbeitung der Maske fügen wir noch eine weiße Ebene unterhalb ein: Klicken Sie dazu im

Ebenendialog auf <small>Neue Ebene</small> ▢, bestätigen Sie als Füllart <small>Weiss</small> und ziehen Sie die Ebene unter die Ebene mit der Maske.

4 Motiv freilegen. Jetzt geht's an die Detailarbeit. Abhängig vom Ergebnis der Vordergrundauswahl (Schritt 2) kann dies noch etwas aufwändig sein. Klicken Sie auf die Maske der oberen Ebene. Drücken Sie die Taste D, um die Vordergrund- und Hintergrundfarbe auf Schwarz bzw. Weiß zurückzusetzen. Verwenden Sie den <small>Pinsel</small> ✐ in verschiedenen Skalierungen

(Werkzeugeinstellungen). Beginnen Sie am Körper mit einer eher weichen Pinselspitze. Malen Sie immer vorsichtig an den Kanten entlang. Bei der kleinen Abbildung löscht Schwarz die Reste des Hintergrunds.

5 Haare sind besonders heikel. Versuchen Sie nicht, sie exakt wie im Original freizulegen, es hat also keinen Sinn, jedes einzelne Haar freizumalen. Aber sie müssen natürlich wirken. Bei diesem Bürstenhaarschnitt verwenden Sie abwechselnd einen 1 bzw. 2 Pixel dünnen Pinsel und malen mit rascher Bewegungen im Zickzack in die Haare hinein. Durch Verändern der <small>Deckkraft</small> des Pinsels sorgen Sie für verschiedene Abstufungen. Feine, wegstehende Haare löschen Sie. Eine weitere Technik ist, die Farbe zwischen den Haaren zu entfernen: Selektieren Sie mit dem <small>Zauberstab</small> die Farbbereiche und drücken Sie Entf zum Löschen. Gerne selektiert und kopiert man auch Haarteile auf eine eigene Ebene und zeichnet sie etwas weich.

Schlechtes Wetter, na und?
Farben aufhellen ▪ Himmel ersetzen

Unglaublich, wie sehr sich mithilfe der WERTE und KURVEN Bilder verbessern, bei schlechtem Wetter also aufhellen lassen. Doch was tun, wenn der Himmel voller dicker Regenwolken war? In diesem Beispiel retuschieren wir das Unwetter kurzerhand. Neben der Größe und der Auflösung achten Sie bei Himmel-Montagen auf die Position der Sonne, die Tageszeit und die Perspektive der Wolken. Oder Sie gestalten mit GIMP einen eigenen Himmel. Beide Techniken sehen wir uns hier an.

💿 schlechtes-wetter-vh.jpg

◁ Regenzeit auf Koh Samui, Thailand. Wegen der geplanten Weiterreise konnten wir nicht auf besseres Wetter warten. Doch selbst aus diesem düsteren Foto lässt sich noch viel rausholen, wie Sie am unteren Nachher-Foto sehen können.

Reinhard Helmer

1 Duplizieren. Kopieren Sie die Hintergrundebene, indem Sie im Ebenendialog auf DU-PLIKAT 🖼 klicken, wir arbeiten auf dieser Ebene weiter. Speichern Sie die Datei gleich als xcf-Datei ab.

2 Tonwerte & Kurven. Das sind Standardkorrekturen, die Sie bei jedem Bild versuchen können: Öffnen Sie FARBEN > WERTE und ziehen Sie den linken und rechten Regler so lange nach innen, bis die ersten Werte beginnen (hier nur rechts). Mehr zu den Tonwerten, siehe Seite 54. Bestätigen Sie mit OK. Öffnen Sie FARBEN > KURVEN. Ziehen Sie im Bereich der Mitten die Kurve leicht nach oben.

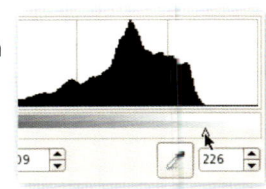

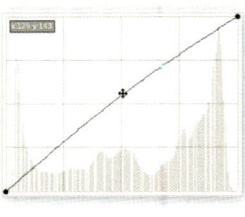

3 Berge extrahieren. Um den Himmel zu ersetzen, stellen wir die Berge am Horizont auf eine eigene Ebene, um sie *später* über

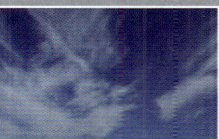

Tipp

dem neuen Himmel wieder einzublenden.

Die Berge sind farbig relativ gut abgegrenzt – zur Auswahl eignet sich daher der Zauberstab. Klicken Sie damit auf den linken Berg. Wie viel Farbe als gleich angesehen und daher markiert wird, regulieren Sie in den Werkzeugeinstellungen über SCHWELLE. Je niedriger, desto kleiner die Auswahl. „Löcher" in der Auswahl (1) kreisen Sie mit gedrückter ⇧-Taste

mit dem Freie-Auswahl-Werkzeug ein (2). Wenn die Auswahl passt, drücken Sie Strg/Ctrl+C und Strg/Ctrl+V zum Kopieren und Einfügen der Auswahl. Klicken Sie

zum Verankern der SCHWEBENDEN AUSWAHL im Ebenendialog auf NEUE EBENE. Verfahren Sie genauso mit den rechts befindlichen Bergen. Benennen Sie die Ebenen: Doppelklick auf den Ebenennamen und überschreiben, bestätigen mit ⏎.

4 **Himmel.** Nun selektieren wir mit dem Auswahl-Werkzeug den Himmel. Stellen Sie in den Werkzeugeinstellungen zuvor KANTE AUSBLENDEN – abhängig von der

Auflösung – zwischen 5 und 10 ein. Drücken Sie Entf zum Löschen des gesamten Bereichs.

Zum Ersetzen des Himmels gibt es verschiedene Methoden: Sie können einen „fertigen" Himmel aus einem anderen Foto holen oder einen eigenen Himmel basteln.

Fertiger Himmel: Zum Einfügen eines zuvor fotografierten Himmels öffnen Sie die Datei über DATEI > ALS EBENE EINFÜGEN. Verschieben Sie die Ebene unter das Foto und bewegen Sie den Himmel mit dem Verschiebenwerkzeug ✛ passend zum Bild. Farbliche Anpassungen nehmen Sie z.B. mit FARBEN > KURVEN

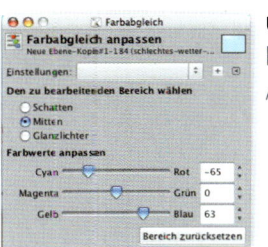

und/oder FARBEN > FARBABGLEICH vor.

Eigener Himmel:
Fügen Sie eine neue Ebene ein, auf ihr erzeugen wir einen Verlauf. In diesem Fall können wir das Himmelblau an das Meer anpassen. Klicken Sie auf die HINTERGRUNDFARBE, klicken Sie im FARBWÄHLER auf die PIPETTE und damit auf das Meeresblau am Horizont. Die VORDERGRUNDFARBE ist Weiß. Stellen Sie

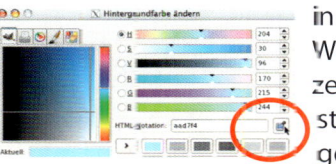

in den Werkzeugeinstellungen des Farbverlaufwerkzeugs Verlauf VON VG NACH HG (RGB) und Form KREISFÖRMIG ein. Ziehen Sie mit dem Werkzeug etwas außerhalb des Bilds über den Himmel. Zeichnen Sie die Ebene anschließend weich: FILTER > WEICHZEICHNEN > GAUSSSCHER WEICHZEICHNER.

5 **Tisch aufhellen.** Selektieren Sie mit dem Pfadwerkzeug den Tisch. Klicken Sie damit

entlang der Kante – sparen Sie die Vase aus. Wechseln Sie in den Pfaddialog > rechte Maustaste > AUSWAHL AUS PFAD. Öffnen Sie FARBTON/SÄTTIGUNG, ziehen Sie den Regler HELLIGKEIT nach rechts und die SÄTTIGUNG nach links. Damit bringen Sie den Tisch richtig zum Glänzen.

Spiegelung ersetzen
Verzerrungen ▪ Pfadwerkzeug ▪ Ebenenmaske

In diesem Beispiel montieren wir eine neue Spiegelung in das Brillenglas. Diese Technik eignet sich auch ganz hervorragend zum Ersetzen von Rückspiegeln bei Autos – auch hier gelingt es meist nicht, eine Aufnahme zu machen, ohne dass der/die Fotograf/in auch darauf zu sehen ist, und es macht einfach Spaß, überraschende Rück- und Ausblicke zu montieren. Im Zuge dieses Workshops sehen wir uns das Arbeiten mit dem Pfadwerkzeug an.

💿 sonnenbrille.jpg,
sonnenbrille-spiegelung ersatz.jpg

◁ Meist sieht man leider das Spiegelbild des Fotografen bzw. der Fotografin in den Sonnenbrillengläsern – fotografieren Sie daher stets auch das Motiv nochmals, um es dann – wie hier unten zu sehen – einzusetzen. Ja, Sie haben es bemerkt. Leider stand für diese Übung so eine Aufnahme nicht zur Verfügung. Daher versetzen wir den Protagonisten ruck, zuck nach Angkor Wat. Auch nicht schlecht, oder?

www.diereiter.at/photography

1 Ausmessen. Als Erstes messen wir den Bereich des Brillenglases aus, um zu wissen, wie groß die Datei sein muss, die wir anschließend einmontieren. Aktivieren Sie das Messen-Werkzeug ⚲ und ziehen Sie damit eine horizontale Linie – lesen Sie in der Statusleiste (ganz unten im Bildfenster) die Breite aus. Wiederholen Sie den Vorgang für die Höhe.

550.0 Pixel, 89.37° (6 × 550)

2 Datei als Ebene öffnen. Wenn Sie ein passendes Motiv gefunden haben, öffnen Sie es als Ebene in der Sonnenbrillen-Datei. Diese Ebene nennen wir *Einsatz.*

Pfadwerkzeug

Zugegeben, das Pfadwerkzeug benötigt etwas Übung. Hier noch ein paar wichtige Tipps und Erklärungen:

ANKER: Punkte, die mit einer Linie = Pfadsegment, miteinander verbunden werden. Ein markierter Anker wird als ungefüllter Kreis dargestellt! Löschen eines Ankers mit Entf-Taste. Verschieben durch Klicken und Ziehen.

GRIFFPUNKT: Dient zum Biegen eines Pfadsegments. Herausholen eines Griffpunktes aus einem Anker entweder SOFORT nach Setzen eines Ankers (klicken und mit gedrückter Maustaste wegziehen) oder später mit gedrückter Strg / Ctrl -Taste (Werkzeugeinstellungen: BEARBEITEN).

Tipp

3 Ebenengröße. Zum Anpassen der Größe der *Einsatz-*Ebene klicken Sie im Ebenendialog mit der rechten Maustaste > EBENE SKALIEREN. Geben Sie in dem Dialog die in Schritt 1 ausgemessenen Werte ein. Rechnen Sie ca. 10% dazu, da wir das Bild noch verzerren und dabei etwas verbrauchen werden.

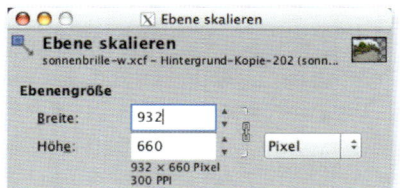

4 Verzerren. Sie sehen an den originalen Brillengläsern, dass das Bild stark verzerrt ist. Zur Anpassung verwenden wir FILTER > VERZERREN > OBJEKTIVFEHLER, ein fantastisches Werkzeug. Gehen Sie hier wie folgt vor: Schieben Sie den Regler VERGRÖSSERUNG nach *links*, um das Bild in der Vorschau zu verkleinern, so haben Sie mehr Überblick bei den weiteren Schritten. Dann geht's ans Verzerren: Ziel ist es, eine Art „Welle" in das Bild zu bringen – es ist links oben vergrößert und fällt

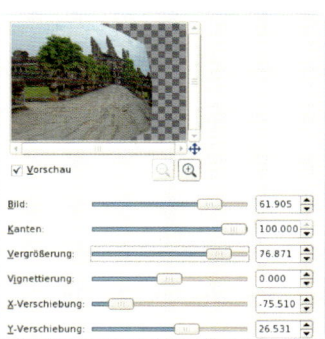

rechts nach hinten ab. Dies erreichen Sie mit X- und Y-VER-SCHIEBUNG.

Ziehen Sie den X-Regler weit nach links (-75) und den Y-Regler ein wenig nach rechts (26). Anschließend verzerren Sie mit BILD (61) und mit KANTEN (100). Stellen Sie am Schluss die VERGRÖSSERUNG wieder auf einen passenden Wert (76). Bestätigen Sie mit OK.

5 Auswahl mit Pfadwerkzeug. Zum Ausarbeiten des Bilds verwenden wir das Pfadwerkzeug und übertragen anschließend die Auswahl aus dem Pfad auf eine Ebenenmaske. Blenden Sie die *Einsatz-*Ebene aus. Wechseln Sie in den Pfaddialog 🖫 und aktivieren Sie das Pfadwerkzeug 🖫. Klicken Sie einmal für den ersten Anker, setzen Sie die Maus etwas weiter weg an der Brillenkante. Jetzt klicken und **ziehen** Sie sofort mit gedrückter Maustaste vom Anker weg für einen Griffpunkt. Mit den Griffpunkten bestimmen Sie den Grad der Biegung der Linie, die zwischen zwei Ankern entsteht. Der erste Griffpunkt betrifft die Biegung des vorherigen Pfadsegments (Linie), der zweite Griffpunkt das nachfolgende Pfadsegment. Klicken und ziehen Sie entlang der Brille für weitere Anker (siehe auch

Tipp oben). Schließen Sie den Pfad, indem Sie den letzten Anker auf den ersten schieben. Für die AUSWAHL AUS PFAD klicken Sie mit der rechten Maustaste auf den Pfad im Pfaddialog. Wählen Sie AUSWAHL > AUSBLENDEN für eine weiche Kante (z.B. 10). Blenden Sie die *Einsatz-*Ebene wieder ein, klicken Sie im Ebenendialog mit der rechten Maustaste darauf > EBENENMASKE HINZUFÜGEN. Bestätigen Sie im Dialog die Option AUSWAHL. Der Ebenen-

dialog sollte nun so aussehen. Gegebenenfalls arbeiten Sie mit einem Pinselwerkzeug die Ebenenmaske noch nach.

6 Verdunkeln. Die Gläser sind etwas abgedunkelt. Legen Sie eine neue Ebene mit schwarzer Füllung an. Sie braucht exakt den Umriss der Gläser. Klicken Sie auf die darunter liegende Ebene mit der rechten Maustaste > AUSWAHL AUS MASKE und markieren Sie dann wieder die schwarze Ebene. Wählen Sie AUSWAHL > AUSBLENDEN: 1 Pixel (für eine weiche Kante) und dann AUSWAHL > INVERTIEREN (Strg / Ctrl + I). Drücken Sie Entf , um das restliche Schwarz zu löschen. Abschließend stellen Sie die DECKKRAFT der Ebene auf ca. 20, passend zu den Brillen.

Bildermix
Retinex ▪ Kanalauswahl ▪ Ebenenmaske

Mit der Kombination aus zwei oder mehr Bildern lassen sich im wahrsten Sinne des Wortes fantastische Collagen machen – so fantastisch, dass sie real unmöglich wären. Neben der technischen Feinarbeit ist es dabei oft die größere Herausforderung, zueinander passende Bilder zu finden. Nicht nur die Größe ist dabei relevant, sondern der Stil bzw. die Motive müssen harmonieren. Sonnenuntergänge sind ein dankbares Kombinationsmotiv. Grundsätzlich gibt es bei solchen Montagen kein *unmöglich*! Nur gut aussehen muss es.

◉ bildmix_bruecke.jpg,
bildmix_thailand.jpg

www.diereiter.at/photography

Reinhard Helmer

▽ Was es nicht alles gibt … die Golden Gate Bridge führt in eine thailändische Bucht – der Hubschrauber kreist im Sonnenuntergang von Koh Tao.

Auswahltechnik

Ziel ist es, die relevanten Teile des Vordergrundbilds (Brücke) sichtbar zu lassen und die anderen Bereiche abzudecken. Für die Auswahl der relevanten Teile gibt es mehrere Möglichkeiten: Eine Technik ist die Auswahl nach ähnlicher Farbe mit dem Zauberstab. Bei dieser Brücke

gelingt die Auswahl ganz gut, doch hier war ich mit der Kanalauswahl

Auswahl mit Zauberstab

erfolgreicher. Mit dem Filter RETINEX erhöhte ich zunächst kräftig den Kontrast, erstellte dann eine Auswahl aus Kanal, überführte diese in eine Ebenenmaske und arbeitete dort die Details heraus.

Für welche Auswahltechnik Sie sich entscheiden, ist abhängig von der Aufnahme. Weist sie starke Kontraste auf, versuchen Sie eine Auswahl aus einem RGB-Kanal. Ansonsten kommen Sie um eine manuelle Auswahl mit Pfad, Zauberstab, Schnellmaske etc. nicht herum.

Sonnenuntergänge

Neben der Himmelsammlung (Seite 97) sollten Sie auch über eine reichhaltige Sonnenuntergangssammlung verfügen. Solche Aufnahmen lassen sich stets gut kombinieren.

1+2: Gerald Holoubek / www.media22.at, 3: Robert Steiger

Tipp

1 Duplizieren. Wir starten mit der Brückenaufnahme. Öffnen Sie die Datei und duplizieren Sie zweimal die Hintergrundebene, indem Sie im Ebenendialog ebenso oft auf Duplikat 🖻 klicken. Die mittlere wird unsere Retinex-Hilfsebene, die obere erhält später die Ebenenmaske, blenden Sie sie gleich aus (Klick auf das Auge 👁). Speichern Sie die Datei am besten sofort als xcf-Datei ab.

2 Retinex. Markieren Sie die mittlere Hilfsebene und wählen Sie zur Erhöhung der Kontraste Farben > Retinex.

Wirklich erklären und verstehen kann den Filter nur jemand mit hochmathematischen Kenntnissen (meine reichen dazu nicht aus :-)). Probieren Sie daher die drei Optionen Gleichmässig, Niedrig und

Hoch durch und betrachten Sie das Vorschaubild. Relevant ist, dass das Vordergrundmotiv sich stark von seiner Umgebung abgrenzt. In diesem Fall brachten die folgenden Einstellungen einen guten Kontrast: Option Niedrig mit Skalierung 240, Teilung: 3 und Dynamik 1.2. Bestätigen Sie mit OK.

3 Auswahl aus Kanal. Bleiben Sie auf der Retinex-Ebene, wechseln Sie in den Kanäledialog

und betrachten Sie die Miniaturbilder der drei Kanäle Rot, Grün und Blau. Klicken Sie mit der rechten Maustaste auf jenen Kanal, der den höchsten Kontrast aufweist > Auswahl aus Kanal. Gehen Sie zurück in den Ebenendialog, blenden Sie die oberste Ebene ein (Klick auf das Auge 👁) und klicken Sie dort mit der rechten Maustaste hin > Ebenenmaske hinzufügen. Wählen Sie die

Option Auswahl und – in diesem Fall – Maske invertieren. (Sie fragen sich, warum invertieren? Weil die Brücke schwarz ist – bei einer invertierten Maske gilt dies nun als sichtbar.)

4 Zweites Bild. Laden Sie über Datei > als Ebene öffnen den

Sonnenuntergang und ziehen Sie die Ebene unter die oberste.

5 Feinarbeit. Nun geht es darum, die Auswahl zu verfeinern. Wie üblich verwenden wir

dafür den Pinsel ✏. Verwenden Sie aber hier nun Schwarz, um die untere Sonnenuntergangsebene durchscheinen zu lassen. Die sanften Übergänge im Himmel erzeugen Sie mit dem Pinselmodus

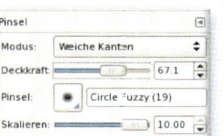

Weiche Kanten, damit werden die Farben gedämpfter dargestellt. Für die Übergänge im Meer nehmen Sie die Deckkraft etwas zurück.

6 Farbabgleich. Das Brückenbild hat einen hohen Blauanteil. dieser passt nicht gut zur rotlastigen Sonnenuntergangsstimmung. Zur Reduktion der blauen Werte öffnen Sie Farben >

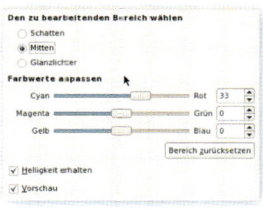

Farbabgleich. Ziehen Sie für die Mitten den Regler Cyan in Richtung Rot. Experimentieren Sie gegebenenfalls auch mit den Lichtern und Schatten und den jeweiligen Farben.

7 Weichzeichnen. Aktivieren Sie das Weichzeichnen-Werkzeug 💧 und pinseln Sie ein wenig über die Inseln am Horizont.

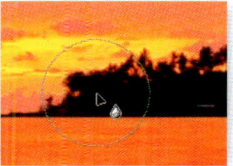

Bitte lächeln!
Ebene zuschneiden ▪ IWarp

Das Porträt ist zu ernst geworden? – Unglaublich, aber mit dem IWarp-Filter von GIMP korrigieren Sie mit ein wenig Übung und Selbststudium vor dem Spiegel auch dies. Lesen Sie hier, wie es funktioniert.

⊙ portrait_laecheln.jpg

▽ Auch auf ein noch so ernstes Gesicht lässt sich mit dem IWarp-Filter ein leichtes Lächeln zaubern.

IWarp

Der IWarp-Filter ist ein äußerst leistungsstarkes Werkzeug. Damit verbiegen und verzerren Sie Bereiche in einem Bild. Zusätzlich lassen sich die Veränderungen als Animation abspielen (*Animated Gif*, siehe auch Dateiformate für Bilder, Seite 19), klicken Sie dazu in das Register ANIMATION – jede Deformierung wird dann automatisch in einer eigenen Ebene abgelegt. Über FILTER > ANIMATION lässt sie sich abspielen bzw. optimieren.

Ein Lächeln erfordert mehr als nur ein wenig Lippen verziehen. Nehmen Sie einen Taschenspiegel zu Hand, bevor Sie mit den Verzerrungen beginnen. Lächeln Sie hinein und beobachten Sie, welche Bereiche des Gesichts sich wie verändern: Die Augen werden kleiner, die Wangen heben sich, der Mund wird breiter, die Lippen schmäler und die Zähne kommen zum Vorschein. Da wir keine Zähne nachträglich in das Foto einbauen, müssen wir darauf achten, dass wir es mit der Biegung der Lippen nicht übertreiben.

Tipp

1 Duplizieren. Ich denke, Sie kennen bereits unseren Start: Duplizieren Sie die Hintergrundebene, indem Sie im Ebenendialog auf DUPLIKAT 🔳 klicken. Speichern Sie die Datei am besten gleich als xcf-Datei ab. Wir arbeiten auf der oberen Ebene weiter.

2 Ebene zuschneiden. Da wir nur einen Teil des Bilds – nämlich das Gesicht – verändern, beschneiden wir die Ebene auf diesen Bereich. Das bringt den Vorteil, dass wir neben einer rascheren Rechenzeit auch noch eine größere

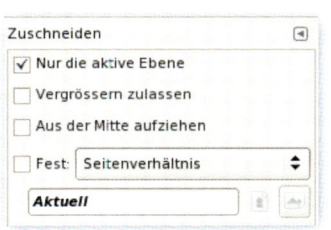

Vorschau im IWARP-FILTER haben. Klicken Sie auf das Zuschneiden-Werkzeug ✂ und haken Sie in den Werkzeugeinstellungen NUR DIE AKTIVE EBENE an. Ziehen Sie einen Rahmen über den Kopf und klicken Sie einmal in den Rahmen zur Bestätigung.

Der Ebenendialog sieht nun so aus: Rund um die obere Ebene befindet

sich Transparenz – erkennbar am Schachbrettmuster. Da die untere

Ebene eingeblendet ist, sehen wir trotzdem das Bild vollständig.

3 IWarp. Öffnen Sie FILTER > VERZERREN > IWARP. Dieser funktioniert wie folgt: Wählen Sie zuerst in der rechten Hälfte des Dialogfensters die Art der Deformierung (Bewegen, Vergrößern etc.) und anschließend ziehen und klicken Sie im linken Vorschaufenster auf den zu deformierenden Bereich. Stellen Sie den Regler DEFORMATIONS-RADIUS auf etwa 25, die DEFORMIERUNG auf 0.11. Mit aktiver Option BILINEAR wird die Deformation weicher.

Beginnen wir mit dem **Mundbereich**. Die Lippen werden beim Lächeln nicht nur hinaufgezogen, sondern auch breiter und die Unterlippe wird schmaler. Aktivieren Sie dazu BEWEGEN und ziehen Sie mit dem Fadenkreuz die Lippen an ihren Enden leicht nach links bzw. rechts und dann erst etwas hinauf. Ich habe die rechte Seite etwas mehr betont – damit wirkt es natürlicher. Dann ziehen Sie noch leicht die Wangen hinauf. Zum

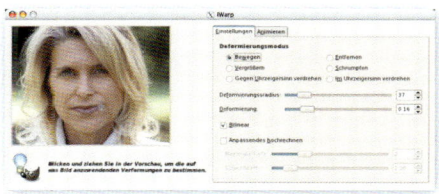

Verschmälern der Unterlippe stellen Sie auf VERKLEINERN um und ziehen Sie sie mit dem Fadenkreuz vorsichtig nach oben.

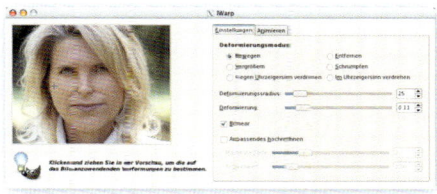

Die **Augen** werden verkleinert. Bleiben Sie also bei der Einstellung VERKLEINERN und ziehen Sie mit dem Fadenkreuz die Augen nach oben. Mit BEWEGEN habe ich die Tränensäcke auch noch etwas hinaufgeschoben – so erhalten die Augen eine leichte sichelförmige Rundung, die man beim Lächeln hat.

Zum Abschluss habe ich in die **Haare** noch etwas Wind hineingebracht. Ziehen Sie mit der Einstellung BEWEGEN die äußeren Haarlocken hinaus. Das schafft einen erfrischenden Gesamteindruck.

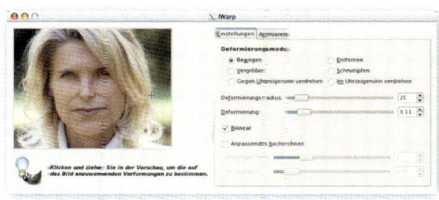

Vielleicht ist es anfangs nicht leicht, mit IWarp den richtigen Effekt hinzubekommen – aber mit etwas Übung und dem Blick in einen Taschenspiegel erzielen Sie rasch erstaunliche Effekte.

4 Spezialeffekte & Text

Täuschen und Tarnen war das Motto in Kapitel 3, Retusche & Montage. Im nun folgenden Kapitel gehen wir noch einen Schritt weiter. Hier geht es nun weniger um naturnahe und möglichst realistische Retuschen, sondern um Zusatzeffekte, quasi um das Sahnehäubchen für Ihre Aufnahmen: So lassen wir zum Beispiel Motive aus dem Rahmen springen, erzeugen Sepia-Tonungen oder verfremden Porträtaufnahmen so, als kämen sie aus einem Modemagazin. Und wir sehen uns an, wie man einfachen Text mit der erstaunlichen Anzahl von Spezialfiltern aufpeppt.

Out of Bounds – aus dem Rahmen

Ausschnitt ▪ Rahmen ▪ Ebenenmaske

(bound, engl. = Rahmen) Bei der Out-of-Bounds-Technik scheint es, als würden Teile des Bilds aus dem Rahmen steigen. Unter *http://www.worth1000.com* gab es dazu mittlerweile den zwölften Wettbewerb (siehe *Contest*) mit erstaunlichen Montagen. Auf diesen Seiten zeige ich Ihnen, wie Sie diesen 3-D-Effekt erzeugen.

💿 out-of-the-bound.jpg

© MEV-Verlag, www.mev.de

1 Duplizieren. Duplizieren Sie die Hintergrundebene, indem Sie im Ebenendialog auf DUPLIKAT 🔲 klicken. Speichern Sie die Datei am besten gleich als xcf-Datei ab. Wir arbeiten auf der oberen Ebene weiter.

2 Ebene zuschneiden. Klicken Sie auf das Zuschneiden-Werkzeug ✎ und haken Sie in den Werkzeugeinstellungen NUR DIE AKTIVE EBENE an. Ziehen Sie einen Rahmen über den Bereich, der später gerahmt werden soll. Klicken Sie einmal in den Rahmen zur Bestätigung.

Falls die Ebene im Ebenenstapel schwarz umrahmt ist, klicken Sie dort mit der rechten Maustaste > ALPHAKANAL HINZUFÜGEN.

3 Neue Ebene. Klicken Sie zum Anlegen einer neuen Ebene im Ebenendialog auf NEUE EBENE 🔲 und bestätigen Sie die Füllart WEISS. Ziehen Sie die weiße Ebene zwischen die beiden aktuell vorhandenen Ebenen.

4 Rahmen erzeugen. Klicken Sie im Ebenendialog mit der rechten Maustaste auf die obere

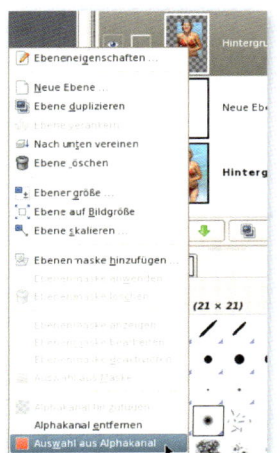

beschnittene Ebene > AUSWAHL AUS ALPHAKANAL.

Klicken Sie im Werkzeugkasten einmal auf die Vordergrundfarbe und stellen Sie Grau ein. Für den Rahmen legen Sie eine weitere NEUE EBENE ⬚ an, diesmal transparent. Klicken Sie auf die *Rahmen*-Ebene (die Auswahl aus dem Alphakanal ist nach wie vor aktiv) und wählen Sie AUSWAHL > VERGRÖSSERN: 1 Pixel, anschließend BEARBEITEN > AUSWAHL NACHZIEHEN: 2 Pixel mit Vollfarbe.

Jetzt vergrößern wir die Auswahl erneut (AUSWAHL > VERGRÖSSERN) um 100 Pixel (abhängig von der Auflösung und der gewünschten Rahmenstärke) – das wird der äußere Rahmen. Klicken Sie im Werkzeugkasten auf die Hintergrundfarbe und stellen Sie Weiß ein, dann BEARBEITEN > MIT HINTERGRUNDFARBE FÜLLEN. (Der Rahmen muss mit der Farbe gefüllt werden, dann können wir anschließend den Schlagschatten per Filter anfertigen lassen.)

Für den äußeren Rand wählen Sie wieder BEARBEITEN > AUSWAHL NACHZIEHEN: 2 Pixel mit Vollfarbe. Der Rahmen ist fast fertig – nur der Schatten fehlt noch: FILTER > LICHT UND SCHATTEN > SCHLAGSCHATTEN. Abhängig von der Auflösung wählen Sie z.B. VERSATZ X/Y: 35,

WEICHZEICHNUNGSRADIUS: 55. GIMP fügt für den Schatten automatisch eine neue Ebene ein.

Heben Sie die Auswahl auf und schieben Sie die beschnittene Ebene im Ebenenstapel ganz nach oben. Sie sehen nun das Bild eingerahmt auf weißem Hintergrund.

5 Ebenenmaske. Duplizieren Sie nochmals die originale Hintergrundebene und ziehen Sie sie unter die oberste beschnittene Ebene. Klicken Sie mit der rechten Maustaste darauf > EBENENMASKE HINZU-

FÜGEN , bestätigen Sie im Dialog SCHWARZ. Jetzt legen wir die Bereiche vorsichtig frei, die aus dem Rahmen fallen sollen.

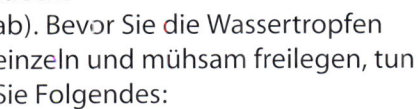

Verwenden Sie dazu den PINSEL 🖌. Mit Weiß legen Sie frei, mit Schwarz korrigieren Sie Fehler (deckt ab). Bevor Sie die Wassertropfen einzeln und mühsam freilegen, tun Sie Folgendes:

6 Wassertropfen. Klicken Sie für die Auswahl der Wassertropfen auf der untersten HG-Ebene (nur diese einblenden) mit dem NACH FARBE AUSWÄHLEN-Werkzeug 🎨 auf einen Tropfen, justieren Sie die

Werkzeugeinstellungen für eine engere bzw. weitere Auswahl. Drücken Sie Strg / Ctrl + C und Strg / Ctrl + V zum Kopieren und Einfügen und anschließend auf NEUE EBENE ⬚ – nun können Sie auf der Ebenenmaske unbehelligt weiterlöschen, die Wassertropfen sind oberhalb gesichert. Verschieben Sie die Tropfen-Ebene ganz hinauf, blenden Sie die restlichen Ebenen wieder ein und bearbeiten Sie die Ebenenmaske weiter.

7 Perspektive. Blenden Sie die weiße Ebene und die unterste HG-Ebene aus, klicken Sie im Ebenendialog mit der rechten Maustaste > NEU AUS SICHTBAREM. Klicken Sie mit dem Perspektive-Werkzeug ⧄ ins Bildfenster und ziehen Sie das Bild an den Ecken zurecht. Achten Sie auf parallele Seiten!

Bilder rahmen
Techniken ▪ Filter ▪ Skripts

Bilder werden durch das Hinzufügen eines Rahmens oft erst richtig zum Blickfang. GIMP bietet dafür jede Menge standardmäßig installierte „Filter" – genauer Skripte –, die ich Ihnen gerne im Folgenden vorstellen möchte. Auch ein paar „handgemachte" Rahmenexemplare sind darunter, die jedoch ebenso flott und leicht zu erstellen sind.

Fotoalbum

1 Weiße Ebene. Klicken Sie im Ebenendialog auf NEUE EBENE und bestätigen Sie die Option WEISS.

2 Auswahl. Drücken Sie Strg / Ctrl + A, um ALLES AUSZUWÄHLEN. Sie sehen den Auswahlrahmen rund um die weiße Ebene „laufen". Wählen Sie AUSWAHL

> VERKLEINERN und geben Sie abhängig von der Auflösung des Bilds einen Wert für die „Rahmenstärke" ein (hier: 45 für ein 550 Pixel breites Bild). Löschen Sie dann den Rest mit Entf bzw. BEARBEITEN > LÖSCHEN.

3 Ausblenden. Reduzieren Sie die DECKKRAFT der weißen Ebene auf ca. 60.

1 Hintergrundfarbe. Das Skript stellt nach Erzeugung der runden Ecken das Ergebnis entweder auf einen transparenten oder auf einen farbigen Hintergrund, wobei diese Farbe automatisch von der aktuell eingestellten Hintergrundfarbe kommt. Legen Sie sie also vorher fest. Klicken Sie dazu im Werkzeugkasten auf das hintere der beiden Farbkästchen und wählen Sie eine Farbe.

2 Filter. Öffnen Sie FILTER > DEKORATION > RUNDE ECKEN. (Ist der Befehl ausgegraut, müssen Sie den ALPHAKANAL der Ebene ENTFERNEN: rechte Maustaste auf die

Ebenenminiatur.) Mit ECKENRADIUS bestimmen Sie die Stärke der Rundung. Aktivieren Sie SCHLAGSCHATTEN HINZUFÜGEN und stellen Sie den Abstand (VERSATZ) zum Bildrand und die Stärke der WEICHZEICHNUNG ein. Mit HINTERGRUND HINZUFÜGEN stellt der Filter das Bild auf die eingestellte Hintergrundfarbe – wenn deaktiviert auf Transparenz. Mit KOPIE ARBEITEN wird automatisch eine neue Datei angelegt – sehr praktisch, um zu probieren, ohne das Original zu verändern.

1 Rand hinzufügen. Fügen Sie als Erstes der Hintergrundebene einen Alphakanal hinzu (Ebenendialog > rechte Maustaste). Öffnen Sie FILTER > DEKORATION > RAND

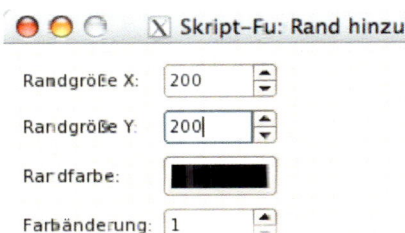

HINZUFÜGEN. Die RANDGRÖSSE richtet sich wie immer nach der Pixelauflösung, soll aber relativ groß werden – hier 200 Pixel für ein 1300 Pixel breites Bild. Die RANDFARBE orientiert sich an der im Werkzeugkasten eingestellten VORDERGRUNDFARBE – sie ist hier jedoch im Gegensatz zum RUNDE-ECKEN-Skript änderbar, indem Sie auf die Farbfläche klicken. Wir verwenden Schwarz. Mit FARBÄNDERUNG wird für jede Seite des Rahmens eine entsprechend dem Wert abweichende Farbe generiert. Wirkt wie ein 3-D-Effekt, den ich persönlich nicht für besonders schön halte. Lassen Sie also hier den Wert 1. Bestätigen Sie mit OK.

HINWEIS

Klicken Sie mit der rechten Maustaste auf das Farbkästchen, um z.B. zur Hintergrundfarbe bzw. auf Weiß oder Schwarz zu wechseln.

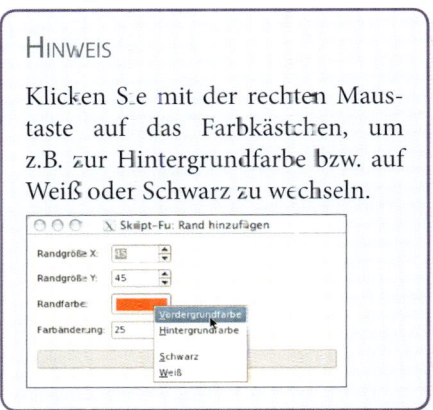

2 Duplizieren. Das Rahmen-skript hat nun automatisch eine Ebene *Border-Layer* angelegt,

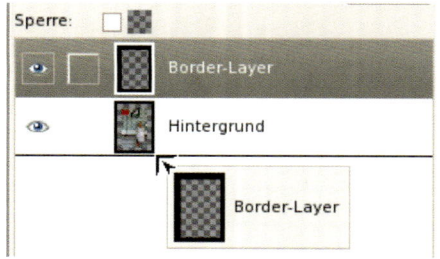

diese liegt zuoberst. Ziehen Sie diese Ebene unter die Hintergrund-ebene ganz hinunter.

3 Auswahl. Klicken Sie im Ebenendialog mit der rechten Maustaste auf die obere Bildebene (darüber liegt nun die Rahmen-ebene) > AUSWAHL AUS ALPHAKANAL.

Damit haben wir exakt das Bild ausgewählt, weil ja der Rand rundherum transparent ist. Wählen Sie nun AUSWAHL > RAND und geben

HINWEIS

Mit dem Befehl AUSWAHL AUS ALPHA-KANAL wird alles das ausgewählt, was nicht transparent ist. Der Alpha-kanal selbst ist im Kanäledialog als Kanal DECKKRAFT abgelegt. Blenden Sie dazu im Ebenendialog nur jene Ebene ein, deren Deckkraft Sie sehen möchten.

Sie bei NEUE AUSWAHL GRÖSSER UM einen etwas kleineren Wert als für den Rahmen im Schritt 1 ein (hier ausgehend von 200 Pixel: 180). Aktivieren Sie die Option KANTEN AUSBLENDEN für den weichen Über-gang. Bestätigen Sie mit OK und löschen Sie mit [Entf] bzw. BEARBEI-

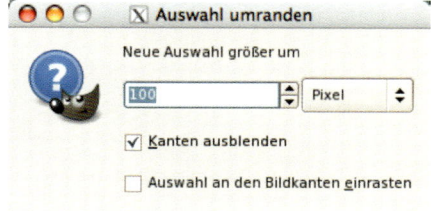

TEN > LÖSCHEN. Das Ergebnis passt noch nicht ganz, Sie sehen teilwei-se Schachbrettmuster. Das korrigie-

ren wir sofort im nächsten Schritt. Heben Sie die Auswahl auf.

4 Färben. Ausgehend davon, dass Sie in der Zwischenzeit die Vordergrund- bzw. Hinter-grundfarbe nicht geändert haben (und eine der beiden nach wie vor Schwarz ist), markieren Sie die unterste Ebene *Border-Layer* und wählen BEARBEITEN > MIT HINTERGRUND-FARBE FÜLLEN (also Schwarz) bzw. [Strg]/[Ctrl] + [.]. Nun ist der Effekt sichtbar.

4 **Weicher Rahmen**

1 Rahmen. Öffnen Sie FILTER > DEKORATION > RAND AUSBLEN-DEN. Legen Sie die FARBE und die Randstärke (RANDGRÖSSE) fest. Mit

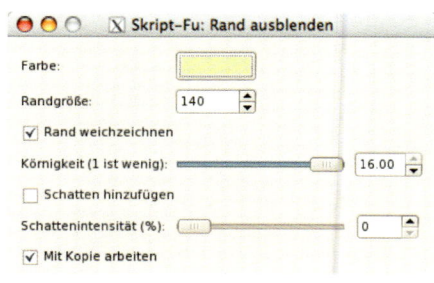

RAND WEICHZEICHNEN und einer hohen KÖRNUNG erreichen Sie diesen verschwommenen Effekt, wie im Beispielbild auf Seite 108. Mit SCHATTEN HINZUFÜGEN wird das Innere des Rahmens mit einem Schatten versehen. Aktivieren Sie MIT KOPIE ARBEITEN, um das Original unverändert zu lassen.

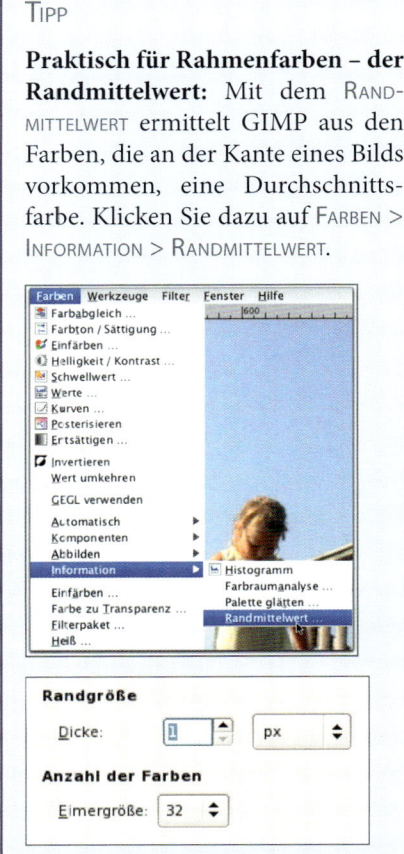
5 Doppelter Rahmen

1 Rand hinzufügen. Der Trick bei diesem Rahmen ist, dass ein Skript zweimal durchlaufen wird. Öffnen Sie FILTER > DEKORATION > RAND HINZUFÜGEN. Im ersten Durchlauf erstellen wir nur einen ganz zarten weißen Rahmen. Stellen Sie RANDGRÖSSE X und Y auf 2 Pixel, die RANDFARBE wird weiß (klicken Sie mit der rechten Maustaste auf das Farbkästchen). Die FARBÄNDERUNG bleibt bei 1 (siehe auch *Alter Film-rahmen*, Seite 109). Bestätigen Sie mit OK. Nach Fertigstellung dieses Rahmens öffnen Sie erneut den Dialog RAND HINZUFÜGEN (⇧ + Strg / Ctrl + F) und stellen Sie nun den dickeren Rahmen ein, z.B. mit RANDGRÖSSE 100 und einer bunten Farbe. Nach Bestätigung mit OK wird er dem vorherigen hinzugefügt.

6 Rahmen-Skript (engl.)

1 Skript laden. Ein praktisches Rahmen-Skript hat Marian Kyral entwickelt. Laden Sie es von *http://registry.gimp.org/node/118* (Line Border, Dateiname: *kyr-Border.scm*) und installieren Sie es wie angegeben (siehe *Erweiterungen installieren*, Seite 40). Das Skript finden Sie unter FILTER > DEKORATION > BORDERS. Starten Sie gegebenenfalls GIMP neu.

2 Rahmen mit Skript erzeugen. Öffnen Sie den Dialog FILTER > DEKORATION > BORDERS > LINE BORDER. Hier haben Sie zahlreiche Kombinationsmöglichkeiten: Unter

TOTAL BORDER SIZE (WIDTH) geben Sie die Rahmenbreite und darunter die Rahmenhöhe ein (Gesamtmaße). Mit LINE SIZE und LINE COLOR definieren Sie die Stärke und Farbe des inneren Rahmens, mit RANDFARBE die des äußeren. Bei aktiviertem FEATHER INNER LINE wird der Innenrahmen abgesoftet (ähnlich wie bei Rahmen Nummer 3).

Sepia-Effekt und mehr
Altes Foto ▪ Einfärben ▪ Skripts

Alte Fotos haben ihren ganz besonderen Reiz. In der digitalen Bildbearbeitung lässt sich dieser Effekt recht schnell nachbauen. Ein Merkmal alter Bilder kann die Sepia-Tonung sein. Sie ist bei alten Fotografien zu sehen, deren dunkle Farbbereiche durch die UV-Strahlung im Laufe der Zeit die charakteristische bräunlich-gelbliche Färbung erhielten. Beim absichtlichen Kolorieren von Schwarzweißbildern hat man den dafür nötigen bräunlichen Farbstoff aus Tintenfischen gewonnen. Zum Glück müssen dafür heutzutage keine Tiere mehr sterben.

💿 sepia-effekt.jpg
packpapier.tif

Erich Gruber

◁
▽ Ein Foto alt erscheinen zu lassen, ist in GIMP ein Kinderspiel. Und auch die verschiedenen Tonungen – darunter links die beliebte Sepia-Tonung – sind einfach herzustellen.

Spezialeffekte

112

Altes Foto

In GIMP erstellen Sie ein „altes Foto" auf Klick mit einem eigens dafür entwickelten Filter, den wir uns in Schritt 1 ansehen. In Schritt 2 habe ich den Effekt noch verstärkt, indem ich zwei Ebenen mit zusammengeknülltem und eingescanntem Packpapier eingefügt habe. Die Packpapierdatei finden Sie auch auf der beiliegenden CD.

1 Filter. Öffnen Sie FILTER > DEKORATION > ALTES FOTO. Mit dem Befehl UNSCHARF STELLEN wird der

☑ Unscharf stellen	
Randgröße:	103 ⬍
☑ Sepia	
☑ Marmorieren	
☑ Mit Kopie arbeiten	

Rand des Bilds – abhängig von der RANDGRÖSSE, die Sie darunter eingeben – weichgezeichnet. Mit SEPIA wird automatisch die bräunlich-grünliche Tonung hinzugefügt und mit MARMORIEREN leichte Störungen. Aktivieren Sie MIT KOPIE ARBEITEN, um das Original

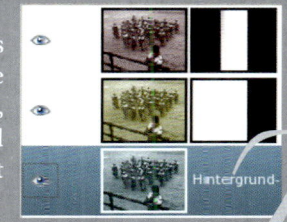

Tipp

unverändert zu lassen. Das Skript legt automatisch eine neue Datei mit dem Effekt an:

2 Optional: Arbeiten mit Packpapier. Wie eingangs erwähnt, verstärken wir den Effekt noch mit zerknittertem Packpapier. Öffnen Sie die Datei (*packpapier.tif*) und wählen Sie BILD > BILD SKALIE-REN. Klicken Sie auf die VERKETTUNG zwischen BREITE und HÖHE, um diese Verbindung aufzuheben, und geben Sie die Bildmaße des „alten Fotos" ein (bei der Skalierung des Packpapiers spielt ein wenig Verzerrung keine Rolle). Ziehen Sie die Hintergrundebene des Packpapiers aus dem Ebenendialog in das alte Foto (siehe auch Ebenentechnik, Seite 35).

Damit die Falten des Packpapiers nicht zu deutlich hervortreten, verwischen Sie sie mit FILTER > RAUSCHEN > VERWIRBELN. Bestätigen Sie die

Standardeinstellung mit OK. Anschließend FILTER > WEICHZEICHNEN > GAUSSSCHER WEICHZEICHNER mit einem RADIUS ca. 30.

Stellen Sie den Ebenenmodus der Packpapierebene auf FASER MISCHEN.

Wenn Sie den Effekt noch verstärken möchten, fügen Sie erneut eine Ebene mit dem Packpapier ein. Ziehen Sie sie unter die oberste Ebene, stellen Sie auch hier den Ebenenmodus auf FASER MISCHEN und reduzieren Sie von dieser mittleren Ebene die DECKKRAFT, z.B. auf ca. 40. Damit regulieren Sie den Knittereffekt ganz genau.

Tonungen mit Einfärben

Mit dem EINFÄRBEN-Dialog stellen Sie die Farbe der Tonung ein. Sie sind damit flexibler als mit dem Alte-Fotos-Skript.

1 Duplizieren. Duplizieren Sie sicherheitshalber die Hintergrundebene, indem Sie im Ebenen-

dialog auf DUPLIKAT klicken. Damit bleibt das Original unverändert bestehen. Markieren Sie jetzt die obere Ebene.

2 Einfärben. Öffnen Sie FARBEN > EINFÄRBEN. Das Bild wird sofort eingefärbt. Justieren Sie mit den Reglern die Tonung – am besten wie folgt: Ziehen Sie zuerst den Regler für die SÄTTIGUNG nach links (eventuell auch leicht nach rechts) und für die HELLIGKEIT nach rechts. Anschließend verändern Sie die Farbe der Tonung über den obersten Regler FARBTON.

Sehen Sie hier die Einstellungen für die verschiedenen Tonungen:

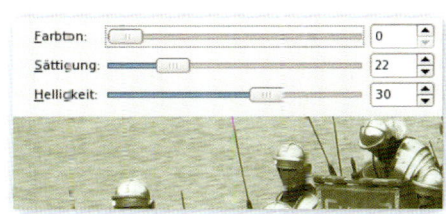

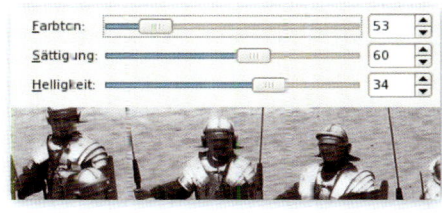

Schwarzweiß
Kolorieren ▪ Entsättigen ▪ Freilegen

Dank der digitalen Bildbearbeitung müssen wir heutzutage keine zwei Kameras mehr herumtragen oder Filme wechseln, um zwischen Farb- und Schwarzweißfotos zu wechseln. Aus jeder Farbaufnahme lässt sich ganz einfach ein hervorragendes Graustufenbild erzeugen – denn auch wenn wir Schwarzweiß sagen, meinen wir natürlich nicht reines Schwarz und Weiß, sondern die Umwandlung in Graustufen. Es gibt mehrere Techniken, ich zeige Ihnen hier einen speziellen Filter und das einfache Entsättigen. Letzteres hat den Vorteil, dass wir Teilbereiche des farbigen Bilds wieder anzeigen können und damit einen ganz eigenen Effekt erzielen.

💿 sw.jpg

Robert Steiger

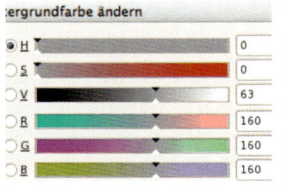

◁ Vor allem bei Detailaufnahmen setzen Sie mit dem partiellen Einfärben einen besonderen Akzent.

Spezialeffekte

Graustufen mit Filter

1 **Filter.** Drücken Sie die Taste D, um die Vordergrund- und Hintergrundfarbe auf Schwarz und Weiß zurückzusetzen. Klicken Sie auf die weiße Hintergrundfarbe und ändern Sie sie auf ein Grau, z.B. HSV: 0, 0, 63. Bestätigen Sie den Farbwähler mit OK und öffnen Sie FARBEN > ABBILDEN > KOLORIEREN. Wie der Name des Filters schon verrät, dient er zum Einfärben von Bildern. Sie können damit also verschiedene Farbfolien über eine Schwarzweißaufnahme legen. Wir nutzen den Filter, um das Gegenteil zu tun, nämlich um einen

Tipp

graustufigen Filter zu erzeugen. Der Dialog ist etwas ungewöhnlich, da er auf der *linken* Hälfte (statt wie üblich auf der rechten) das Ergebnis zeigt. Wenn Sie mehrere Ebe-

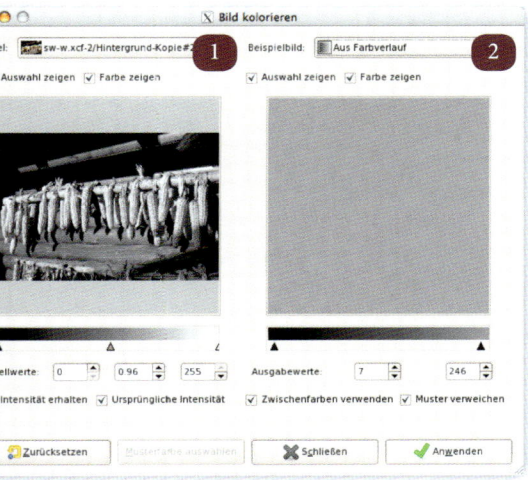

nen in Ihrer Datei haben, wählen Sie aus der Liste ZIEL (1) diejenige aus, die Sie in Graustufen umwandeln möchten. Im Pull-down-Menü BEISPIELBILD rechts daneben (2) wählen Sie den Eintrag AUS FARBVERLAUF. Schieben Sie ganz unten den linken Pfeil für Schwarz ein wenig nach rechts hinein (AUSGABEWERTE: 7). Sie sehen im Vorschaubild links bereits das umgewandelte Graustufenfoto. Lassen Sie INTENSITÄT ERHALTEN und URSPRÜNGLICHE INTENSITÄT aktiv. Bestätigen Sie mit OK. Das Bild wird nun in Graustufen dargestellt.

Der Vorteil gegenüber einer einfachen Umwandlung in GRAUSTUFEN (BILD > MODUS) ist, dass Sie ein detailreicheres Ergebnis erhalten.

Entsättigen

Das Entsättigen kann auf mehrere Arten erfolgen: mit dem Befehl FARBEN > ENTSÄTTIGEN oder mit einer schwarzen Hilfsebene. Wenn Sie den Befehl ENTSÄTTIGEN verwenden, wählen Sie die Option LEUCHTKRAFT, damit erhalten Sie die besten Kontraste. Sehen wir uns nun die Technik mit der schwarzen Hilfsebene an:

1 Ebene anlegen. Drücken Sie die Taste D, um die Vordergrund- und Hintergrundfarbe auf Schwarz bzw. Weiß zurückzusetzen. Schwarz ist die Vordergrundfarbe. Klicken Sie im Ebenendialog auf NEUE EBENE 🗋 und bestätigen Sie die Option VORDERGRUNDFARBE. Stellen Sie den Ebenenmodus dieser Ebene auf SÄTTIGUNG. Das Foto erscheint nun sofort in Graustufen.

2 Radieren. Um nun einzelne Bereiche farbig zu erhalten, aktivieren Sie im Werkzeugkasten den Radierer 🩹. Wählen Sie eine für das freizulegende Motiv passende Werkzeugspitze und

racieren Sie auf der schwarzen Ebene. Damit legen Sie die darunter befindliche farbige Ebene

wieder frei. Wenn Sie zu viel radiert haben, halten Sie Alt gedrückt, um mit UN-RADIEREN das Schwarz wiederherzustellen.

3 Kurven. Markieren Sie die untere Ebene und öffnen Sie FARBEN > KURVEN. Ziehen Sie die Linie wie abgebildet oben leicht hinauf und unten etwas hinunter, um die Kontraste zu verstärken.

4 Farben. Für eine Intensivierung der Farben wählen Sie FARBEN > FARBABGLEICH. Bei diesem Beispielbild habe ich den untersten Regler Richtung Gelb verschoben und so den Kukuruz (Mais!) noch schmackhafter erscheinen lassen.

High-Key
Werte ▪ Invertieren ▪ Ebenenmodus

In der High-Key-Fotografie sammeln sich die Tonwerte im Bereich der Lichter, der Effekt ist aber nicht mit Überbelichtung zu verwechseln. Vielmehr geht es bei der Methode darum, Details verschwinden zu lassen. Die Technik wird gerne in der Werbefotografie eingesetzt. Lesen Sie hier, wie Sie ein ganz normales Foto in High-Key umwandeln.

📀 high-key-model.jpg
high-key_raphael-goetter.jpg

▽ Ausdrucksstarkes Porträt: Mit der High-Key-Methode verschwinden Details (Falten! Hautunreinheiten! Fleckchen!) – Augen und Haare treten dadurch intensiver hervor.

© MEV-Verlag, www.mev.de

1 Kontraste. Öffnen Sie Farben > Werte. Ziehen Sie den linken Regler relativ weit nach rechts hinein, um so die dunklen Bereiche zu intensivieren.

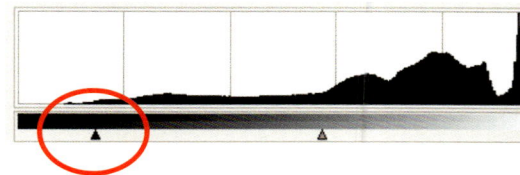

2 Duplizieren. Legen Sie nun ein Duplikat der Hintergrundebene an, indem Sie im Ebenendialog auf Duplikat 🔲 klicken, und speichern Sie die Datei am besten gleich als xcf-Datei ab. Lassen Sie die obere Ebene markiert.

3 Invertieren. Wählen Sie Farben > Invertieren. Damit werden die Farbwerte umgekehrt und in ihre Komplementärfarben umgewandelt. Eine Farbe, die den (Ton-)Wert 10 hatte, wird zu 246.

Low-Key

Von High-Key gibt es natürlich auch das Gegenteil: Low-Key-Aufnahmen. Diese bestechen durch extrem große Schattenbereiche, die Tonwerte sind in den Tiefen sehr hoch und in den Lichtern kaum vorhanden.

www.flickr.com: Ribena Wrath

4 **Ebenenmodus.** Ändern Sie den Ebenenmodus der oberen, invertierten Ebene auf FASER EXTRAHIEREN. Das Ergebnis ist extrem farbintensiv.

5 **Verlauf.** Fügen Sie nun eine neue Ebene ein, klicken Sie dazu im Ebenendialog auf NEUE

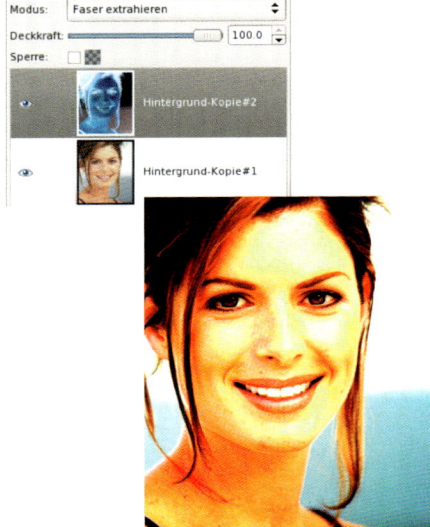

EBENE [ ]. Drücken Sie die Taste [D], um die Vordergrund- und Hintergrundfarbe auf Schwarz bzw. Weiß zurückzusetzen, aktivieren Sie im Werkzeugkasten das Farbverlauf-Werkzeug [ ], vergewissern Sie sich, dass in den Werkzeugeinstellungen VERLAUF VON VG NACH HG (RGB), LINEAR eingestellt ist. Ziehen Sie über die gesamte neue Ebene

einen recht großzügigen Verlauf. Stellen Sie den Ebenenmodus dieser Ebene auf SÄTTIGUNG.

6 **Helligkeit.** Nun verstärken wir noch weiter die Helligkeitswerte. Wechseln Sie im Ebenendialog auf die Ebene mit den invertierten Farben. Öffnen Sie FARBEN > WERTE. Ziehen Sie gegebenenfalls den linken Regler im Bereich der Schatten noch weiter nach rechts. Danach justieren Sie die Stärke der Belichtung mit dem mittleren Pfeil. Ziehen Sie ihn vorsichtig nach rechts – je weiter, desto mehr Details verschwinden auf dem Foto und desto stärker wird der High-Key-Effekt.

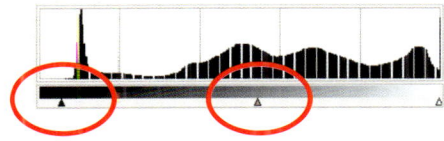

7 **Unscharf Maskieren.** Abschließend schärfen wir die Ebene mit den invertierten Farben noch nach. Öffnen Sie FILTER > VERBESSERN > UNSCHARF MASKIEREN. Sie können hier ruhig etwas überzeichnen. So habe ich hier einen RADIUS von 12.8 bei einer MENGE von 0.5 und keinen SCHWELLWERT genommen.

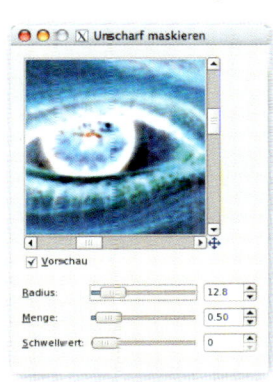

flickr.com/Raphael-Goetter

Das Histogramm eines echten High-Key-Fotos. Die Tonwerte sammeln sich nur in den Lichtern.

Spezialeffekte

117

Nebeleffekt
Nebel erzeugen ▪ Ebenenmaske

Es muss nicht immer klar und kontrastreich sein. Manche Aufnahmen gewinnen gerade dadurch, dass man sie wie durch ein feines Milchglas sieht – sie werden sanfter, die Stimmung wird ruhiger. Man kann sich direkt in diese gedämpfte Lautlosigkeit hineinversetzen. Hier erfahren Sie, wie Sie künstlichen Nebel über ein Foto legen. Übrigens lässt sich dieser Nebel auch für Dampf über Teetassen oder als Zigarettenrauch einsetzen.

💿 nebel-flickr-Sindre-Wimberger-vh.jpg

www.flickr.com – Sindre-Wimberger

▽ Ein Hauch Romantik: Nebel macht Bilder weicher und sanfter.

1 Neue Ebene. Legen Sie über dem Bild eine neue, leere Ebene an. Klicken Sie dazu im Ebenendialog auf NEUE EBENE ⬜ und bestätigen Sie in dem Dialog Ebenenfüllart TRANSPARENZ. Auf dieser Ebene erzeugen wir den digitalen Nebel.

2 Nebel erzeugen. Klicken Sie auf FILTER > RENDER > WOLKEN > PLASTISCHES RAUSCHEN. Lassen Sie ZUFÄLLIGER ANFANGSWERT auf 0, DETAILS auf 1 und sonst auch alles deaktiviert. Stellen Sie die X-GRÖSSE zum Beispiel auf einen Wert zwischen 0.9 und 1.4 und die Y-GRÖSSE auf

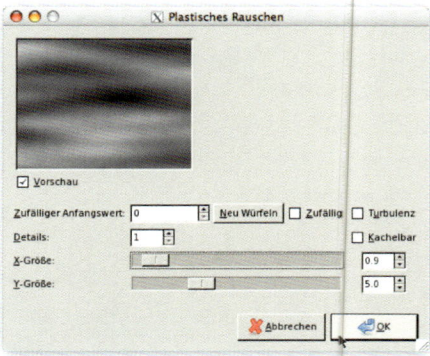

Schlechtes Wetter gibt's nicht

Gehen Sie raus, wenn es nebelig ist, der Raureif an den Bäumen hängt, der Regen sich soeben verzogen hat! Gerade da finden sich ungewöhnliche Motive, ein unscheinbarer, kahler Ast wird zu einer fantastischen Schönheit. Und wie heißt es so schön: Es gibt kein schlechtes Wetter, es gibt nur schlechte Kleidung.

ca. 5. Im Vorschaubild erkennen Sie bereits die weißen Nebelschwaden – den schwarzen Hintergrund müssen Sie sich wegdenken, den entfernen wir im nächsten Schritt.

3 Schwarz entfernen. Bleiben Sie auf der Nebelebene, öffnen Sie FARBE > FARBE ZU TRANSPARENZ. In dem Farbbalken legen Sie fest, welche Farbe „unsichtbar", also transparent, werden soll – falls hier nicht Schwarz eingestellt ist, klicken Sie mit der rechten Maustaste darauf und wählen SCHWARZ. Bestätigen Sie mit OK.

Sie sehen jetzt bereits das Foto überzogen mit dem Nebel und im Ebenendialog sieht die Ebene so aus.

4 Nebel verfeinern. Der Nebel soll nur partiell vorhanden sein – also vor allem im oberen Bereich, beim Boot, über den Bergen. Der Vordergrund kann ruhig etwas klarer bleiben. Das lösen wir, indem wir den Nebel teilweise mit einer Ebenenmaske abdecken.

Klicken Sie im Ebenendialog mit der rechten Maustaste auf die Nebelebene > EBENENMASKE HINZUFÜGEN. Bestätigen Sie WEISS (VOLLE DECKKRAFT). Drücken Sie die Taste D zum Zurücksetzen der Vordergrund- und Hintergrundfarbe auf Schwarz/Weiß, drücken Sie X, um die beiden Farben auszutauschen – Weiß ist die Vordergrundfarbe. Aktivieren Sie das Farbverlaufwerkzeug und stellen Sie in den Werkzeugeinstellungen die Form auf BILINEAR. Achten Sie darauf, dass im Ebenendialog die Ebenenmaske markiert ist (weißer Rahmen). Ziehen Sie nun mit dem Farbverlaufwerkzeug über die Mitte des Bilds den Verlauf auf. Im Ebenendialog sollte das so aussehen:

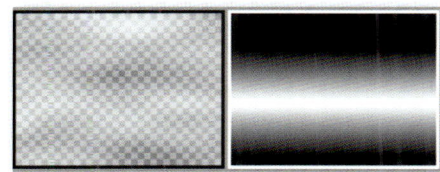

Der weiße Bereich auf der Ebenenmaske lässt den Nebel sichtbar, der schwarze deckt ab. Duplizieren Sie nun diese Ebene, indem Sie im Ebenendialog auf DUPLIKAT klicken.

5 Nebel verstärken. Um die Nebelschwaden zu verändern, spiegeln wir die Ebene. Aktivieren Sie das Spiegeln-Werkzeug und klicken Sie mit der Werkzeugeinstellung HORIZONTAL einmal auf das Bildfenster.

Zum Aufhellen stellen Sie den Ebenenmodus dieser Ebene auf BILDSCHIRM und regulieren Sie die Stärke mit dem Deckkraftregler.

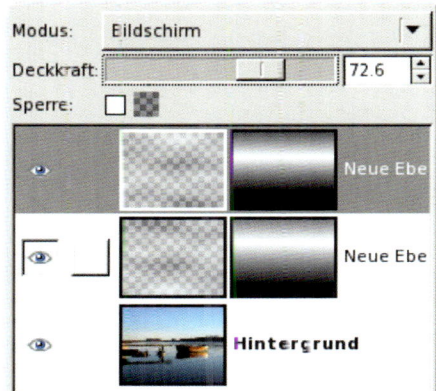

6 Weichzeichnen. Abschließend zeichnen Sie die beiden Nebelebenen noch mit FILTER > WEICHZEICHNEN > GAUSSSCHER WEICHZEICHNER, RADIUS 5, weich.

Spezialeffekte

Holga-Lochkamera-Effekt
Zuschneiden ▪ Verzerren ▪ Plug-in

Die Holga ist eine billige Mittelformatkamera „Made in China", die gerne von experimentierfreudigen Fotografen und Fotografinnen verwendet wird, weil sie in den Aufnahmen alle Fehler vereint, die man normalerweise zu vermeiden versucht: Verzerrungen, Randabschattungen, Unschärfe. Um diesen Effekt in GIMP zu erzielen, gibt es zwei Varianten: Sie verändern das Bild manuell oder Sie installieren das von Jean-Pierre Sutto entwickelte Skript für einen Holga-Effekt per Mausklick.

💿 vespa-holga-effekt-aabalo.jpg

www.flickr.com – aabalo

▽ Der Reiz des Unvollkommenen: Randabschattungen, Unschärfen und vieles mehr. Fotografieren mit der Holga macht Spaß und ist günstig. Versuchen Sie's!

corsa montagna 1985

Schritt für Schritt (händisch)

1 Entsättigen. Natürlich kann man mit einer Holga auch Farbbilder machen, aber die S&W-Aufnahmen sind meist wirkungsvoller. Öffnen Sie daher FARBEN > ENTSÄTTIGEN und wählen Sie die Option LEUCHTKRAFT. Bestätigen Sie mit OK.

2 Verzerren. Nun verzerren wir das Bild ganz kräftig. Öffnen Sie dazu den FILTER > VERZERREN > VERBIEGEN. Hier wenden wir nun drei Verzerrungen an:

Wählen Sie bei KURVE FÜR RAND: UNTERE und ziehen Sie die Linie etwas hinauf.

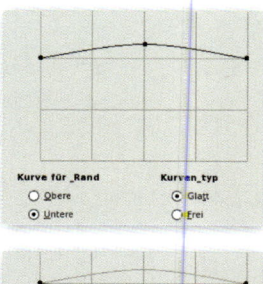

Stellen Sie die KURVE FÜR RAND: auf OBERE und

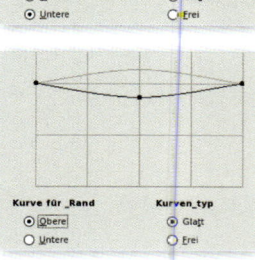

Spezialeffekte

120

Holga-Lochkamera

Es gibt im Web zahlreiche Holga-Interessensgemeinschaften, man diskutiert Bilder, Kameraeinstellungen und bewertet die Ergebnisse gegenseitig, z.B. auf *http://www.holga.net*. Zum besseren Verständnis der Holga-Philosophie hat Andreas Hurni einen Artikel veröffentlicht: *http://www.andreashurni.ch/wuehlkiste/index_holga.html*.

Tipp

ziehen Sie die nun erscheinende zweite Linie etwas hinunter.

Stellen Sie bei EINSTELLUNGEN DREHEN 60.00 (Grad) **(1)** ein und ziehen Sie die Linie links **(2)** hinein.

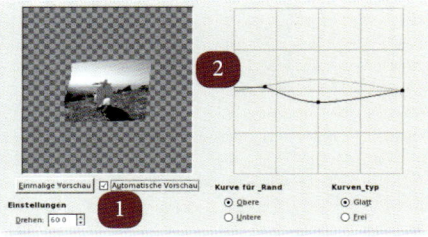

3 Zuschneiden. Für einen quadratischen Ausschnitt aktivieren Sie das Zuschneiden-Werkzeug , bei den Werkzeugeinstellungen FEST und geben Sie bei SEITENVERHÄLTNIS 1:1 ein. Ziehen Sie über das Bildfenster einen Rahmen auf, schieben Sie den Rahmen an eine passende Position und klicken Sie einmal in den Zuschneiderahmen.

4 Bewegungsunschärfe. Öffnen Sie FILTER > WEICHZEICHNEN > BEWEGUNGSUNSCHÄRFE: Klicken Sie auf die Option: ZOOM mit einer LÄNGE von etwa 8.

5 Randabschattungen. Klicken Sie im Ebenendialog auf NEUE EBENE , aktivieren Sie das Farbverlauf-Werkzeug – bei den Werkzeugeinstellungen aktivieren Sie FARBVERLAUF: KREISFÖRMIG. Drücken

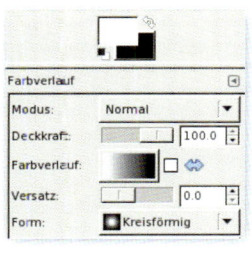

Sie die Taste D zum Zurücksetzen der Vordergrund- und Hintergrundfarbe auf Schwarz/ Weiß, drücken Sie X zum Tauschen der beiden. Ziehen Sie auf der neuen Ebene ca. von der Mitte hinaus in Richtung einer Ecke, der Verlauf kann ruhig aus dem Bildfenster hinausragen.

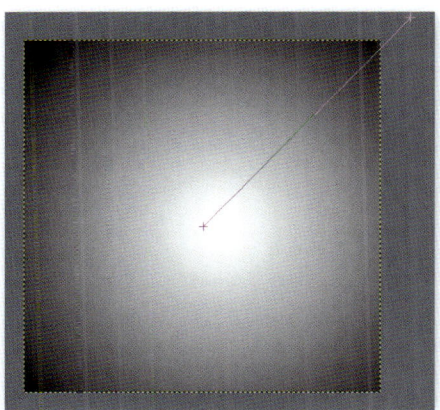

Stellen Sie im Ebenendialog den Ebenenmodus dieser Ebene auf MULTIPLIZIEREN.

6 Werte. Öffnen Sie FARBEN > WERTE. Schieben Sie die äußeren Pfeile links und rechts jeweils

hinein und den mittleren nach links (1.4).

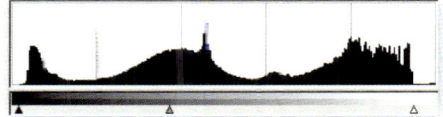

Alternative: Plug-in

Laden Sie das Diana-Holga-Plug-in von *http://registry.gimp.org/node/252*. Wie üblich legen Sie unter Windows die Datei in *C:\Dokumente und Einstellungen\Ihr-Username\gimp-2.6\ scripts* und unter Mac OS X in *~/.gimp-2.6/scripts* (siehe auch *Erweiterungen installieren*, Seite 40). Starten Sie GIMP gegebenenfalls neu. Das Plug-in legt nun als neuer Menüeintrag ~JPS ganz rechts außen vor.

Anwendung

Öffnen Sie den Dialog und bestätigen Sie die Voreinstellungen für einen optimalen Holga-Effekt: BLUR (Weichzeichnen): 2, STRETCH (Ausdehnung): 2, ZOOM: 2, HELLIGKEIT: 3, VIGNETTIERUNG (Randabschattung): 80, MASKE aktivieren.

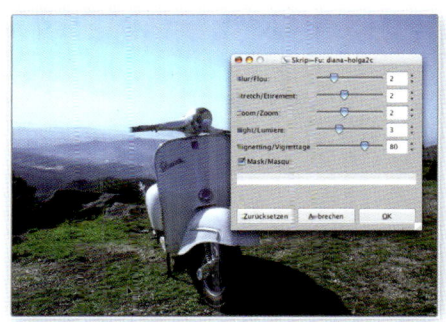

Spezialeffekte

121

Miniatur-Spielzeugeffekt
Schnellmaske ▪ Ebenenmaske ▪ Focus Blur

Der Miniatur-Spielzeugeffekt erweckt den Eindruck, dass das Foto von einem Miniaturmodell anstatt in der großen Realität aufgenommen wurde. Diese scheinbare Makroaufnahme entsteht durch eine starke Reduktion der Schärfentiefe – fokussiert und scharf gestellt wird nur das Hauptmotiv. Windows- und Linux-User/innen installieren sich dafür ein eigenes Plug-in, den Weichzeichner FOCUS BLUR. Für Mac gibt es dieses Plug-in bis dato noch nicht. Sie können sich mit dem normalen GAUSSSCHEN WEICHZEICHNER behelfen, auch wenn das Ergebnis dann nicht so gut wird wie mit dem Plug-in FOCUS BLUR.

💿 toy-effekt.jpg

www.brodegger.at

▽ Der Miniatur-Spielzeugeffekt simuliert eine Modellaufnahme durch Verringerung der Schärfentiefe.

1 Plug-in installieren. Gehen Sie auf *http://osp.wikidot.com/focus-blur* und laden Sie das Plug-in für Ihr Betriebssystem herunter. Folgen Sie bitte den Instruktionen, die auf dieser Seite sehr gut beschrieben sind. Sie finden das Plug-in nach der Installation unter FILTER > WEICHZEICHNEN > FOCUS BLUR.

2 Schnellmaske. Öffnen Sie eine geeignete Datei (siehe dafür auch den Tipp, Seite 123), duplizieren Sie die Hintergrundebene, indem Sie im Ebenendialog auf 🔲 klicken. Klicken Sie zum Aktivieren der SCHNELLMASKE in die linke untere Ecke des Bildfensters (⇧+Q). Das gesamte Bild ist mit einer roten, halbtransparenten Folie überdeckt. Wir erzeugen nun

---

HINWEIS

Zum Ändern der Farbe und Deckkraft der SCHNELLMASKE klicken Sie mit der rechten Maustaste auf das Symbol ▦. Dadurch gelangen Sie in das Menü für die Einstellungen.

Tipps für den Miniatur-Spielzeugeffekt

Am besten funktioniert der Miniatur-Spielzeugeffekt bei Fotos, die aus der Vogelperspektive aufgenommen wurden und über eine hohe Schärfentiefe verfügen. Fokussieren Sie beim Miniatureffekt auf Menschen oder Bereiche in der Bildmitte – also auf jene Zone, die üblicherweise bei Fotos mit geringer Schärfentiefe scharf hervortreten.

mit einem Verlauf eine weiche Auswahl: Aktivieren Sie im Werkzeugkasten das Farbverlaufwerkzeug ▦, drücken Sie die Taste D zum Zurücksetzen der Farben auf Schwarz und Weiß. Stellen Sie in den Werkzeugeinstellungen einen UMGEKEHRTEN Farbverlauf VON VG NACH HG (RGB) ein und die Form BI-LINEAR.

Hier ansetzen und hinaufziehen

Betrachten Sie das Foto und bestimmen Sie den Punkt für den Fokus, für das Hauptmotiv, das scharf bleiben soll. Ziehen Sie von dort weg über das Bildfenster einen großzügigen Verlauf – dieser Bereich sollte hell bleiben, während der Rest mit der roten Folie der SCHNELLMASKE überdeckt bleibt (siehe Abbildung).

Klicken Sie erneut auf das Symbol für die SCHNELLMASKE in der linken

unteren Ecke des Bildfensters, um die Auswahl zu aktivieren.

Wählen Sie AUSWAHL > AUSBLENDEN.

keine Auswahl
Auswahl
keine Auswahl

Geben Sie einen relativ großzügigen Wert ein. Bei einem 1200 Pixel breiten Bild habe ich 20 Pixel ausgeblendet.

3 Ebenenmaske. Um besser Korrekturen durchführen zu können, übertragen wir die Auswahl in eine Ebenenmaske: Klicken Sie im Ebenendialog mit der rechten Maustaste auf die obere Ebene > EBENENMASKE HINZUFÜGEN. Verwenden Sie die Option AUSWAHL. Im Ebenendialog sehen Sie nun in der Ebenenmaske große Bereiche schwarz und die Auswahl weiß.

Hintergrund

4 Weichzeichnen. Markieren Sie die untere Hintergrundebene

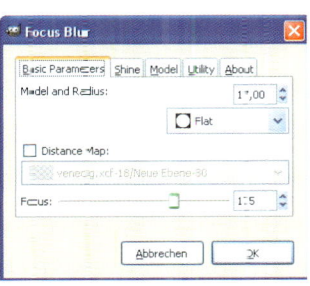

und öffnen Sie FILTER > WEICHZEICHNEN > FOCUS BLUR. Unter MODEL AND RADIUS stellen Sie die Stärke der Weichzeichnung ein zwischen 10 und 20 (hier: 17). Lassen Sie die Option FLAT und bei FOCUS stellen Sie einen mittleren Wert ein (hier: 175). Bestätigen Sie mit OK. Die untere Ebene wird weichgezeichnet. Sichtbar bleibt der von der Ebenenmaske freigelassene (weiße) Fokusbereich.

5 Feinarbeiten. Abschließend können Sie noch etwas nacharbeiten. Wechseln Sie auf die Ebenenmaske und malen Sie mit der Sprühpistole ✎ und weißer Vordergrundfarbe über die Bereiche, die zusätzlich noch etwas stärker hervorkommen sollen, bzw. mit schwarzer Farbe, um abzudecken und damit die untere weichgezeichnete Ebene durchscheinen zu lassen.

Stellen Sie über FARBEN > KURVEN die Lichter etwas auf, indem Sie die Linie im oberen Drittel nach oben ziehen.

Pseudo-HDR
Definition ▪ Techniken ▪ DRI-Skript

HDR steht für High Dynamic Range – dabei wird ein (ruhiges!) Motiv mit verschiedenen Belichtungen aufgenommen und schließlich in einem Bildbearbeitungsprogramm zu einem neuen Bild zusammengeführt. Dieses HDR-Bild enthält dadurch den vollen Dynamikbereich – also das Beste von allem: detailreiche Schatten und volldurchgezeichnete Lichter. Es gibt eine breite Definition, was nun genau als HDR gilt, maßgeblich sind die Bit-Anzahl und das Verhältnis im Helligkeitsbereich. Da GIMP nur 8 Bit pro Kanal unterstützt, simulieren wir die HDR-Technik: Korrekt gesagt handelt es sich um einen niedrigen Dynamikbereich, da man die Bezeichnung HDR nur für 16 Bit pro Kanal verwendet.

⊙ hdr-pool-+2.jpg
  hdr-pool-0.jpg
  hdr-pool--2.jpg

+2 EV

0 EV

-2 EV

Reinhard Helmer

△ Der Balcón de Jandia auf Fuerteventura lädt zum Relaxen ein. Das Ergebnis mancher Zusammenführungen sind surreale, hyperperfekte Bilder.

Techniken

Es gibt mehrere Techniken zum Zusammenführen der Belichtungsreihen. Prinzipiell geht es darum, das Beste von allen Bildern in einem neuen zu subsummieren. Die einzelnen Bilder werden zunächst als Ebenen übereinandergeschichtet – eine Möglichkeit wäre, aus dem dunkleren Bild, das über dem hellen liegt, die Schattenbereiche wegzuradieren.

Wir sehen uns in diesem Kapitel zwei verschiedene Methoden an, die etwas flotter als Radieren funktionieren: Die erste arbeitet mit Kurven und Ebenenmodi und die zweite mit Ebenenmasken. Für die zweite Technik gibt es von Martin Egger sogar ein Skript, das den Vorgang automatisiert: Laden Sie unter *http://registry.gimp.org/node/113* das DRI (Dynamic Range Increase)-Skript. Die Datei (*Eg-DynamicRangeIncrease.scm*) finden Sie auch auf der beiliegenden CD. Installieren Sie sie wie unter *Erweiterungen installieren*, Seite 40, angegeben.

Tipps für die HDR-Aufnahmen

Bei der Wahl des Motivs ist es wichtig, dass es über differenzierte Schatten und Lichter verfügt. Verwenden Sie zur Aufnahme der Belichtungsreihen unbedingt ein Stativ. Benötigt werden mindestens zwei, besser noch drei Bilder: Für die verschiedenen Belichtungen stellen Sie auf Ihrer Kamera EV (= Exposure Value = Belichtung) einmal auf mindestens -2 und einmal auf mindestens +2. Unterstützt Ihre Kamera Belichtungsreihen, verwenden Sie diese oder stellen Sie verschiedene Belichtungszeiten ein.

Variante 1: Kurventechnik

1 Ebenen anordnen. Öffnen Sie als Erstes die hellste Datei, die weiteren fügen wir über das Menü DATEI > ALS EBENE ÖFFNEN

ein. Nehmen Sie als Nächstes die mittlere Belichtung und als Drittes die dunkelste Datei. Der Ebenenstapel sollte also so aussehen wie in der Abbildung links.

2 Helle Ebene. Blenden Sie nur die unterste Ebene ein (siehe Tipp). Von ihr benötigen wir nur die Tiefen. Öffnen Sie FARBEN > KURVEN. Ziehen Sie die Kurve im Bereich der Lichter wie unten abge-

---

TIPP

Um in einer Reihe von Ebenen nur eine einzige sichtbar zu lassen und alle anderen auszublenden, klicken Sie im Ebenendialog mit ⇧ auf das Auge 👁 vor dieser einen Ebene. Dadurch blenden Sie alle anderen aus. Wenn Sie nochmals mit ⇧ auf das Auge dieser Ebene klicken, kehren Sie die Ebenensichtbarkeit um.

---

bildet ganz stark hinunter. Bestätigen Sie mit OK.

Ja – und es ist korrekt, wenn das Ergebnis so aussieht:

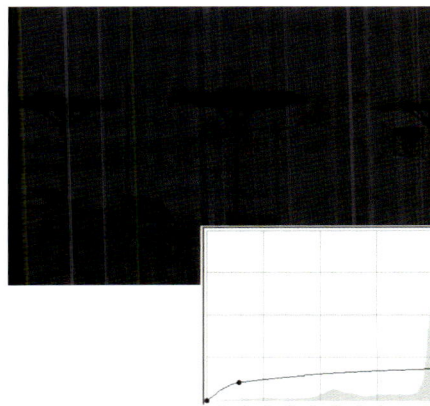

3 Mittlere Ebene. Wechseln Sie auf die mittlere Ebene, blenden Sie sie ein und stellen Sie den Ebenenmodus auf BILDSCHIRM. Damit bleiben die Tiefen und Lichter der unteren Ebene erhalten.

4 Dunkle Ebene. Klicken Sie nun die oberste Ebene an, blenden Sie sie ein und öffnen Sie FARBEN > KURVEN. Von dieser dunklen Ebene benötigen wir nur die Lichter: Ziehen Sie also die Kurve extrem hinauf. Bestätigen Sie mit OK und

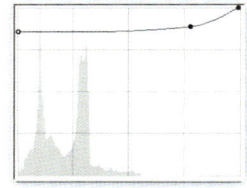

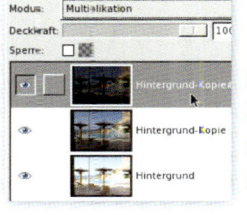

stellen Sie den Ebenenmodus auf MULTIPLIZIEREN.

5 Kontraste verstärken. Meist wirkt das Bild noch etwas matt – daher verstärken wir

abschließend die Kontraste noch etwas. Klicken Sie im Ebendialog mit der rechten Maustaste auf eine der Ebenen

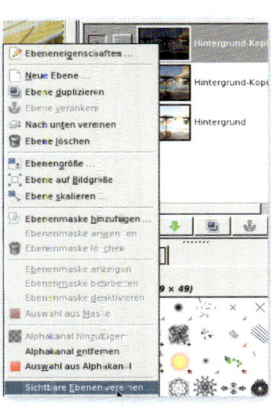

> SICHTBARE EBENEN VEREINEN. Bestätigen Sie den Dialog und öffnen Sie FARBEN > KURVEN erneut. Biegen Sie die Linie

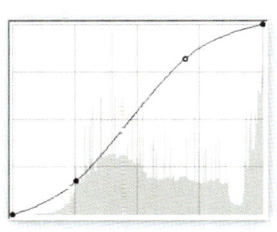

vorsichtig zu einer leichten S-Form. Ziehen Sie sie im Bereich der Lichter leicht hinauf und im Bereich der Schatten etwas hinunter.

Lesen Sie auf der nächsten Seite weiter, wie Sie mit nur zwei Belichtungen verfahren.

DRI bei Nachtaufnahmen. Das linke obere Bild wurde mit 8 Sekunden belichtet, das untere mit 2 Sekunden. Beim dunklen sind die hellen Bereiche überbelichtet, dafür die dunklen optimal belichtet. Beim zweiten Bild sind die hellen Bereiche optimal. Die hier vorgestellte Technik montiert aus den beiden Bilder das beste zu einem zusammen (oben). ▷

Variante 2: Ebenenmaske

1 Ebenen anordnen. Öffnen Sie als Erstes die dunkle Datei in GIMP. Die zweite, hellere holen wir über DATEI > ALS EBENE ÖFFNEN (Strg / Ctrl + Alt + O). Nennen

Sie die untere Ebene *dunkel* und die obere *hell*. Der Ebenenstapel sollte also folgendermaßen aussehen:

2 Ebenenmaske. Klicken Sie im Ebenendialog mit der rechten Maustaste auf die obere *hell*-Ebene > EBENENMASKE HINZUFÜGEN.

Bestätigen Sie in dem Dialog WEISS (VOLLE DECKKRAFT).

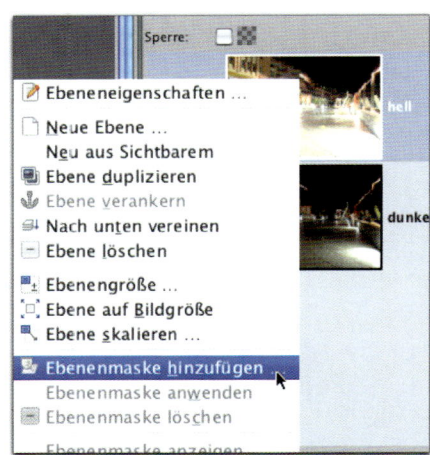

3 Kopieren & Einfügen. Markieren Sie nun die untere *dunkel*-Ebene, wählen Sie AUSWAHL > ALLES AUSWÄHLEN (Strg / Ctrl + A) und BEARBEITEN > KOPIEREN (Strg / Ctrl + C).

Klicken Sie bei der oberen *hell*-Ebene nun auf die weiße Ebenenmaske. (Wichtig! Es darf **nicht** das Miniaturbild der Ebene markiert sein, sondern wirklich die Ebenenmaske.) Wählen Sie BEARBEITEN > EINFÜGEN (Strg / Ctrl + V).

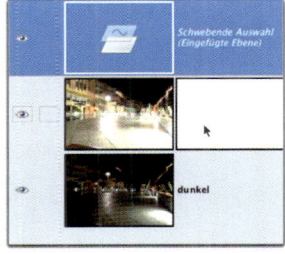

Verankern Sie diese schwebende Auswahl mit Klick auf den ANKER ⚓ am unteren Ende des Ebenendialogs.

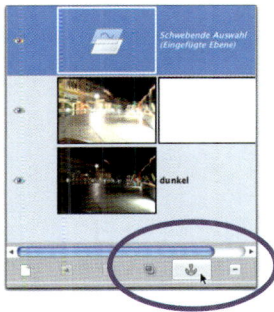

Sie sehen nun die Graustufenkopie der *dunkel*-Ebene auf der Ebenenmaske abgebildet. Im Prinzip sind wir fertig.

4 Farben. Leider leiden bei dieser Technik häufig die Farben. Um sie etwas aufzufrischen, markieren Sie das Miniaturbild der

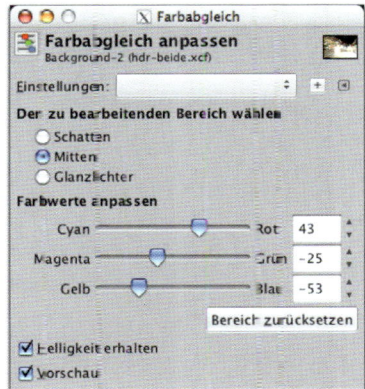

oberen *hell*-Ebene und wählen Sie FARBEN > FARBABGLEICH. Bearbeiten Sie hier vor allem die Mitten und die Glanzlichter bzw. hellen Sie das Bild gegebenenfalls über FARBEN > KURVEN oder WERTE auf.

DRI-Skript

Wie eingangs erwähnt, gibt es für diese Variante ein Skript (*http://registry.gimp.org/node/113*). Nach der Installation finden Sie es unter FILTER > EG > DYNAMIC RANGE INCREASE. Voraussetzung ist, dass Sie die Belichtungsebenen *hell* und *dunkel* bereits in einer Datei eingefügt haben (hier Schritt 1). In der Dokumentation steht, dass die dunkle Ebene oben liegen soll – auch diese Variante können Sie natürlich probieren. Bei mir war das Ergebnis jedoch stets umgekehrt – dunkel unten – besser.

Texteffekte
Pfad ▪ Schlagschatten ▪ 3-D

Wie Sie einfachen Text schreiben, formatieren und ändern, haben Sie bereits im Kapitel GIMP-Grundlagen, Text (siehe Seite 38) erfahren. Hier beschäftigen wir uns mit den Effekten für Schriftzüge: Ich zeige Ihnen, wie Sie Text wellenförmig schreiben, einem Text ruck, zuck einen Schatten hinzufügen und ihn damit plastischer wirken lassen und etwas ganz Besonderes: Wir bauen uns einen dreidimensionalen Schriftzug und beleuchten ihn (siehe Seite 131).

Apropos Texteffekte: Probieren Sie doch auch die zahlreichen Skripte aus, zu finden über FILTER > ALPHA ALS LOGO. Damit können Sie Text einen Chromeffekt hinzufügen, mit Kuhflecken versehen, ein Lava-Muster hinzufügen und weitere sowohl witzige als auch schöne Effekte ausprobieren.

◉ text_wellig.jpg

Schlagschatten

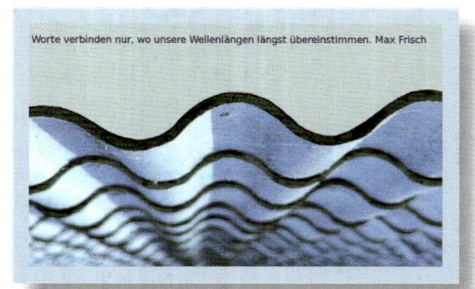

◁ Betrachten Sie das Bild und die Botschaft und überlegen Sie sich dann einen Effekt dazu.

Schlagschatten

1 **Text.** Aktivieren Sie das Textwerkzeug, stellen Sie die Schriftgröße so ein, dass rundherum noch genug Platz für den Schatten ist. Nachdem Sie den Text getippt haben, passen Sie gegebenenfalls die Schriftgröße noch

genauer an. Bestätigen Sie der Texteditor mit SCHLIESSEN.

2 **Schlagschatten.** Wählen Sie FILTER > LICHT UND SCHATTEN > SCHLAGSCHATTEN. Mit VERSATZ legen Sie den Abstand des Schattens zur Schrift fest. Ein positiver X-Wert zeigt den Schatten rechts, ein negativer links an. Mit Y-Versatz stellen Sie den Abstand nach oben (negativ) bzw. nach unten ein. Je

Fingerakrobatik

Wenn Sie beim Pfad zum Herausziehen eines Markers aus einem Punkt zusätzlich zu [Strg]/[Ctrl] auch noch die [⇧]-Taste drücken, erhalten Sie gleich auf beiden Seiten des Punkts Marker und können damit beide Segmente – das linke und das rechte – biegen.

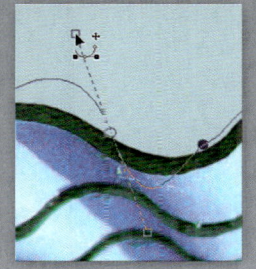

Tipp

höher der WEICHZEICHNERRADIUS und je geringer die DECKKRAFT, desto wei-

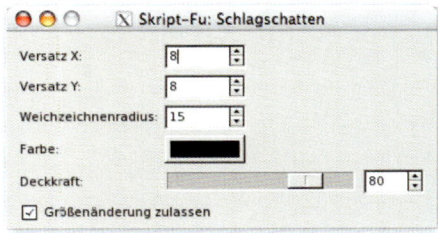

cher wird das Ergebnis. Bei Farbe bleiben Sie am besten bei Schwarz. Nach der Bestätigung mit OK legt das Skript automatisch eine neue Ebene (*Drop Shadow*) im Ebenendialog an. Mit dem DECKKRAFT-Regler der Schatten-Ebene justieren Sie die Stärke des Effekts nach.

Wellentext – Text an Pfad

Der wellenförmige Text in dem Foto orientiert sich an einem Pfad, der zuvor angelegt wird.

1 **Pfad.** Aktivieren Sie im Werkzeugkasten das Pfadwerkzeug. Klicken Sie damit für einen ersten Anker. Klicken Sie etwas weiter weg für den zweiten Anker – eine Verbindungslinie zwischen

den beiden erscheint. Um aus der Linie eine Kurve zu formen, halten

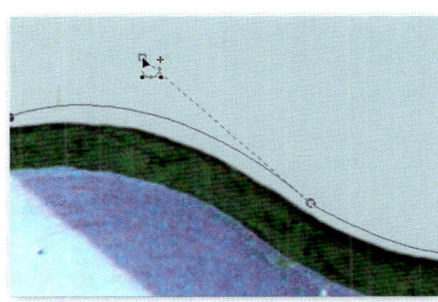

Sie [Strg]/[Ctrl] gedrückt – in den Werkzeugeinstellungen ist nun der BEARBEITEN-Modus aktiv. Ziehen Sie mit gedrückter Maustaste aus dem zweiten Punkt einen *Griffpunkt* nach unten. Noch hat sich nichts verändert! Warum? Weil dieser Griffpunkt die Darstellung für das nächste Segment (sprich die Verbindung zum dritten Punkt) bestimmt. Halten Sie also weiter [Strg]/[Ctrl] gedrückt und ziehen

HINWEIS

Wenn Sie während der Arbeit mit dem Pfadwerkzeug das Werkzeug wechseln (z.B. zur Lupe), verschwindet der Pfad. Aber keine Sorge! – Sie müssen nicht von vorn beginnen: Wechseln Sie in den Pfad-Dialog. Dort ist der Pfad noch abgelegt – jedoch ausgeblendet. Klicken Sie auf das Kästchen vor dem Pfad (Auge 👁), um ihn sichtbar zu machen. Klicken Sie im Bildfenster mit dem Pfadwerkzeug auf eine Pfadlinie, nun können Sie fortsetzen.

Sie den zweiten Marker aus dem Punkt heraus – ziehen Sie nach oben – damit biegt sich nun die Linie zu einer Kurve hinauf. Ziehen Sie nach links und rechts, um die Stärke der Biegung zu bestimmen.

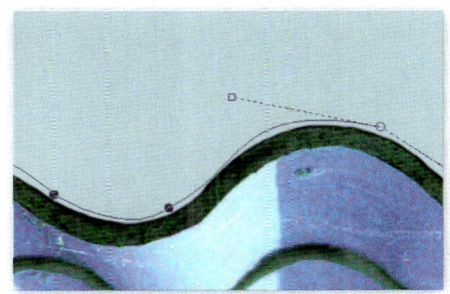

Setzen Sie fort mit dem nächsten Segment: Klicken Sie ohne [Strg]/[Ctrl]-Taste – also im DESIGN-Modus – zuerst einmal auf den letzten Anker – damit ist es markiert und die Verbindung zum nächsten Anker gegeben. Klicken Sie etwas weiter weg für den dritten Anker. Mit [Strg]/[Ctrl] holen Sie aus dem dritten Punkt erneut einen Griffpunkt, dann den zweiten und justieren wieder die Kurve. Mit etwas Übung und Probieren werden Sie es schnell heraushaben!

2 **Text.** Jetzt wird's wieder einfacher: Schreiben Sie den Text. Stellen Sie die Textgröße so ein, dass der Schriftzug etwas länger als der Pfad wird,

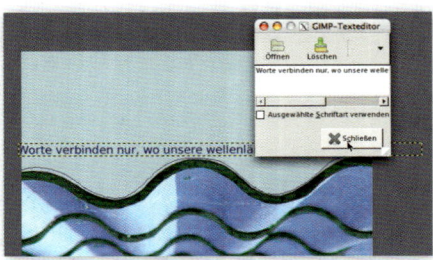

da er durch die Krümmung dann ja verkürzt wird. Klicken Sie in den Werkzeugeinstellungen des Textwerkzeugs auf die Schaltfläche TEXT AN PFAD. Der Text krümmt sich nun entlang des Pfads. Dieser gekrümmte Text ist aber einstweilen nur ein leerer Pfad, der noch

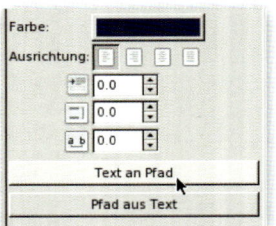

mit Farbe gefüllt werden muss. Bestätigen Sie also den Texteditor mit SCHLIESSEN. Blenden Sie im Ebenendialog die Textebene aus (Klick auf das Auge 👁). Legen Sie eine neue transparente Ebene an.

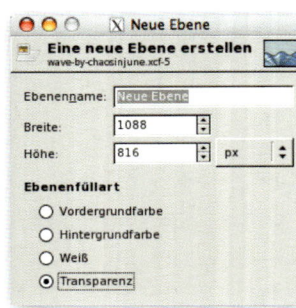

HINWEIS

Sind mehrere Pfade angelegt, verwendet GIMP automatisch den Pfad, der zuoberst im Pfaddialog liegt, unabhängig davon, ob er sichtbar ist oder nicht.

3 **Mit Farbe füllen.** Stellen Sie eine Vordergrundfarbe ein, mit der Sie den Text füllen möchten. Wechseln Sie in den Pfaddialog, klicken Sie mit der rechten Maustaste auf den oberen Pfad (das ist der Text) > AUSWAHL AUS PFAD.

Der Text im Bildfenster beginnt zu „laufen". Klicken Sie zurück in den Ebenendialog auf die transparente Ebene. Wählen Sie BEARBEITEN > MIT VORDERGRUND-FARBE FÜLLEN (Strg / Ctrl + ,). Heben Sie die Auswahl auf (⇧ + Strg / Ctrl + A). Wenn Sie noch Linien sehen, blenden Sie im Pfaddialog den Pfad aus (Auge 👁) bzw. wechseln Sie auf ein anderes Werkzeug.

---

4 **Ebene zuschneiden**. Die Pfad-Text-Ebene erstreckt sich noch über das gesamte Bildfenster. Damit sie handlicher wird, wählen Sie EBENE > EBENE AUTOMATISCH ZUSCHNEIDEN. Nun können Sie den Text mit dem Verschiebenwerkzeug ✛ noch genauer positionieren.

3-D-Text

1 **Text.** Legen Sie eine neue Datei an (z.B. 1000 x 1000 Pixel), Füllart schwarz. Schreiben Sie den Text mit grauer Schriftfarbe. Verwenden Sie dazu eine richtig dicke, fette Schriftart, z.B. Arial Black. Duplizieren Sie diese Textebene – klicken Sie dazu im Ebenendialog auf DUPLIKAT 🖼 – das wird eine temporäre Hilfsebene.

2 **Weichzeichnen.** Markieren Sie die obere Ebene und öffnen Sie FILTER > WEICHZEICHNEN > GAUSSSCHER WEICHZEICHNER. Geben Sie einen relativ hohen Radius von ca. 20 Pixel ein (bei einer Textgröße von 600 Pixel). Bestätigen Sie mit OK.

3 **Bump Map.** Markieren Sie im Ebenendialog die untere Ebene – also die Textebene ⊞ – und öffnen Sie FILTER > ABBILDEN > BUMP-MAP.

Wichtig! Wir wenden diesen Filter auf die *weichgezeichnete Ebene* an, auch wenn die Textebene aktiv ist. Klappen Sie dazu das BUMP-

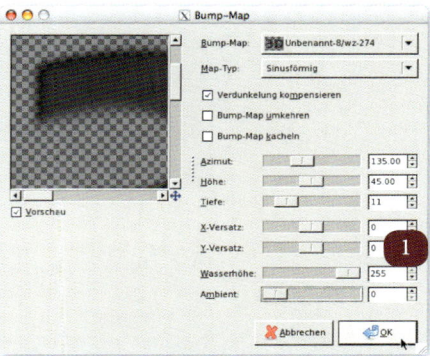

MAP **(1)**-Pull-down-Menü auf und wählen Sie die weichgezeichnete Ebene. Klicken Sie bei MAP-TYP auf Sinusförmig, AZIMUT: 135, HÖHE: 45, TIEFE: 11, WASSERHÖHE: 255. Bestätigen Sie mit OK.

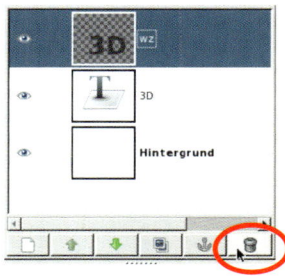

Markieren Sie die weichgezeichnete Hilfsebene und löschen Sie sie (Klick auf den Papierkorb). Sie sollten nun schon einen leichten 3-D-Effekt sehen.

4 **Noch mehr 3-D.** Aber das ist uns noch zu wenig. Markieren Sie die Textebene und wählen Sie FILTER > WEICH-ZEICHNEN > WEICHZEICHNEN. Duplizieren Sie nun die Textebene einmal, wech-seln Sie zum Verschiebenwerkzeug

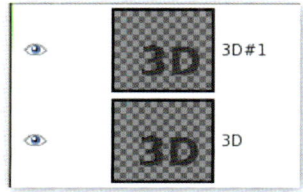

– Sie brauchen dazu nur die Taste M zu drücken – und bewegen Sie den Text mit den Pfeiltasten Ihrer Tastatur. Drücken Sie dreimal nach rechts und dreimal nach unten. Wiederholen Sie den Schritt: Duplizieren und 3 Pixel nach rechts und nach unten verschieben. Nun ist der Text schon wesentlich erhabener.

5 **Lichteffekt.** Für die Licht-effekte dürfen wir nur mehr eine Ebene haben. Blenden Sie die Hintergrundebene aus und klicken Sie im Ebenendialog mit der rech-ten Maustaste auf eine der oberen Ebenen > SICHTBARE VEREINEN.

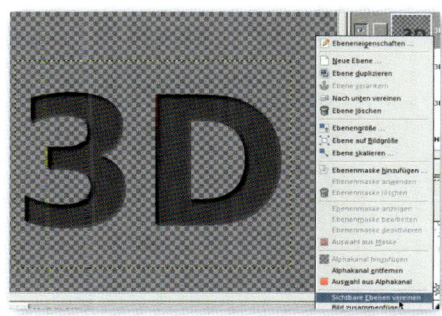

Öffnen Sie FILTER > LICHT UND SCHAT-TEN > LICHTEFFEKTE. Im Vorschaufens-ter sehen Sie einen kleinen blauen Punkt. Dieser stellt die Lichtquelle

dar. Ziehen Sie ihn herum und be-obachten Sie die Veränderungen. Ich habe in diesem Fall den Text von unten beleuchtet und daher den Punkt an der unteren Kante zwischen die beiden Buchstaben gezogen. Bestätigen Sie mit OK.

6 **Verstärken.** Um den Effekt noch mehr zu verstärken, duplizieren Sie die Ebene mit dem Schriftzug und stellen Sie den Ebe-nenmodus auf ADDITION. Schwächen Sie den Effekt mit dem DECKKRAFT-Regler ab (hier: ca. 40).

Text mit Bildfüllung
Text ▪ Alphakanal ▪ Nachziehen

Text mit Bildmaterial zu füllen, ist ein witziger Effekt und wirkt vor allem dann, wenn Sie ein thematisch passendes Bild haben – so wie in diesem Beispiel die Pasta. Weitere Ideenanreize: das Wort *Entspannung* mit einer grünen Wiese zu hinterlegen oder Luftballons für das Wort *Einladung*. Lassen Sie Ihrer Fantasie freien Lauf!

1 Foto & Vorbereitungen.
Öffnen Sie das Bild, aus dem Sie den Text formen möchten. Bevor wir den Text schreiben, sind noch ein paar kleine Vorbereitungen zu treffen: Klicken Sie im Ebenendialog mit der rechten Maustaste auf die Ebene des Fotos > ALPHAKANAL HINZUFÜGEN. Danach legen Sie eine neue weiße Ebene an. Klicken Sie im Ebenendi-

alog auf NEUE EBENE 🗋 und bestätigen Sie die Ebenenfüllart WEISS. Ziehen Sie die Ebene im Ebenendialog *unter* das Foto, markieren Sie die obere Ebene. Speichern Sie die Datei am besten als xcf-Datei ab.

2 Text. Ausgehend von der oberen Nudelebene aktivieren Sie im Werkzeugkasten das Textwerkzeug **A**. Wählen Sie in den Einstellungen darunter eine möglichst dicke Schriftart – z.B. ARIAL BLACK. Stellen Sie die SCHRIFTGRÖSSE abhängig von der Auflösung

sehr groß ein, hier sind es ca. 571 Pixel. Die Schriftfarbe hat in d esem Fall keine Relevanz. Ziehen Sie im Bildfenster den Textrahmen und

tippen Sie den gewünschten Text in den Texteditor und ziehen Sie den Text mit dem Textwerkzeug an eine geeignete Position. Bestätigen Sie den Texteditor mit SCHLIESSEN.

Anschließend wählen Sie EBENE > EBENE AUF BILDGRÖSSE, um mehr Arbeitsfläche rund um den Text zu bekommen.

3 **Auswahl.** Klicken Sie im Ebenendialog mit der rechten Maus auf die Textebene 1 > AUSWAHL AUS ALPHAKANAL. Sie sehen den Auswahlrahmen rund um den Schriftzug laufen. Markieren Sie im Ebenendialog die Ebene mit dem Foto. Wenn Sie noch Platz rund um den Text und zwischen den Buchstaben haben, können Sie die Auswahl auch noch vergrößern:

AUSWAHL > VERGRÖSSERN und so den Text noch fetter machen.

Blenden Sie die Textebene aus, indem Sie im Ebenendialog auf das Auge 👁 klicken, und markieren Sie die Fotoebene darunter. Die

> TIPP
>
> Zusätzliche Spezialeffekte erhalten Sie, indem Sie z.B. die AUSWAHL > AUSBLENDEN und so für eine weiche Kante sorgen oder mit AUSWAHL > VERZERREN einen unregelmäßgen Rand erzeugen.

Auswahl läuft jetzt über dem Foto weiter. Wählen Sie AUSWAHL > INVERTIEREN und anschließend löschen Sie das Foto außerhalb des Textes

mit Enter bzw. BEARBEITEN > LÖSCHEN. Invertieren Sie erneut die Auswahl (Strg / Ctrl + I) .

4 **Textrand.** Jetzt umrahmen wir noch den Text. Lassen Sie die Auswahl aktiv, während Sie im

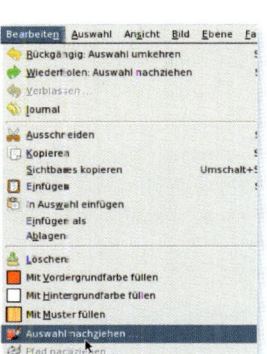

Werkzeugkasten auf die Vordergrundfarbe klicken und eine passende Farbe aussuchen.

Bestätigen Sie den Farbselektor mit OK und klicken Sie in BEARBEITEN > AUSWAHL NACHZIEHEN. Stellen Sie die LINIENBREITE auf 2 Pixel (abhängig von der Auflösung Ihres Bilds). Schließen Sie den Dialog mit NACH-

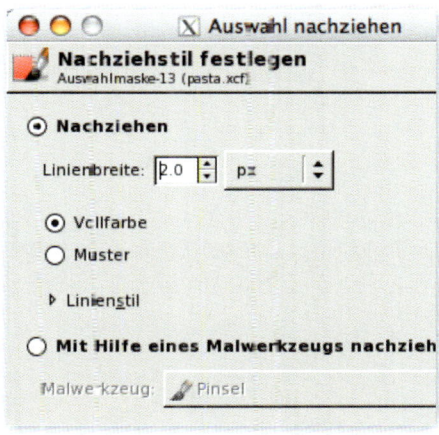

ZIEHEN. Heben Sie die Auswahl auf: AUSWAHL > NICHTS AUSWÄHLEN bzw. ⇧ + Strg / Ctrl + A . Löschen Sie die ursprüngliche Textebene 1, indem Sie sie markieren und dann auf ⊟ klicken.

5 **Schlagschatten.** Abschließend fügen wir der Bild/Text-Ebene noch einen Schatten hinzu. Markieren Sie die Bild/Text-Ebene im Ebenendialog, wählen Sie FILTER > LICHT & SCHATTEN > SCHLAGSCHATTEN. Stellen Sie VERSATZ X/Y z.B. auf 8, den WEICHZEICHNUNGSRADIUS auf 15 und die DECKKRAFT auf 80. Lassen Sie GRÖSSENÄNDERUNG ZULASSEN aktiviert und bestätigen Sie mit OK. Fertig ist der Pasta-Text!

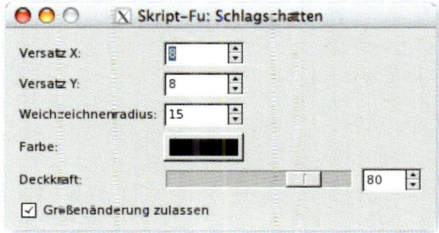

Spiegelung
Text ▪ Spiegeln ▪ Linsenreflex

Spätestens mit den Designs von Web 2.0 sind Spiegeleffekte total in. Die Spiegelung ist erstaunlich schnell gemacht. Wir brauchen nur den Text zu schreiben, vertikal zu spiegeln und ... okay, eins nach dem anderen – machen Sie doch mit!

1 Neue Datei. Legen Sie eine neue Datei an: DATEI > NEU. Geben Sie eine Größe für die Datei an (ich habe 2480 x 1754 Pixel verwendet) und wählen Sie Ebenenfüllart WEISS. Bestätigen Sie mit OK und speichern Sie die Datei als xcf-Datei ab.

2 Text. Aktivieren Sie im Werkzeugkasten das Textwerkzeug **A**. Wählen Sie in den Einstellungen darunter eine beliebige Schriftart – hier verwendete ich ARIAL BLACK. Stellen Sie die SCHRIFTGRÖSSE abhängig von der Auflösung ein, hier ca. 570 Pixel.

Als Schriftfarbe habe ich Orange gewählt (HTML-Notation: f1590e). Ziehen Sie im Bildfenster den Textrahmen auf und tippen Sie den gewünschten Text. Wenn Sie fertig sind, SCHLIESSEN Sie den Texteditor.

3 Spiegeln. Jetzt verdoppeln wir den Text. Die Textebene ☐ ist markiert, klicken Sie im Ebenendialog auf 🖳. Lassen Sie die obere Textebene markiert und klicken Sie im Werkzeugkasten

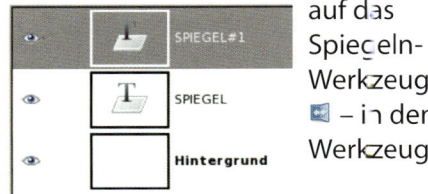

auf das Spiegeln-Werkzeug 🔄 – in den Werkzeug-

Tipp

einstellungen darunter wählen Sie VERTIKAL aus. Klicken Sie mit dem Werkzeug im Bildfenster einmal auf den Text – dies sieht dann so aus:

4 **Verschieben.** Aktivieren Sie im Werkzeugkasten das Verschiebenwerkzeug ✛ (M) und achten Sie darauf, dass in den Werkzeugeinstellungen AKTIVE EBENE VERSCHIEBEN eingestellt ist, und ziehen Sie den Text unter den oberen. Zwischen den beiden Texten kann etwas Abstand bleiben:

5 **Ausblenden.** Klicken Sie im Ebenendialog auf die obere der beiden Textebenen (diese ist seit dem Spiegeln gerastert und wird mit einem Schachbrettmuster als Hintergrund angezeigt), rechte Maustaste

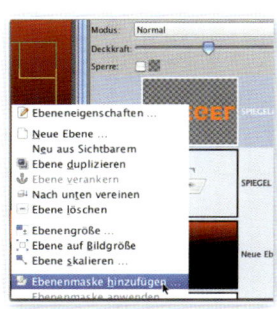

> EBENENMASKE HINZUFÜGEN. Bestätigen Sie WEISS (VOLLE DECKKRAFT). Drücken Sie die Taste D zum Zurücksetzen der Vordergrund- bzw. Hintergrundfarbe auf Schwarz und Weiß. Aktivieren Sie im Werkzeugkasten das Farbverlaufwerkzeug ▣. In den Einstellungen ist der Verlauf VON VG NACH HG (RGB) und LINEAR eingestellt. Werfen Sie zur Sicherheit noch einen Blick in den Ebenendialog – dort muss die Ebenenmaske markiert, also weiß umrahmt sein, nicht das Miniaturbild der gerasterten Textebene. Ziehen Sie im Bildfenster über den unteren gespiegelten Text oben ansetzend einen relativ kurzen Verlauf. Eventuell müssen Sie ein paar Mal probieren, bis es passt.

Wenn Sie mit dem Verlauf fertig sind, reduzieren Sie die DECKKRAFT

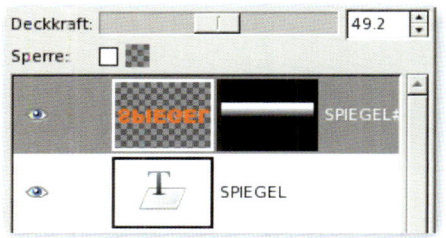

der Ebene mit dem Schieber im Ebenendialog auf ca. 50.

6 **Hintergrund.** Für den verlaufenden Hintergrund legen Sie bitte eine neue Ebene an – Klick im Ebenendialog auf NEUE EBENE ▢, Füllart egal. Ziehen Sie die Ebene unter die beiden Textebenen. Stellen Sie im Werkzeugkasten eine beliebige, passende Vordergrundfarbe (hier: b80b0b) und Schwarz als Hintergrundfarbe ein. Ziehen Sie mit dem Farbverlaufwerkzeug erneut im Bildfenster einen Verlauf auf. Versuchen Sie, der Verlauf so aufzuziehen, dass die Kante zwischen den beiden Farben hinter dem oberen Text beginnt:

7 **Linsenreflex.** Für den Lichtreflex markieren Sie die mittlere Textebene ⊡ und öffnen den Dialog über FILTER > LICHT UND SCHATTEN > LINSENREFLEX. Bestätigen Sie die MITTE DES REFLEXES zum Beispiel mit 128 Pixel.

Bild in Herzform
Unicode ▪ Ebenenmaske

Na gut, das ist vielleicht nicht jedermanns Geschmack und mancher mag es als kitschig ansehen, aber Sie werden nicht glauben, wie oft ich in meinen GIMP-Trainings gefragt werde, wie man ein Bild in eine Herz- oder sonstige Form bringt. Also hier – TATA – die Lösung für ein Bild in Herzform!

◉ bild-in-herzform.jpg

△ ... und es muss ja kein Herz sein – mittels Unicode lässt sich ein Bild in Hunderte unterschiedliche Formen gießen.

1 **Herzform.** Öffnen Sie die Datei und aktivieren Sie im Werkzeugkasten das Textwerkzeug **A**. Stellen Sie in den Werkzeugeinstellungen darunter eine dem Bild entsprechend angepasste SCHRIFTGRÖSSE ein. Zum Beispiel hat dieses Foto hier eine Breite von 1772 Pixel, also stelle ich mal eine Schriftgröße von 1000 ein. Die restlichen Einstellungen wie Schriftart und Schriftfarbe sind hier unerheblich.

Ziehen Sie mit dem Textcursor **A** einen Rahmen im Bildfenster auf. Um nun zum Herz zu gelangen, bedienen wir uns eines Tricks. Wir verwenden Unicode, ein

> HINWEIS
>
> Die URl der offiziellen Unicode-Website lautet *http://www.unicode.org*, praktischer finde ich jedoch diese *http://decodeunicode.org*, mit einer Sammlung von fast 100.000 Zeichen.
>
>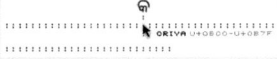

Spezialeffekte

136

internationaler Code für Zeichensysteme. So komisch es vielleicht klingen mag, aber halten Sie ⇧ + Strg / Ctrl + Alt gedrückt und tippen Sie in den Texteditor die folgenden Zeichen nacheinander: *U2665*.

Diese Zeichenfolge wird dann noch kurz unterstrichen angezeigt und wandelt sich anschließend in das ♥ um. Bestätigen Sie mit SCHLIESSEN.

2 Skalieren. Das Herz ist mir noch zu „streng", daher ziehen wir es etwas in die Breite und vergrößern es bildfüllend. Aktivieren Sie dazu das Skalieren-Werkzeug, klicken Sie damit einmal auf das Herz und ziehen Sie den Rahmen an den Ecken etwas breiter auseinander und vergrößern Sie es so, dass das Bild darunter gut

hineinpasst. Drücken Sie ⏎ zum Bestätigen.

3 Ebenenmaske. Nun überführen wir die Herzform in eine Ebenenmaske. Klicken Sie im

Ebenendialog mit der rechten Maustaste auf die ♥ - Ebene > AUSWAHL AUS ALPHAKANAL. Die Auswahl soften wir noch etwas ab: AUSWAHL > AUSBLENDEN. Geben Sie hier einen Wert zwischen 10 und 30 ein (der Romantikwert des Ergebnisses steigt analog zur ausgeblendeten Kante :-)). Bestätigen Sie mit OK.

Wählen Sie im Ebenendialog die

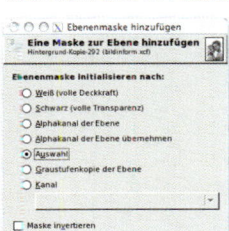

Bildebene, klicken Sie dort mit der rechten Maustaste > EBENENMASKE HINZUFÜGEN. In dem Dialog wählen Sie die Option AUSWAHL. Heben Sie die Auswahl auf: ⇧ + Strg / Ctrl + A.

Das Zwischenergebnis sieht bereits so aus:

4 Ebene. Jetzt benötigen wir statt des Schachbrettmusters – das für Transparenz steht – noch eine Ebene. Klicken Sie im Werkzeugkasten auf das Kästchen für die Vordergrundfarbe und stellen Sie im Farbwähler eine passende Farbe ein. Ich habe hier ein Grau

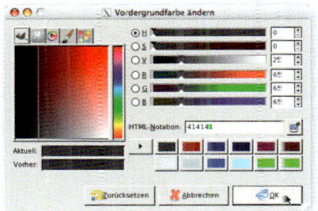

verwendet (HTML-Notation: 414141).

Klicken Sie im Ebenendialog auf NEUE EBENE. Bestätigen Sie die Ebenenfüllart VORDERGRUNDFARBE und ziehen Sie die Ebene ganz nach unten. Diese Farbe ersetzt nun das Schachbrettmuster. Wenn Sie wollen, können Sie auf der Ebenenmaske mit einem schwarzen bzw. weißen Pinsel das Herz noch etwas nachbearbeiten (ich habe die obere Spitze ein wenig abgerundet).

Cartoon aus Foto
Kanten ▪ Bewegungsunschärfe ▪ Sprechblase

Ein Cartoon als Einladung zu einer Party verschickt oder als Gastgeschenk mitgebracht, sorgt immer für ein Schmunzeln. GIMP bietet zwar für die Umwandlung einen Filter (FILTER > KÜNSTLERISCH > CARTOON), doch wird das Ergebnis weit besser, wenn Sie meine Technik verwenden – das bisschen Mehraufwand zahlt sich aus, versprochen!

👁 cartoon-aus-foto.jpg

▽ Charakteristisch für den Cartoonstil sind verstärkte Konturen und reduzierte Farben. Die Sprechblase mit Gedankenbullets rundet das Werk ab.

1 **Duplizieren.** Duplizieren Sie die Hintergrundebene, indem Sie im Ebenendialog auf DUPLIKAT 🗐 klicken. Speichern Sie die Datei als xcf-Datei ab, wir arbeiten wie schon oft auf der oberen Ebene weiter.

2 **Kanten finden.** Öffnen Sie FILTER > KANTEN FINDEN > KANTEN. Bei ALGORITHMUS wählen Sie *Sobel*, bei MENGE 2 (je höher der Wert MENGE, desto weniger detailliert ist das Ergebnis – und desto weniger Kanten bleiben). Stellen Sie die Option auf SCHWARZ. Bestätigen Sie den Filter mit OK.

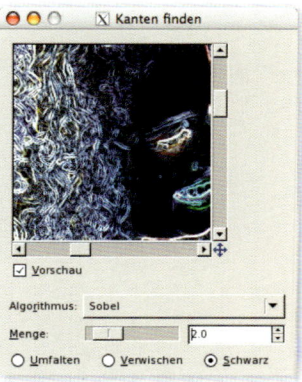

Spezialeffekte

138

Ansichtskarten bzw. Einladungskarten

So ein Comic-Effekt eignet sich auch besonders für Einladungskarten oder Grußkarten. Wie Sie ein Druckwerk optimal aufbauen und gestalten, lesen Sie auf den Seiten 146 bzw. 148.

3 Invertieren. Wählen Sie FARBEN > INVERTIEREN und stellen Sie den Ebenenmodus der oberen Ebene auf WERT.

4 Posterisieren. Wählen Sie FARBEN > POSTERISIEREN, damit reduzieren Sie die Anzahl der Farben. Experimentieren Sie mit den Werten, hier habe ich drei genommen. Je weniger Farben, desto stärker der Cartooneffekt.

5 Weichzeichnen. Jetzt verwischen wir die Farben noch etwas: Wechseln Sie auf die untere Ebene HINTERGRUND und öffnen Sie FILTER > WEICHZEICHNEN > BEWEGUNGS-UNSCHÄRFE. Klicken Sie auf die Option LINEAR, stellen Sie LÄNGE auf ca. 17 und den WINKEL auf 10. Bestätigen Sie mit OK.

6 Sprechblase. Nun erzeugen wir die Sprechblase. Klicken Sie im Ebenendialog auf NEUE EBENE , bestätigen Sie die Ebenenfüllart TRANSPARENZ. Aktivieren Sie nun im Werkzeugkasten das Elliptische-Auswahl-Werkzeug und klicken Sie und ziehen Sie im Bildfenster eine ovale Auswahl, groß genug, um den gewünschten Text unterzubringen.

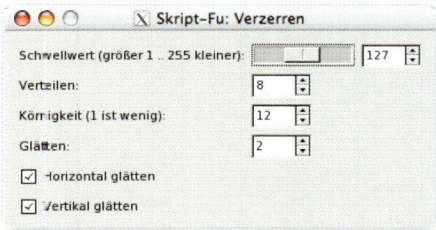

Die runde Auswahl ist uns zu brav, wählen Sie daher AUSWAHL > VERZERREN. Hier gilt: je höher die Werte, desto stärker die Verzerrung. Geben Sie zum Beispiel die folgenden Werte ein: SCHWELLWERT 127, VERTEILEN: 8, KÖRNIGKEIT: 12, GLÄTTEN: 2. Bestätigen Sie mit OK. Lassen Sie bitte die Auswahl nach wie vor aktiv.

Drücken Sie die Taste [D], um die Vordergrund- und Hintergrundfarbe auf ihren Standard, also auf Schwarz und Weiß, zurückzusetzer. Wählen Sie BEARBEITEN > MIT HINTERGRUNDFARBE FÜLLEN [Strg]/[Ctrl]+[.] (= weiß). Öffnen Sie gleich nochmals BEARBEITEN > AUSWAHL NACHZIEHEN. Stellen Sie die LINIENBREITE auf 2 Pixel und aktivieren Sie VOLLFARBE (dadurch wird die Vordergrundfarbe = Schwarz verwendet). Bestätigen Sie

den Dialog. Heben Sie die Auswahl auf: [⇧]+[Strg]/[Ctrl]+[A].

7 Gedankenblasen. Für die beiden kleinen Gedankenblasen klicken Sie im Ebenendialog auf die Sprechblasenebene, drücken Sie [Strg]/[Ctrl]+[C] zum Kopieren und unmittelbar darauf [Strg]/[Ctrl]+[V] zum Einfügen. Klicken Sie auf NEUE EBENE , um die schwebende Auswahl zu verankern. Ziehen Sie diese zweite Sprechblase mit dem Verschiebenwerkzeug in Richtung Kopf. Wählen Sie im Werkzeugkasten SKALIEREN – klicken Sie damit einmal auf die Sprechblase und verkleinern Sie sie, indem Sie an den Ecken hineinziehen. Wiederholen Sie den Vorgang, skalieren Sie jedoch die zweite Ebene noch kleiner.

8 Text. Lassen Sie sich einen passenden, witzigen Text einfallen und schreiben Sie ihn in die Sprechblase (Näheres zum Textwerkzeug, siehe Seite 38). Ich habe hier die SCHRIFTART *Tekton Pro Ext Bold Expanded* verwendet, den ZEILENABSTAND auf 9 und den ZEICHENABSTAND auf -1 gesetzt.

Spezialeffekte

139

Van Gogh & Co auf Klick
Filter > Künstlerisch

kunstfilter_kubismus.jpg
kunstfilter_van gogh. pg
kunstfilter_leinwand.jpg

In der analogen Fotografie wurden Effektfilter einem Objektiv vorgesetzt, um die Lichtbrechung zu verändern und damit neue Effekte zu erzielen. Heutzutage funktioniert dies viel einfacher mit digitalen Filtern. GIMP bietet mit insgesamt über hundert Filtern unzählige Möglichkeiten, Ihre Bilder auf spannende Art und Weise zu verändern. Davon finden sich zahlreiche unter der Kategorie FILTER > KÜNSTLERISCH, wo wir uns nun genauer umsehen. Bevor Sie einen Filter probieren, duplizieren Sie bitte die Hintergrundebene (Klick im Ebenendialog auf DUPLIKAT ▣).

GIMPressionist

Der Filter GIMPRESSIONIST bietet alleine Hunderte Einstellungsmöglichkeiten. Zum ersten Probieren empfiehlt es sich, die VOREINSTELLUNGEN durchzuklicken und bei der VORSCHAU links zu AKTUALISIEREN und anschließend auf ZURÜCKSETZEN zu klicken, um wieder mit einer frischen Vorlage zu beginnen. Experimentieren Sie auch mit den PINSELSPITZEN, hier liefern die CRAYONS die besten malerisch wirkenden Bilder.

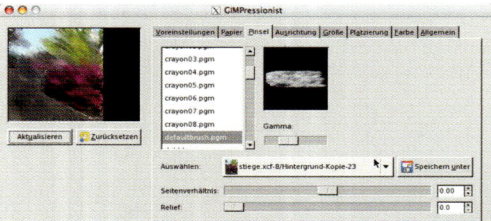

Kubismus (lat. cubus, Würfel)

Diese moderne Kunstrichtung leitete die Ära der abstrakten Malerei ein. Paul Cézanne war einer ihrer wichtigsten Begründer. Der Filter hat zwei Regler: Mit KACHELGRÖSSE stellen Sie die Abmessungen der Würfel und mit KACHELSÄTTIGUNG die Deckkraft ein. Mit aktiver HINTERGRUNDFARBE werden die eventuell halbtransparenten Würfel mit der aktuellen Hintergrundfarbe hinterlegt. Wenn die Ebene über einen Alphakanal verfügt, scheint die untere Ebene durch.

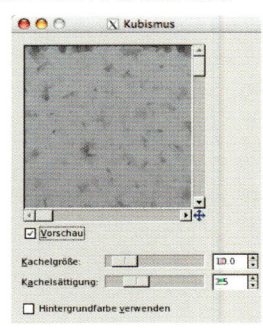

Spezialeffekte

140

Van Gogh (LIC)

Der Van-Gogh-Filter basiert auf einer wissenschaftlichen Methode (LIC = Line Integral Convolution), mit der üblicherweise Strömungsfelder visualisiert werden. Das Ziel ist eine Weichzeichnung des Bilds mit den typischen Van-Gogh-Wellen. Der Filter hat keinen Effekt auf einfarbige Flächen, nehmen Sie also detailreiche Bilder dafür. Wenn der Filter kaum Auswirkungen zeigt, nicht enttäuscht sein, probieren Sie weiter mit den Einstellungen herum oder verwenden Sie die folgenden: Effekt-Kanal: FARBTON, Effekt-Operator: FARBVERLAUF, Falten: MIT QUELLBILD. Eher große FILTERLÄNGE (54), mittelhohen RAUSCHANTEIL (3.6), wenige INTEGRATIONSSCHRITTE (3.6), MINIMALWERT -15 und MAXIMALWERT 16.

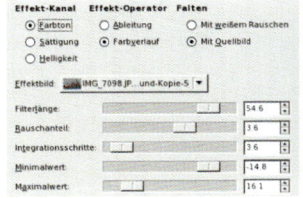

Leinwand

Dieser Filter wirkt, als ob Ihr Bild auf grobes Leinen gemalt worden wäre. Mit RICHTUNG legen Sie fest, wohin die Struktur verlaufen soll, und mit TIEFE die Stärke der Struktur. Je höher, desto intensiver der Effekt. Vielleicht ein Anreiz für Sie, noch anderes zu probieren: Hier habe ich über die Filterebene eine neue weiße Ebene eingefügt und deren Ebenenmodus auf ÜBERLAGERN gestellt. Damit sieht es so aus, als wäre das Leinen vorher weiß grundiert worden.

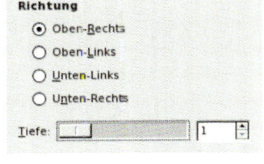

Ölgemälde

Dieser Filter wandelt Ihre Aufnahme in ein Ölgemälde um. Mit MASKENGRÖSSE stellen Sie den Umfang des Pinsels ein, mit dem gemalt wird – je größer, desto flächiger werden die Details. Mit INTENSITÄTS-ALGORITHMUS VERWENDEN bleiben Farben und die urspünglichen Flächen besser erhalten. Wenn das Bild noch zu realistisch ist, verwenden Sie einen Weichzeichner, z.B. FILTER > WEICHZEICHNEN > GAUSSSCHER WEICHZEICHNER.

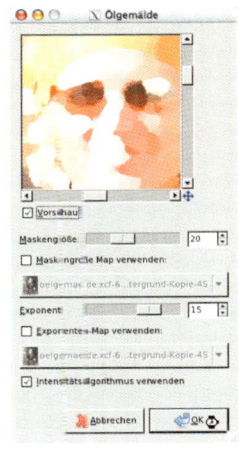

Andy-Warhol-Effekt
Posterisieren ▪ Farben ▪ Bilder platzieren

Der Andy-Warhol-Stil zeichnet sich durch wenig Details, große Farbflächen und plakative Farben aus. So hat der Künstler Marilyn Monroe einmal ein violettes und dann wieder ein pinkfarbenes oder grünes Gesicht verpasst. GIMP ist das ideale Werkzeug zum Erstellen dieses Effekts, denn wir finden hier zahlreiche Befehle für Farben tauschen, Farben drehen und lädt ein zum Experimentieren. Im Zuge dieses Praxisbeispiels sehen wir uns auch an, wie Sie mehrere Bilder manuell auf einer Seite platzieren.

1 **Farben verstärken.** Wenn Sie Bilder von Andy Warhol betrachten, werden Sie feststellen, dass Augen und Lippen gerne mit besonders intensiven Farben hervorgehoben sind. Bei Fotos, wo die Person nicht allzu stark geschminkt ist, müssen wir digital nachhelfen. Ansonsten können Sie sofort bei Schritt 2 starten.

Wir verstärken hier das Lippenrot und tragen übertrieben kräftigen **Lidschatten** auf: Aktivieren Sie im Werkzeugkasten die Sprühpistole, stellen Sie eine kräftige Vordergrundfarbe ein (hier: e426d3) und malen Sie mit dem Werkzeug ein paar Mal über die Lider.

Spezialeffekte

Den digitalen **Lippenstift** möchte ich exakter auftragen: Aktivieren Sie die Schnellmaske, indem Sie in der linken unteren Ecke des Bildfensters auf das Symbol klicken (⇧+Q). Das Bild wird mit einer roten Folie über- zogen. Ak- tivieren Sie das Pinsel- Werkzeug

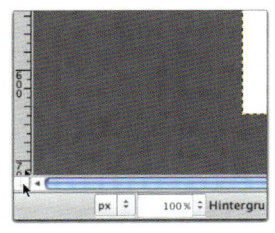

🖌 und stellen Sie eine den Lippen entsprechende kleine Werkzeug- spitze mit weichen Kanten ein. Drücken Sie die Taste D und X für

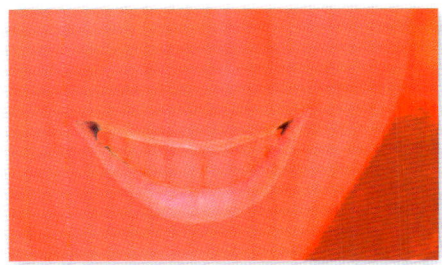

Weiß als Vordergrundfarbe. Malen Sie mit Weiß über die Lippen. Wenn Sie aus den Lippen „rausgefahren" sind, drücken Sie X für Schwarz als Vordergrundfarbe und malen Sie damit über den Bereich, um die Folie wiederherzustellen. Wenn Sie fertig sind, klicken Sie zum Deakti- vieren der Schnellmaske – und zur (Vor-)Ansicht des Auswahlrahmens – erneut in die linke unter Ecke (⇧+Q). Damit haben wir eine Auswahl der Lippen erstellt.

Um das natürliche Rot zu verstär- ken, öffnen Sie den Dialog FARBEN > FARBABGLEICH. Wählen Sie zuerst die Option MITTEN und stellen Sie den oberen Regler relativ weit Richtung Rot (ca. 30), den mittleren ein wenig Richtung Magenta (-20). Wiederho-

len Sie den gleichen Vorgang für die GLANZLICHTER. Die Schatten benö- tigen meist keine Veränderung.

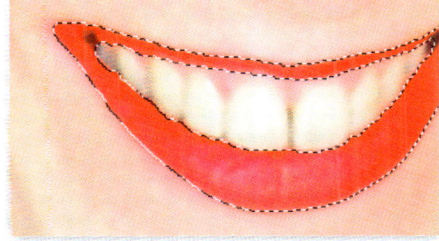

Jetzt sind wir für den Andy-Warhol- Effekt bestens gewappnet:

2 **Weichzeichnen.** Damit das Motiv über weniger farbige Details verfügt, öffnen Sie zunächst FILTER > WEICHZEICHNEN > SELEKTIVER GAUSSCHER WEICHZEICHNER. Stellen Sie einen WEICHZEICHNUNGSRADIUS von ca.

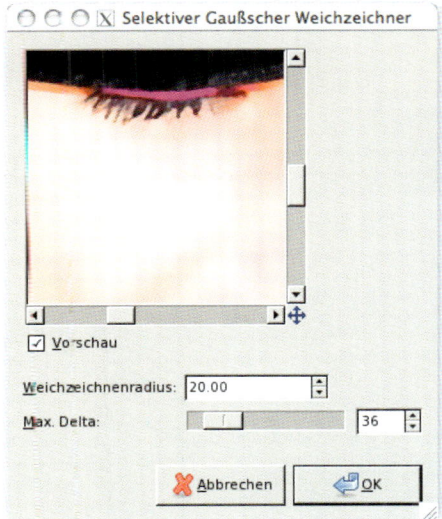

20 und bei MAX. DELTA etwa 36 ein. Bestätigen Sie mit OK – das Motiv wird stark geglättet.

3 **Posterisieren.** Öffnen Sie FARBEN > POSTERISIEREN. Damit reduzieren Sie die Farben auf die angegebene Anzahl. Hier gilt es

zu entscheiden: 2 oder 3. Denn abhängig von den vorhandenen Farben sind bei einem Wert von 2 eventuell zu wenig Details übrig. Wenn also Lippen und Augen fast verschwinden, verwenden Sie 3.

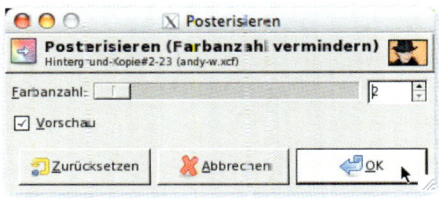

Bestätigen Sie mit OK. Das Ergebnis ist schon für ein erstes von unse-

ren vier Warhol-Bildern geeignet. Wenn Sie damit zufrieden sind, duplizieren Sie gleich diese Ebene: Klicken Sie dreimal im Ebendia- log auf 🔳, blenden Sie die oberen beiden Ebenen aus und arbeiten Sie auf der zweiten Ebene weiter. Der Ebenendialog sieht also wie folgt aus:

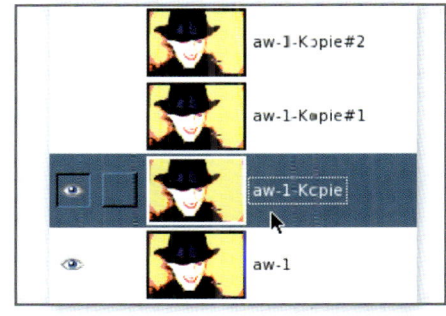

4 **Farben verändern.** Jetzt ist Ihre Kreativität gefragt! Ich stelle Ihnen hier zwei sehr geeignete Menübefehle vor, mit deren Hilfe sich Farben ganz fantastisch verändern lassen:

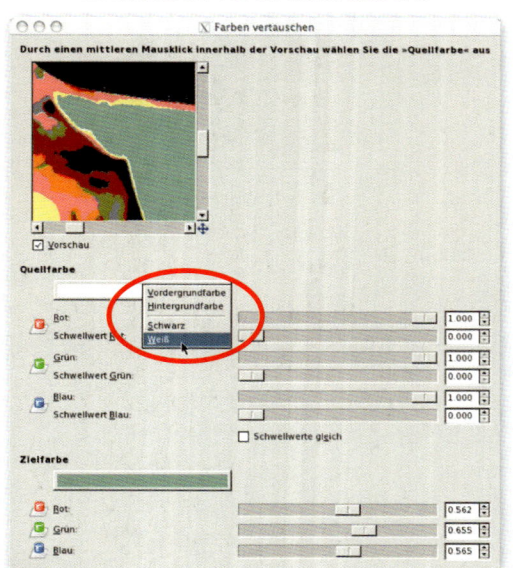

Farben vertauschen

Öffnen Sie FARBEN > ABBILDEN > FARBEN VERTAUSCHEN.

Wie der Name schon verrät, ersetzen Sie mit diesem Dialog ausgewählte Farben. Oben unter QUELLFARBE legen Sie fest, welche Farbe vertauscht werden soll, und darunter unter ZIELFARBE den Ersatz. Neben der Möglichkeit über die Regler für Rot, Grün und Blau gibt es noch die folgenden für das Festlegen der Farben:

1. Zur Auswahl von Standardfarben, wie Vordergrund-, Hintergrundfarbe, Schwarz oder Weiß, klicken Sie mit der rechten Maustaste auf den Farbbalken (hier rot eingekreist).

2. Falls Ihre Maus über eine dritte (= mittlere) Maustaste verfügt, klicken Sie mit dieser auf die Farbe im Vorschaubild, dann wird diese als Quellfarbe abgelegt.

3. Ansonsten müssen Sie – bevor Sie den Dialog öffnen – mit der PIPETTE 🖊 aus dem Werkzeugkasten die zu ersetzende Farbe im Bild anklicken und als Vordergrundfarbe ablegen und dann, wie in Punkt 1 beschrieben, mit der rechten Maustaste in den Dialog hereinholen.

Farben drehen

Ein weiteres tolles Werkzeug zum Farben verändern finden Sie unter FARBEN > ABBILDEN > FARBEN DREHEN.

Legen Sie im oberen Farbkreis den Farbbereich fest, den Sie verändern möchten. Am leichtesten ist es, wenn Sie mit den Pfeilen im Farbkreis direkt arbeiten. Im zweiten Farbkreis darunter bestimmen Sie, auf welche Farben die oben

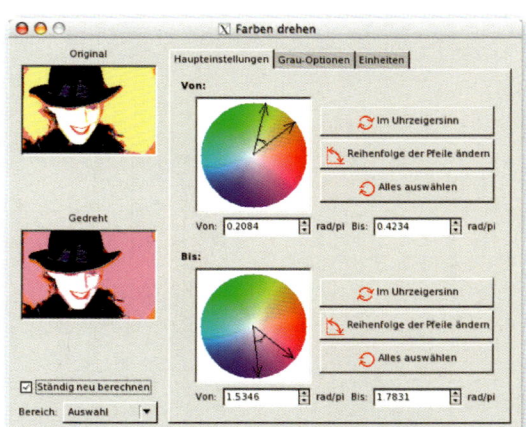

selektierten hin verändert werden sollen. Grau wird von dem Filter nicht verändert; wenn das Bild größere Grauanteile hat, wählen Sie im Register GRAU-OPTIONEN dafür eine Ersatzfarbe.

Bei diesem Beispiel habe ich den gelben Hintergrund somit ganz schnell und ohne eine aufwändige Auswahl zu treffen mit Lila ersetzt.

Versuchen Sie auch weitere Befehle im Menü FARBEN, wie zum Beispiel:

» INVERTIEREN
» FARBTON/SÄTTIGUNG
» FILTERPAKET

5 **Bilder platzieren.** Um unsere vier Warhol-Kunstwerke auf ein neues Bild zusammenzusetzen, legen wir eine neue Datei an. (Hinweis: Wenn Sie die Bilder nicht digital, sondern nur als Ausdruck auf einem Blatt benötigen, lesen Sie auf Seite 158, wie's funktioniert.)

Bevor wir fortsetzen, berechnen wir die Abmessungen für die neue Datei:
Beispiel: Dieses Bild hier ist 1500 Pixel breit und 1000 hoch. Es soll nun zweimal nebeneinander und untereinander gestellt werden – dazu kommen 80 Pixel Rand außen und in der Mitte als Abstand dazu. Die Skizze dazu sieht dann folgendermaßen aus:

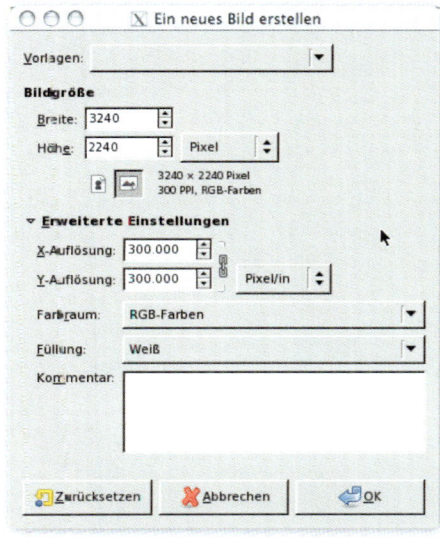

Die neue Datei hat also 3240 Pixel Breite x 2240 Pixel Höhe. Zum Anlegen der neuen Datei wählen Sie

DATEI > NEU und tragen die Werte ein. Abhängig davon, ob die Datei ins Web gestellt oder ausgedruckt werden soll, legen Sie unter den ERWEITERTEN EINSTELLUNGEN die Auflösung fest: Wenn das Bild gedruckt werden soll, verwenden Sie 300

ppi. Bei Füllung stellen Sie WEISS ein. Bestätigen Sie mit OK.

Ordnen Sie die beiden Bildfenster so an, dass Sie im Vordergrund das leere sehen und im Hintergrund – jedoch noch gut sichtbar – die Warhol-Datei.
Ziehen Sie nun die Warhol-Bilder aus dem *Ebenendialog* nacheinander in die leere neue Datei.

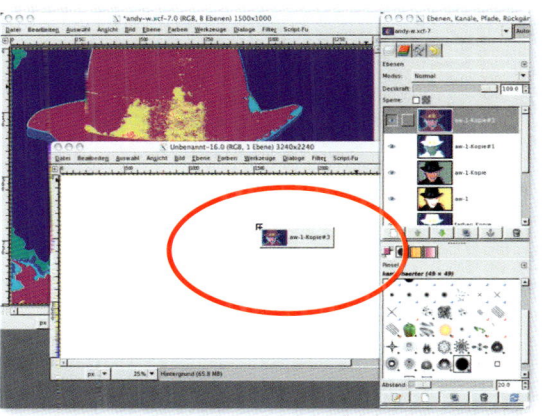

6 **Hilfslinien.** Zum exakten Anordnen der vier neuen Ebenen benötigen wir Hilfslinien. Öffnen Sie BILD > HILFSLINIEN > NEUE HILFSLINIE... und geben Sie nacheinander die folgenden Einstellungen ein, bestätigen Sie dazwischen immer mit OK:

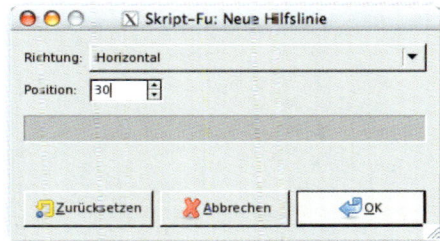

1. Horizontal, Position: 80
2. Horizontal, Position: 3160
3. Vertikal, Position: 80
4. Vertikal, Position: 2160

Somit sind rundherum mit jeweils 80 Pixel Abstand die Ränder festgelegt. Bevor Sie die Bilder ziehen, stellen Sie über ANSICHT sicher, dass der Befehl MAGNETISCHE HILFSLINIEN aktiv (Häkchen) ist, dadurch rasten die Ebenen sofort an der richtigen Position ein.

Aktivieren Sie im Werkzeugkasten das Verschiebenwerkzeug, achten Sie bei den Einstellungen darauf, dass die Option EBENE ODER HILFSLINIE AUSWÄHLEN aktiv ist, und ziehen Sie die einzelnen Bilder an die Hilfslinien.

Zum Schluss wählen Sie noch eine passende Farbe für die Fläche (VORDERGRUNDFARBE), markieren Sie im Ebenendialog den Hintergrund und färben Sie ihn über BEARBEITEN > MIT VORDERGRUNDFARBE FÜLLEN neu ein.

Ansichtskarte
Leinwand ▪ Text ▪ Rahmen

Das Gestalten von Ansichtskarten macht echt Freude! Neben einer simplen Präsentation Ihrer besten Aufnahmen lassen sich mit diesen handlichen, kleinen Karten auch weise, witzige oder gefühlvolle Botschaften transportieren. Eine riesige Sammlung an Zitaten gibt es zum Beispiel unter *http://de.wikiquote.com*. Dank fertig zugeschnittenem Fotoglanzpapier – wie z.B. von Canon erhältlich – sind die Karten auch gleich gedruckt und bereit zum Verschicken oder Rahmen. Lassen Sie Ihrer Kreativität freien Lauf!

Wandern ist die vollkommenste Art der Fortbewegung,
wenn man das wahre Leben entdecken will.
Es ist der Weg in die Freiheit.

Elisabeth von Arnim

eine BREITE von 140. Die Auflösung stellen Sie auf 300. Bestätigen Sie mit OK.

2 Leinwand. Die Leinwand ist der Hintergrund und kann beliebig erweitert werden. Für einen weißen Hintergrund drücken Sie zuvor noch die Taste D, um die Vordergrund- und Hintergrundfarbe auf Schwarz/Weiß zurückzusetzen. Die Leinwand wird automatisch mit der eingestellten Hintergrundfarbe gefüllt.

Öffnen Sie BILD > LEINWANDGRÖSSE... Gehen Sie in diesem Dialog wie folgt vor: Zuerst heben Sie durch Klick auf die Kette 🔗 zwischen BREITE und HÖHE die Verbindung auf und stellen die Maßeinheit auf MILLIMETER um. Geben Sie bei Breite 150 ein und bei Höhe 100 (GIMP verändert die Werte immer geringfügig, um auf ganze Pixel zu kommen, das ist in Ordnung), drücken Sie ↵. In der Vorschau unterhalb hat sich nun der Bereich entsprechend erweitert. Stellen Sie auch bei VERSATZ die Maßeinheit auf MILLIMETER um und geben Sie sowohl bei X als

1 Bild skalieren. Öffnen Sie das Bild, wir werden nun rundherum die Ansichtskarte aufbauen. Falls nötig, schneiden Sie das Bild auf einen geeigneten Ausschnitt zu (mehr dazu lesen Sie auf Seite 60, *Bildausschnitte und fixe Größe*). Eine Ansichtskarte hat üblicherweise ca. 150 mm Breite und 100 mm Höhe. Auf diese Maße passen wir nun das Bild an: BILD > BILD SKALIEREN. Stellen Sie die Maß-

einheit auf MILLIMETER um – für den Rand benötigen wir etwas Platz, daher verkleinern wir das Bild auf

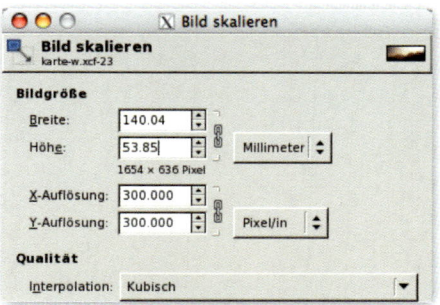

Druckrand

Abhängig von Ihrem Druckermodell kann ein Druckrand erforderlich sein. Lesen Sie in der Bedienungsanleitung Ihres Druckers nach. Skalieren Sie dann einfach das gesamte Bild (BILD > BILD SKALIEREN) um die angegebenen Millimeter.

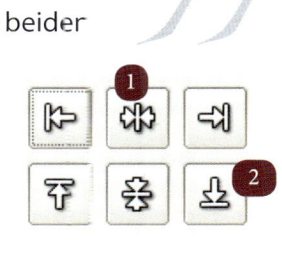

auch bei Y den Wert 5 ein. Damit haben wir den Rand rundherum festgelegt. Zuletzt stellen Sie unterhalb bei EBENEN, EBENENGRÖSSE ÄNDERN *Alle Ebenen* ein. Bestätigen Sie mit GRÖSSE ÄNDERN.

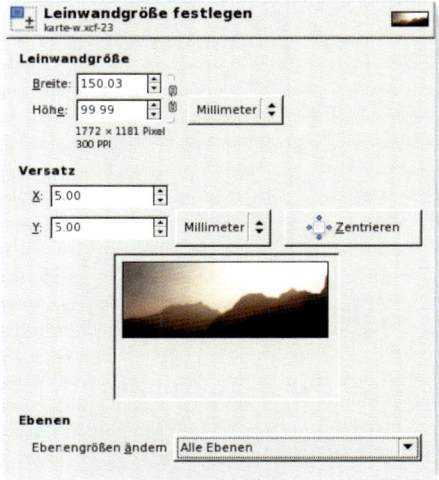

3 Text.
Text. Aktivieren Sie im Werkzeugkasten das Textwerkzeug **A**, stellen Sie Schriftart, -größe und -farbe nach Belieben ein (ich habe hier eine *Garamond* mit 75 Pixel Größe und schwarzer Schriftfarbe verwendet, die ZEILENHÖHE auf 28 erweitert und den ZEICHENABSTAND auf -3 verringert). Ziehen Sie mit dem Textwerkzeug den Textrahmen im Bildfenster auf und schreiben Sie in den Texteditor ein Zitat oder einen Gruß. Bestätigen Sie mit SCHLIESSEN. Wenn Sie, wie ich den bzw. die Autor/in mit einer anderen Schrift schreiben und an eine andere Position setzen möchten, ziehen Sie für eine zweite

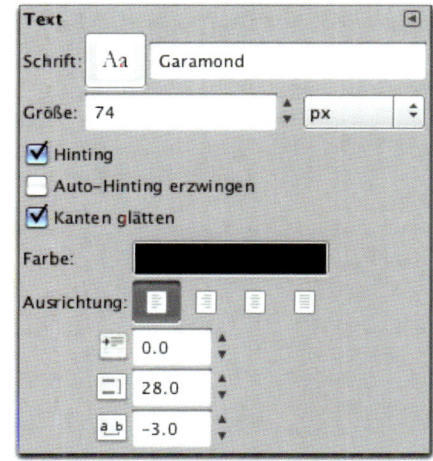

Textebene erneut den Textrahmen auf und schreiben Sie den Namen. Zum Bestätigen klicken Sie wieder auf SCHLIESSEN.

4 Ausrichten.
Ausrichten. Zum exakten Anordnen aktivieren Sie im Werkzeugkasten das Ausrichten-Werkzeug. Wir wollen nun Bild und Haupttext zueinander zentriert ausrichten. Klicken Sie dafür zuerst auf das Bild und dann mit [⇧] auf das Zitat/den Gruß. Die Markierungen erkennen Sie an den schwarzen Eckquadraten (rot eingekreist). Um zu zentrieren, klicken Sie in den Werkzeugeinstellungen in der oberen Hälfte auf das Symbol zum ZENTRIEREN

(1). Anschließend richten wir die beiden Texte rechtsbündig aus: Markieren Sie die beiden Ebenen und klicken Sie nun auf (2).

5 Rahmen.
Rahmen. Für den Rahmen legen Sie eine neue transparente Ebene an und wählen eine graue Vordergrundfarbe: Klick im Werkzeugkasten auf die Vordergrundfarbe, HTML-NOTATION z.B.: 646466. Aktivieren Sie das rechteckige Auswahlwerkzeug und markieren Sie damit das gesamte Bild ([Strg] / [Ctrl] + [A]). Nun verkleinern wir die Auswahl: Wählen Sie AUSWAHL > VERKLEINERN, geben Sie z.B. 2 mm ein und bestätigen Sie mit OK.

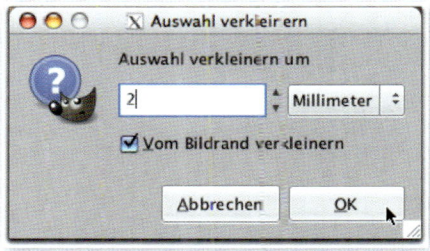

nern wir die Auswahl: Wählen Sie AUSWAHL > VERKLEINERN, geben Sie z.B. 2 mm ein und bestätigen Sie mit OK.

Abschließend wählen Sie BEARBEITEN > AUSWAHL NACHZIEHEN und stellen LINIENBREITE auf 1 Pixel, VOLLFARBE. Damit haben wir einen feinen Rahmen rundherum gezogen. Zum Drucken wählen Sie DATEI > DRUCKEN.

Einladungskarte
Vorlage ▪ Bilder einfügen ▪ Schnittmarken

Auf einer Einladungskarte (oder Grußkarte – die Einsatzmöglichkeiten sind unendlich) kommen Ihre Bilder richtig gut zur Geltung! Für das Design und den Aufbau solch einer Karte holen Sie sich Inspiration in Ihrer nächstgelegenen Papierhandlung. Für diese Karte hier verwenden wir als Ausgangsbasis ein A4-Blatt, das passt gut in ein handelsübliches Kuvert und lässt sich damit einfach versenden.

📀 gaensebluemchen.psd
einladung_gras.jpg
einladung_holler.jpg

Einladung zum Frühlingsfest

Fotos: www.brodeger.at

1 Vorlage. Wählen Sie über DATEI > NEU unter Vorlagen A4 aus. Klappen Sie mit Klick auf das schwarze Pfeilchen die ERWEITERTEN EINSTELLUNGEN auf und stellen Sie Füllung auf WEISS. Bestätigen Sie mit OK. Speichern Sie die Datei als xcf.

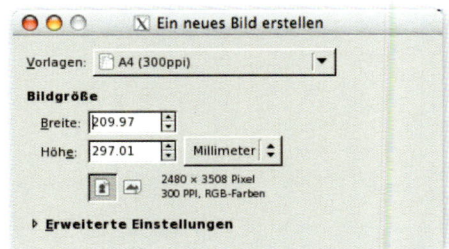

2 Maßeinheit und Hilfslinien. Da wir ein Druckwerk bearbeiten, benötigen wir als Maßeinheit nicht Pixel, sondern Millimeter. Klicken Sie in das Pull-down-Menü am unteren Rand des Bildfensters (Statusleiste) und stellen Sie dort MILLIMETER ein – falls nicht bereits automatisch so eingestellt.

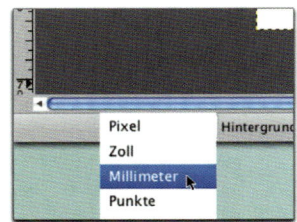

210 mm

Rückseite

297 mm

99 mm

99 mm

99 mm

X

◁ Nehmen Sie für die Karte ein möglichst festes Papier – abhängig davon, welche Stärke Ihr Drucker verträgt (120–160 g/m²). Nach dem Druck auf A4-Papier schneiden Sie das untere Drittel weg und falten das Papier in der verbleibenden Mitte. Im Inneren der Karte schreiben Sie den persönlichen Grußtext mit der Hand.

Nun dritteln wir das Blatt optisch (siehe auch Skizze Seite 148) mithilfe von Hilfslinien. Wählen Sie BILD > HILFSLINIEN > NEUE HILFSLINIE (IN PROZENT). Stellen Sie HORIZONTAL ein und geben Sie 33 ein. Bestätigen Sie den Dialog, öffnen Sie ihn

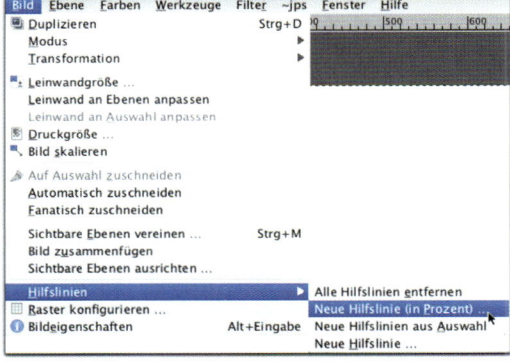

gleich nochmals und geben Sie 66 ein. Bestätigen Sie erneut mit OK.

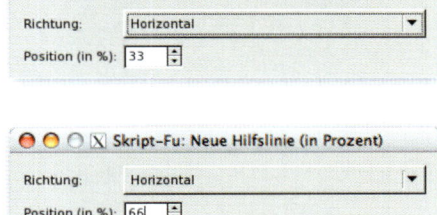

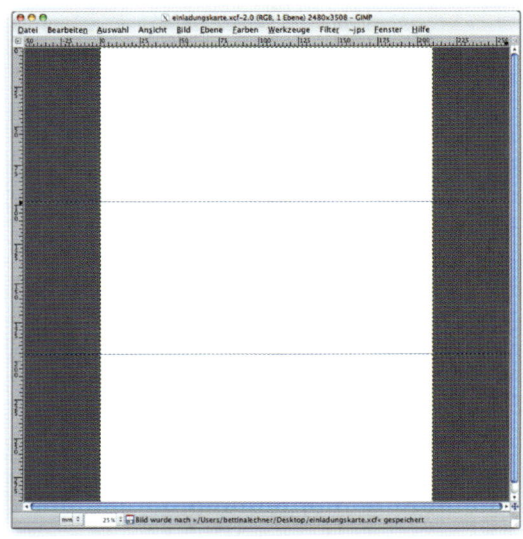

3 Bild skalieren. Als Nächstes bereiten wir uns die kleinen Bilder vor. Öffnen Sie das erste Bild über DATEI > ÖFFNEN. Wir benötigen eine Breite von 50 mm und eine Höhe von 66 mm (siehe auch Tipp-Kasten). Wenn Sie nur ein Detail des Bilds verwenden möchten, schneiden Sie es zuvor mit dem Zuschneidenwerkzeug ✎ grob aus!

In diesem Fall möchte ich möglichst viel Material von diesem Bild behalten und muss es nur noch an die oben angegebene Größe anpassen. Wählen Sie BILD > BILD SKALIEREN. Stellen Sie die AUFLÖSUNGEN

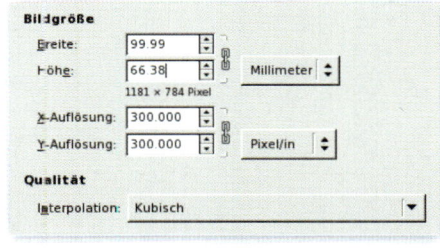

auf 300, dann gleich oberhalb die Maßeinheit für die Bildgröße auf MILLIMETER. Ist Ihr Bild querformatig, tippen Sie bei HÖHE 66, ist es hochformatig, bei BREITE 50. Das Zuviel

> **TIPP**
>
> Die Größe für die Bilder errechne ich so: Ich ziehe mit dem rechteckigen Auswahlwerkzeug den Bereich auf, der für die Bilder insgesamt etwa in Frage kommt. In den Werkzeugeinstellungen lese ich dann die Gesamtabmessung aus (hier: 160 mm x 66 mm). Die 160 mm Breite habe ich dann für die drei Bilder gedrittelt und einen kleinen Abstand mit einberechnet. So bin ich auf 50 mm Breite pro Bild gekommen. Beachtet man die 3:4-Regel, ergibt sich eine Höhe von 66 mm (50 / 3 * 4).

an Breite respektive Höhe schneiden wir im nächsten Schritt weg. Bei Interpolation lassen Sie am besten KUBISCH, bestätigen Sie mit SKALIEREN.

4 Bild zuschneiden. Aktivieren Sie im Werkzeugkasten das Zuschneidenwerkzeug ✎, wenn Sie von der Breite etwas abschneiden müssen. Ziehen Sie zuerst über die gesamte Höhe den Rahmen auf und stellen Sie dann erst in den Werkzeugeinstellungen unter GRÖSSE (Maßeinheit auf mm umstellen!) eine Breite von ca. 50 **(1)** ein – andernfalls umgekehrt (also über die gesamte Breite den Rahmen

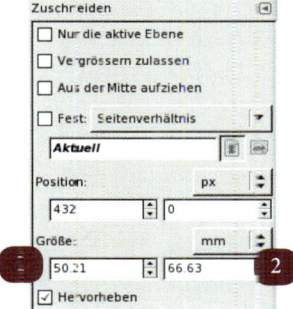

aufziehen und dann bei HÖHE **(2)** 66 eintragen).

Der Rahmen zieht sich auf das eingegebene Maß zusammen, ziehen Sie ihn vorsichtig mit der Maus herum, um einen schönen Ausschnitt zu finden. Bestätigen Sie durch einen Klick in den Rahmen das Zuschneiden.

5 **Bild einfügen.** Das erste der drei kleinen Fotos ist nun vorbereitet. Dieses ziehen wir auf die Karte. Ordnen Sie sich die beiden Bildfenster untereinander, leicht überlappend an. Im Vordergrund liegt das Bildfenster mit dem kleinen Foto **(1)** und ist daher aktiv. Ziehen Sie von hier aus dem *Ebenendialog* **(2)** die Ebene in die große Kartendatei im Hintergrund **(3)** (siehe auch *Ebene von einem anderen Bildfenster holen*, Seite 35). Das kleine Bild wurde nun als neue

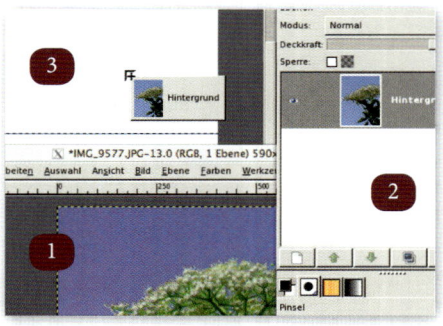

Ebene in der Kartendatei abgelegt. Wechseln Sie in die Kartendatei und ziehen Sie mit dem Verschiebenwerkzeug ✣ die Ebene in etwa auf die Position, wo es später stehen soll. Das muss noch nicht superexakt sein.

Wiederholen Sie die Schritte 3 bis 5 für die anderen beiden Bilder. Ziel ist es also, dass sich alle drei kleinen Bilder in der Kartendatei befinden.

6 **Farben.** Häufig sieht man erst, wenn die Bilder nebeneinander stehen, dass sie farblich nicht ganz miteinander harmonieren. Um die Farben anzupassen, markieren Sie jeweils eine der drei Bildebenen, indem Sie mit der rechten Maustaste im Ebenendialog > AUSWAHL AUS ALPHAKANAL

wählen und anschließend zum Beispiel über FARBEN > WERTE oder > KURVEN die Tonwerte anpassen. Wiederholen Sie gegebenenfalls die Auswahl für die anderen beiden Bilder.

7 **Ausrichten.** Nun ordnen wir die drei Bilder an. Aktivieren Sie im Werkzeugkasten das Ausrichtenwerkzeug ✛, klicken Sie mit gedrückter ⇧-Taste auf die drei kleinen Bilder. Die gelungene

Markierung erkennen Sie an den kleinen Eckquadraten. Klicken Sie für eine oben bündige Ausrichtung der drei Bilder in den Werkzeugeinstellungen auf das *obere* ⊤ (unter AUSRICHTEN). Lassen Sie bitte die

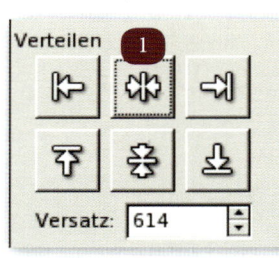

Markierung noch. Zum **Verteilen** der drei Bilder – damit also die Abstände dazwischen gleich sind – geben Sie unter VERSATZ die aktuelle Breite eines Bilds plus den gewünschten Abstand in Pixel (!) ein (siehe Tipp-Kasten). Der Versatz beträgt in diesem Beispiel 614, zum Verteilen klicken Sie auf HORIZONTALE ZENTREN DER ZIELE VERTEILEN **(1)**.

> **TIPP**
>
> Zum Auslesen der *Pixel*-Breite eines Bilds klicken Sie im Ebenendialog mit der rechten Maustaste auf eine der Ebenen > EBENENGRÖSSE (hier: 590 Pixel).

8 Verschieben. Verketten Sie im Ebenendialog die drei Bildebenen miteinander, indem Sie auf das Kästchen rechts von dem

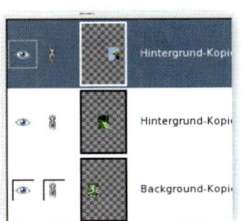

Auge klicken. Aktivieren Sie das Verschiebenwerkzeug ✥ und ziehen Sie die drei Bilder im Bildfenster etwas hinauf. Damit unterhalb noch für den Text Platz ist, können Sie die Bilder ruhig etwas über die Mitte des Druckbereichs verschieben.

9 Hintergrund. Für den farbigen Hintergrund klicken Sie im Werkzeugkasten auf VORDERGRUNDFARBE und suchen Sie im Farbwähler eine passende Farbe aus (hier: f2f8ec). Bestätigen Sie mit OK und klicken Sie anschließend im Ebenendialog > NEUE EBENE 🗋 – Ebenenfüllart VORDERGRUNDFARBE und OK. Alles färbt sich nun mit der gewählten Vordergrundfarbe ein.

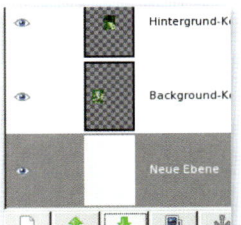

Ziehen Sie im Ebenendialog diese neue Ebene unterhalb der drei Bilder. Lassen Sie sie markiert.

Aktivieren Sie im Werkzeugkasten das rechteckige Auswahlwerkzeug ⬚, stellen Sie für leicht ABGERUNDETE

ECKEN einen RADIUS von ca. 21 ein. Ziehen Sie einen Rahmen über den durch die Hilfslinien oben und unten begrenzten Bereich und

über die *gesamte* Breite. Aktivieren Sie jetzt in den Werkzeugeinstellungen AUS DER MITTE AUFZIEHEN und

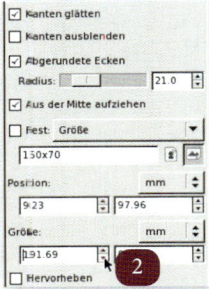

klicken Sie bei GRÖSSE **(2)** im linken Kästchen mehrmals auf das Pfeilchen nach unten – der Rahmen im Bildfenster bewegt sich dadurch langsam links und rechts hinein. Klicken Sie so lange, bis der Rahmen in der Breite passt (hier: 180).

Mit dieser Methode ist der Rahmen automatisch zentriert und Sie brauchen ihn nicht mehr manuell auszurichten. Danach ziehen Sie den Rahmen von oben und unten etwas hinein (hier: Höhe 80). Bitte lassen Sie *unter* den Bildern etwas mehr Abstand als oberhalb (für den Text). Achten Sie darauf, dass im Ebenendialog die farbige Ebene nach wie vor markiert ist. Klicken Sie auf AUSWAHL > INVERTIEREN zum Umkehren der Auswahl und anschließend auf BEARBEITEN > LÖSCHEN bzw. Entf. Der farbige Bereich der Ebene ist nun nur noch rund um die Bilder zu sehen.

Zum Umranden INVERTIEREN Sie erneut die Auswahl, damit ist nur

der farbige Hintergrund ausgewählt. Lassen Sie die Auswahl aktiv und stellen Sie eine dunkelgraue Vordergrundfarbe ein. Öffnen Sie

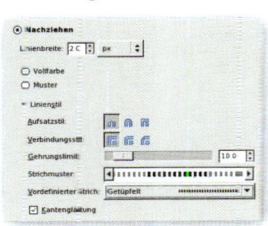

BEARBEITEN > AUSWAHL NACHZIEHEN. Ich habe eine LINIENBREITE von 2 Pixel verwendet und bei vordefiniertem Strich GETÜPFELT eingestellt.

10 Text. Schreiben Sie nun den Text. Ich verwendete als Schrift *Futura*, mit einer GRÖSSE von 7 mm und einem ZEICHENABSTAND von -4 (siehe auch *Text erstellen*, Seite 38).

11 Schnittmarke. Für die Schnittmarke zeichnen wir eine Linie. Legen Sie eine neue transparente Ebene an, zoomen Sie die untere Hilfslinie auf einer Seite ganz stark heran (+ mehrmals drücken).

Aktivieren Sie das Bleistift-Werkzeug ✏ mit grauer Vordergrundfarbe. Klicken Sie für den Beginn der Linie *einmal*, halten Sie *dann* ⇧, stellen Sie die Maus nach rechts. Eine Hilfslinie erscheint. Klicken Sie für das Ende der Linie. Wiederholen Sie den Vorgang falls Sie auf der linken Seite auch noch eine Schnittmarke benötigen. Drucken Sie die Karte aus und schneiden Sie das untere Drittel weg – falten Sie das verbleibende Papier in der Mitte.

Flowers...
are a proud assertion
that a ray of beauty
outvalues all the
utilities of the
world.

by Ralph Waldo
Emerson, 1844

5 Präsentation

Nach so vielen Korrekturen, Retuschen und Effekten wollen Sie Ihre Werke nun bestimmt herzeigen. Wie Sie Ihre Bilder effektvoll präsentieren, erklärt dieses Kapitel. Sie erfahren, was Sie bei den einzelnen Bereichen Web, Druck und Fotolabor beachten müssen, und wie immer bieten auch die folgenden Seiten jede Menge Tricks und Tipps.

Versenden per E-Mail
Skalieren ▪ Optimieren ▪ Versenden

Stellen Sie sich vor, Sie müssten eine Zeitung lesen, die die Größes Ihres Frühstückstischs um das bis zu Sechsfache überschreitet – äußerst unhandlich! So wirken Fotos, die in höchster Auflösung per E-Mail versendet werden. Um also nicht zu jenen zu gehören, denen Empfänger/innen im freundlichsten Fall einen Computerkurs wünschen, sollten Sie – bevor Sie ungebeten Ihre privaten Lieblingsbilder in Megabyte-Größe per E-Mail versenden – die folgenden Tipps beachten.

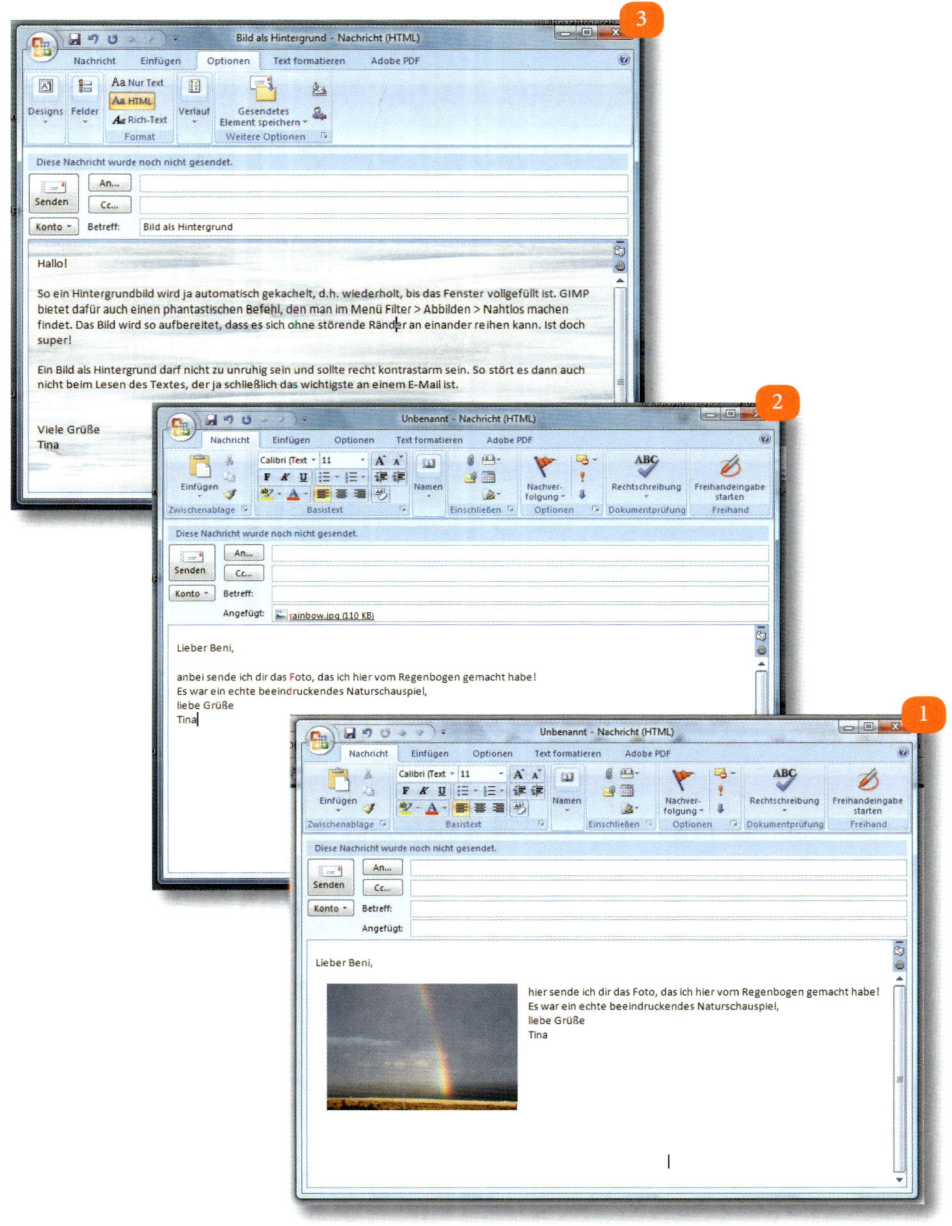

Auch wenn die Datenübertragungsrate immer besser und damit die Internetverbindung immer schneller wird, sind unnötige E-Mail-Dateianhänge im Megabyte-Bereich ein Fauxpas. Sie belasten die Mail-Server, verlängern die Download-Wartezeit und die Bilder erscheinen zu groß im E-Mail-Fenster.

Und so bereiten Sie Bilder für das Versenden per E-Mail vor:

1 **Optional: Zuschneiden.** Betrachten Sie die Aufnahme kritisch – lässt sich da eventuell noch etwas wegschneiden? Damit verstärken Sie den Fokus auf das Wesentliche. Wie Sie ein Bild zuschneiden, lesen Sie auf Seite 60.

2 **Skalieren.** Prüfen Sie die Bildgröße (werfen Sie dazu einen Blick auf die Titelleiste des Bildfensters). Zwar werden die Bildschirmauflösungen immer höher, aber die wenigsten Menschen lesen ihre E-Mails wirklich bildschirmfüllend. Daher sollte das Bild nicht breiter als 500 bis 800

E-Mail & Bilder: Dos and Don'ts

Wenn Sie eine große Datei versenden müssen, erkundigen Sie sich bei dem/der Empfänger/in, ob er/sie über eine ausreichend gute Internetverbindung verfügt.
Beachten Sie, dass manche Empfänger/innen ihre E-Mails über Webplattformen abrufen, die Nur-Text-Mails darstellen – d.h. keine Formatierungen oder eingebetteten Bilder. Die Bilder werden in so einem Fall als Dateianhang jedoch trotzdem zugestellt.

Tipp

Pixel sein. Öffnen Sie über BILD > BILD SKALIEREN den Dialog, geben Sie bei BREITE den entsprechenden Wert ein, drücken Sie ⏎ – damit ändert sich die Höhe automatisch. Bestätigen Sie mit SKALIEREN (mehr dazu lesen Sie auf Seite 27).

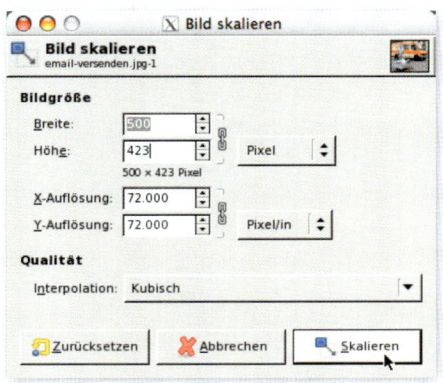

3 Speichern. Versenden Sie die Bilder als JPG-Datei, das gängigste Dateiformat. Wählen Sie DATEI > SPEICHERN UNTER... (⇧ + Strg / Ctrl + S), um das Original zu behalten (oder nur SPEICHERN, wenn Sie es nicht aufbewahren wollen). Geben Sie den Dateinamen mit der Dateiendung an (z.B. *regenbogen-klein.jpg*), klicken Sie auf OK. Im nachfolgenden Dialog bestätigen Sie zunächst mit EXPORTIEREN, im nächsten Dialog

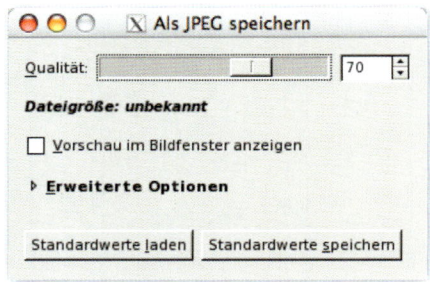

schieben Sie den Regler nach links auf ca. 60 für eine geringere Qualität. Dies verringert die Dateigröße und ist zum Nur-Betrachten völlig ausreichend. Siehe auch *Beispiele digitaler Bildformate*, Seite 21.

Bild in eine E-Mail einfügen

Es gibt mehrere Varianten, wie Sie ein Bild per E-Mail versenden können. Alle drei Möglichkeiten sehen Sie auf Seite 154 abgebildet: als sofort sichtbares, eingebettetes Bild (1), als Dateianhang (2) oder als vielfach wiederholtes Hintergrundbild (3). Die Menübefehle unterscheiden sich in den verschiedenen E-Mail-Programmen geringfügig, doch ich bin mir sicher, Sie finden den adäquaten Befehl.

1 Als sofort sichtbares Bild (1). Öffnen Sie eine neue E-Mail, setzen Sie den Cursor in den Bereich, wo der Text geschrieben wird, und wählen Sie den Befehl EINFÜGEN > BILD... Wählen Sie die Datei aus. Das funktioniert auch mit Kopieren und Einfügen.

HINWEIS

Um das Foto im Textbereich eingebettet zu sehen, muss die E-Mail im HTML-Format vorliegen. Falls das nicht der Fall ist, wandelt das E-Mail-Programm von Nur-Text automatisch um. Falls es das nicht tut, müssen Sie nach einem entsprechenden Befehl suchen.

2 Als Datei-anhang (2).
Öffnen Sie eine neue E-Mail und wählen Sie den Befehl EINFÜGEN > DATEI. Der Befehl ist in allen gängigen E-Mail-Programmen auch in der Symbolleiste über das Icon mit der Büroklammer aufrufbar. In diesem Fall muss die E-Mail nicht im HTML-Format vorliegen.

3 Als Hintergrundbild (3). Dieses kann (wie in Schritt 1) nur in HTML-E-Mails eingefügt werden. Ein Hintergrundbild in HTML-Dateien wird so lange wiederholt, bis das Fenster gefüllt ist. Das kann unansehnlich wirken, doch GIMP bietet für diesen Fall ein praktisches Skript: NAHTLOS MACHEN. Damit wird das Bild so verändert, dass es ohne störende „Nähte" aneinandergereiht werden kann.

TIPP

Hintergrundbilder sollten nicht zu starke Kontraste haben – da sonst der darüberliegende Text schwer lesbar wird. Verwenden Sie in GIMP zum Beispiel FARBEN > WERTE, ziehen Sie zum Aufhellen den mittleren Pfeil weit nach links.

Der Befehl finden Sie unter FILTER > ABBILDEN. In Ihrem E-Mail-Programm öffnen Sie eine neue E-Mail und wählen FORMAT > HINTERGRUND. Suchen Sie die Datei. Fertig!

Bilder drucken
Tintenstrahl ▪ Farblaser ▪ Fotoservice

Am Bildschirm hat alles super ausgesehen, doch der Ausdruck war enttäuschend? Die Qualität des Ausdrucks hängt ganz wesentlich vom verwendeten Drucker, vom Papier und von der Tinte ab. Lesen Sie hier, welche Möglichkeiten es im Home-Office-Bereich gibt, wie Sie Ihre Drucke verbessern können und wo und wie Sie „auswärts" drucken lassen.

Canon Austria GmbH

△ Heutzutage erzielt man auch mit kleineren Tintenstrahldruckern sehr hochwertige Ergebnisse. Hier der Canon Pixma IP4500 AMBIENT, mit dem Sie übrigens auch CD- oder DVD-Rohlinge bedrucken können.

Tintenstrahldrucker

Tintenstrahldrucker tragen winzige Tintentröpfchen auf das Trägermaterial auf. Die Tinte kommt über Düsen aus den Patronen, die getrennt nach Farben auf einem Druckkopf sitzen. Die Farben im Druckbereich unterscheiden sich vom Webbereich, gedruckt wird im Farbraum CMYK (= Cyan, Magenta, Yellow und Black) – der kleiner als der RGB-Farbraum ist. Die Konvertierung von RGB nach CMYK erfolgt dabei vor dem Drucken automatisch.

> **TIPP**
>
> Achten Sie beim Kauf eines Tintenstrahldruckers darauf, dass die Patronen einzeln austauschbar sind. Sonst kann es passieren, dass Sie alle tauschen müssen, obwohl nur eine Farbe ausgegangen ist. Für Vieldrucker/innen gibt es eine sparsame Variante mit externen Nachfüllsystemen, die mittels Schläuchen die Patronen aus Tanks füllen.

Die Haltbarkeit eines Tintenstrahlausdrucks ist begrenzt – die Bilder verblassen im Laufe der Zeit. Schützen Sie Ihre Drucke daher vor den bleichenden UV-Strahlen, indem Sie sie hinter Glas rahmen oder mit Colour-Protection-Spray besprühen. Manche Firmen bieten dagegen sehr teure Tinte und hochwertiges Archivpapier an, das hundert Jahre hält. Auch sind Fotodrucke anfälliger für Kratzer als ausbelichtete Fotos.

Wenn Sie den Drucker über längere Zeit nicht verwendet haben, führen Sie einen Düsentest durch und starten Sie – falls nötig – eine Reinigung. Die Befehle dazu finden Sie in Windows unter anderem über Systemsteuerung > Drucker > rechte Maustaste > Eigenschaften.

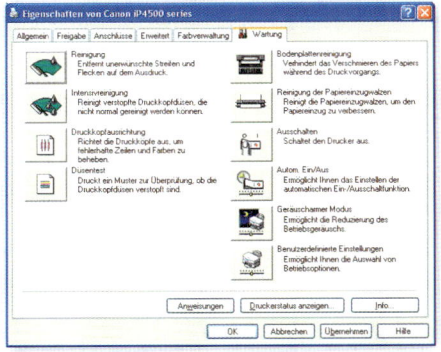

Wirklich hochwertige Druckqualität erzielen Sie nur mit Spezialpapier. Normales Papier saugt zu viel Tinte auf – das Bild wird matt und farblos.

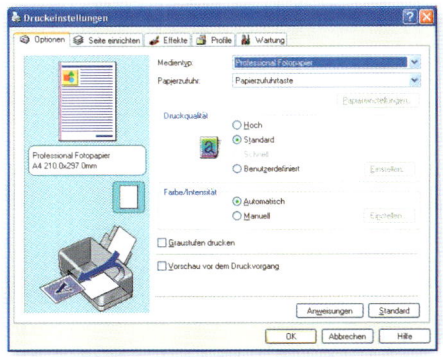

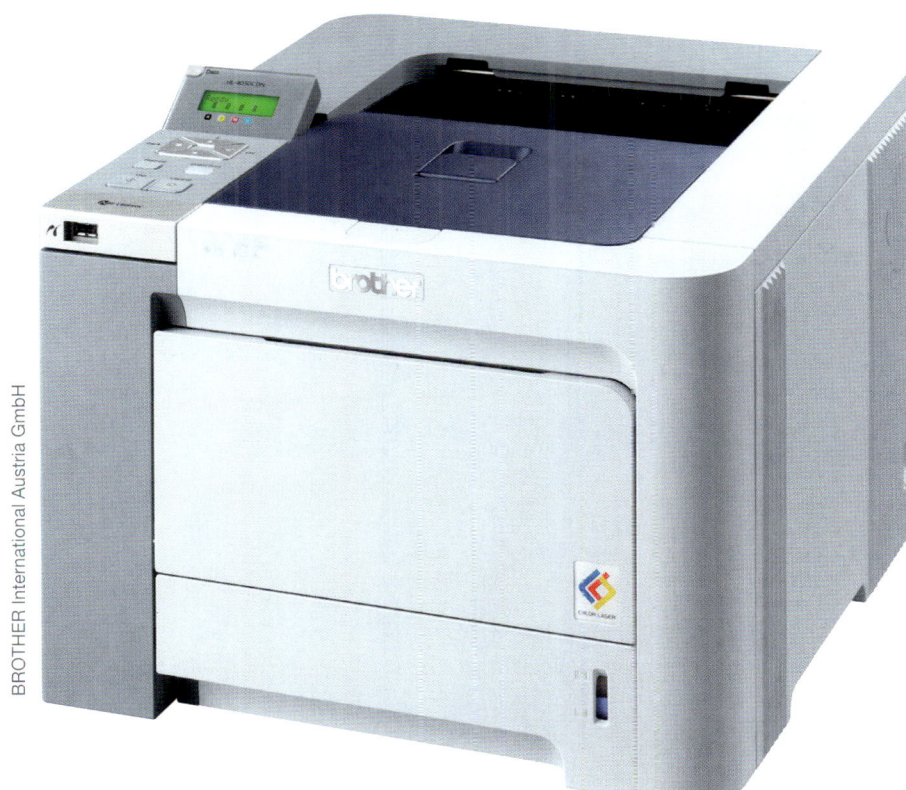

BROTHER International Austria GmbH

△ Farblaserdrucker, wie dieser Brother HL-4050 CND, sind mittlerweile erschwinglich. Für den Ausdruck von Bildern verwenden Sie qualitativ hochwertiges Papier zwischen 100 und 160 g/m².

Besorgen Sie sich am besten das vom jeweiligen Druckerhersteller empfohlene Fotoglanzpapier bzw. verfolgen Sie in der Fachpresse Testberichte für günstigere Alternativen. Aber Achtung: Inkompatibles Papier kann zu schlechter Druckqualität führen, matte Farben, störende Farbflecken und Druckrisse sind die Folge. Im Druckdialog Ihres Druckers stellen Sie unter Eigenschaften > Medientyp oder Papiertyp das verwendete Papier ein, und legen Sie das Papier so in das Zufuhrfach des Druckers ein, dass die glänzende Seite bedruckt wird. Mehr zum Drucken mit GIMP lesen Sie auf der nachfolgenden Seite.

Laserdrucker

Die CMYK-Farbe kommt beim Laserdrucker von vier verschiedenen Tonern (Blau, Magenta, Gelb, Schwarz), die in einer Trommeleinheit zusammensitzen. Der Vorteil von Laserausdrucken ist, dass sie lichtecht und unempfindlich gegen Feuchtigkeit sind. Und ein Laserdrucker benötigt kaum Wartung – auch nach langen Standzeiten gibt es keine verstopften Düsen.

Doch hinsichtlich Farbvielfalt und Kontraste kann der Laserdrucker mit einem Tintenstrahldrucker nicht mithalten. Die Drucke weisen stets feine – jedoch sichtbare – Rasterpunkte auf.

Auch für Laserdrucker gibt es Spezialpapier. Verwenden Sie bitte nur solches, das auch eigens für Laserdrucker vorgesehen ist. Fotoglanzpapier für Tintenstrahldrucker hält der Hitze eines Laserdruckers nicht stand!

Präsentation

157

Drucken mit GIMP

1 Druckgröße. Öffnen Sie das Bild, das Sie drucken möchten, und kontrollieren Sie noch vor dem Druck die Auflösung über BILD > DRUCKGRÖSSE. Hier ändern Sie die Anzahl der Pixel, die pro 1 Inch (= 1 Zoll = 2,54 cm) gedruckt werden sollen. Setzen Sie den Wert bei X-AUFLÖSUNG auf 150 bis 300 ppi (die Y-AUFLÖSUNG ändert sich automatisch mit). Je höher die Auflösung, desto qualitativ hochwertiger wird der Druck – aber desto kleiner werden die Abmessungen des Bilds:

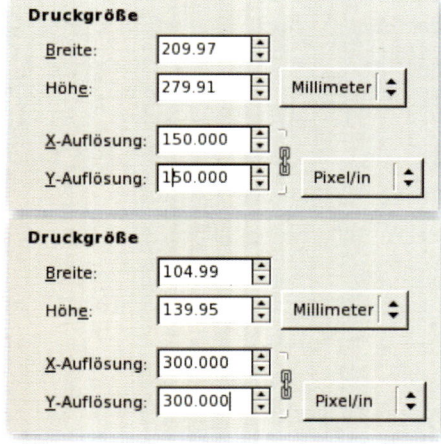

Ändern Sie die Maßeinheit von BREITE und HÖHE auf MILLIMETER (unter MEHR... gibt es auch ZENTIMETER). Bei diesem Bespiel kann das Bild bei 150 ppi fast auf DIN-A4-Format-größe ausgedruckt werden, bei 300 ppi jedoch nur noch halb so groß mit 105 x 140 mm.

Die Größe des Bilds selbst ändern Sie in einem anderen Dialog: Wechseln Sie dazu in BILD > BILD SKALIEREN. Stellen Sie die Maßeinheit der Breite und Höhe ebenfalls auf MILLIMETER bzw. ZENTIMETER um. Überschreiben Sie die BREITE bzw. HÖHE mit den neuen Abmessungen. Mehr dazu lesen Sie unter *Bild skalieren*, Seite 27.

2 Drucken. Öffnen Sie über DATEI > DRUCKEN (⎇Strg⎇/⎇Ctrl⎇+⎇P⎇) den Druckerdialog. Über die verschiedenen Register stellen Sie die Druckgröße, die Qualität, das Papier und vieles mehr ein. Unter Windows gelangen Sie über die Schaltfläche EINSTELLUNGEN zum Dialog des jeweiligen Druckertreibers.

» **Allgemein:** Im ersten Fenster wählen Sie den Drucker aus und legen unter KOPIEN fest, wie oft das Bild ausgedruckt werden soll.

» **Seite einrichten:** Praktisch: Mit SEITEN PRO BLATT ordnet GIMP für Sie automatisch mehrere Bilder auf der Seite an. Mit SKALIERUNG

verkleinern bzw. vergrößern Sie das Bild. Vor allem bei Verwendung von Spezialpapier wichtig: Unter PAPIERTYP oder MEDIENTYP wählen Sie das eingelegte Papier.

» **Bildeigenschaften:** In diesem Dialog können Sie die BREITE und HÖHE bzw. die AUFLÖSUNG verändern – die Einstellungen hier haben Priorität gegenüber den Einstellungen bei DRUCKGRÖSSE (Schritt 1). Außerdem legen Sie hier die Position auf der Seite fest. Das können Sie einerseits über die Werte LINKS, OBEN, RECHTS bzw. UNTEN oder Sie verschieben das Bild im Vorschaufenster rechts per Maus. Über die Schaltfläche SEITENGRÖSSE UND AUSRICHTUNG EINSTELLEN gelangen Sie in einen weiteren Dialog zum Einstellen von Papierformat und Rändern.

» **Druckqualität:** Abhängig vom Drucker stellen Sie unter DRUCKQUALITÄT die Auflösung – also die Feinheit des Drucks – ein. Je höher,

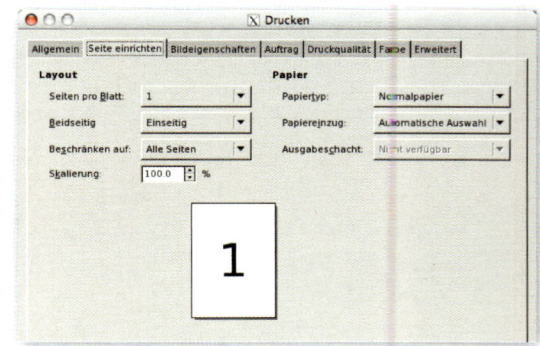

desto besser. Diese Auflösung hier hat keine Auswirkung mehr auf die Bildgröße.

> **HINWEIS**
>
> Darstellung und Inhalt des Druckerdialogs hängen vom jeweiligen Druckertreiber ab.

Fotoservice

Fotoabzüge bekommen Sie über Dienstleister – diese verfügen über die dafür nötigen High-End-Geräte. Preislich kann es ebenfalls interessanter sein, als selbst auszudrucken: So kostet ein 10 x 15 cm großes Foto mit dem Home-Office-Drucker rund 30 Cent – und da sind die Anschaffungskosten nicht einmal mitgerechnet. Beim Fotodiscounter bekommen Sie ab 9 Cent Abzüge. Die Dateien werden in den Labors nicht gedruckt, sondern mittels Fotobelichtern ausbelichtet. Die Qualität ist abhängig vom Anbieter – manche Discounter verwenden leider eine „Verbesserungssoftware", die Ihre bearbeiteten Bilder erst recht wieder verschlechtern. Schalten Sie diese stets ab. Erkundigen Sie sich auch vorher, lesen Sie Testberichte im Web oder in Fachzeitschriften und fragen Sie andere Leute nach ihren Erfahrungen.

Discounter: Neben Fotolabordiscountern bieten die meisten größeren Supermarktketten, Drogerie- oder Elektrofachmärkte Fotoservices an. Speichern Sie Ihre Dateien auf einem gängigen Datenträger, wie z.B. USB-Stick, CD, CD-RW, DVD, bringen Sie ihn in eine Filiale oder schicken Sie ihn ein bzw. überspielen Sie die Dateien nach Anleitung auf ihr System. Oder aber Sie laden die Dateien über ihre Website hoch (Ladezeit!), geben die Filiale an, wo Sie die Abzüge abholen möchten, oder lassen Sie sich die Fotos zusenden (Versandkosten!). Manche Shops verfügen auch über einen Express-Fotodrucker vor Ort, so dass Sie die Drucke sofort mitnehmen können.

> **HINWEIS**
>
> Bei Fotodiscountern verwenden Sie nur JPEG-Dateien. Zur Ausbelichtung im Fachlabor erkundigen Sie sich nach dem (höherwertigen) Dateiformat.

Bereiten Sie über BILD > BILD SKALIEREN die Pixelhöhe bzw. -breite wie folgt vor:

Größe Abzug	Mind. Pixel
9 x 13 cm	701 x 1032 Pixel
10 x 15 cm	804 x 1182 Pixel
13 x 19 cm	1000 x 1473 Pixel
20 x 30 cm	1599 x 2402 Pixel
30 x 45 cm	2402 x 3560 Pixel

Fotofachlabors: Fotoabzüge in höchster Qualität erhalten Sie nur im Spezialgeschäft. Verwenden Sie eine Suchmaschine, um nach Labors in Ihrer Umgebung zu forschen (Stichworte: *fotofachlabor ort*).

Online: Im Web gibt es zahlreiche Anbieter für Fotoabzüge. Geben Sie in eine Suchmaschine z.B. die Begriffe *digitalfotos online* und Ihr *Land* (Versandkosten!) ein. Informieren Sie sich in Foren bzw. mittels Testberichten über die Qualität.

Neben klassischen Fotoabzügen bieten Dienstleister oft auch Fotobücher, Grußkarten, Kalender, den Druck auf Keramikbechern, T-Shirts, Mouse-Pads, Puzzles, Stofftieren und vieles mehr an.

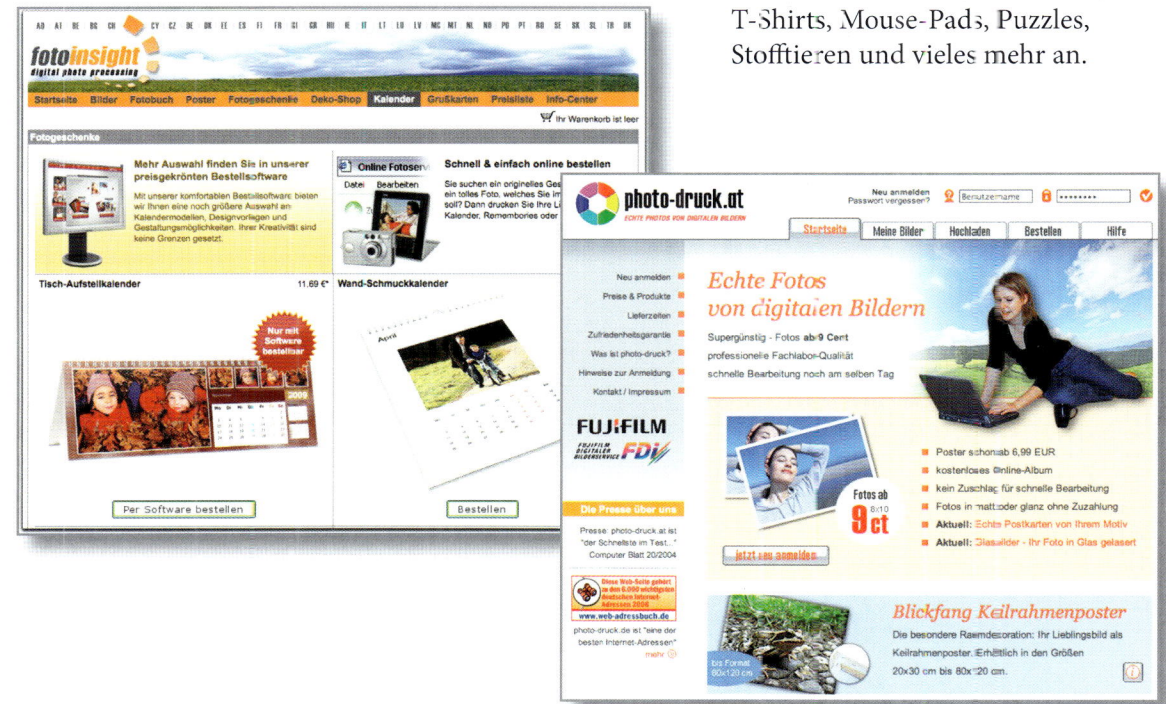

Fotos im Web
Copyright ▪ Picasa ▪ Flickr

Eine Möglichkeit, Ihre Bilder im World Wide Web zu publizieren, wäre, eine eigene Website zu programmieren oder programmieren zu lassen. Aber auch ohne Programmierkenntnisse können Sie Ihre Bilder der Welt zeigen, denn es gibt zahlreiche Anbieter für Webalben. Nach erfolgter Registrierung stehen Ihnen Gratisspeicherplatz und praktische Software zur Veröffentlichung zur Verfügung.

Fotos: Erich Gruber, erstellt mit Picasa

Copyright und Copyleft

Bilder im Web unterliegen, genauso wie Texte und andere Inhalte, dem Urheberrecht, das heißt, diese Daten dürfen nicht ohne Zustimmung des Urhebers/der Urheberin heruntergeladen und verwendet werden. Leider ist die Meinung, dass alles, was es im Web gibt, frei verfügbar wäre, sehr weit verbreitet. Es kann also passieren, dass Ihre Bilder ohne Ihre Erlaubnis genutzt werden.

Eine Möglichkeit, Ihre Fotos zu schützen, besteht darin, einen Copyright-Hinweis einzufügen:

1 **Copyright-Text einfügen.** Aktivieren Sie im Werkzeugkasten das Textwerkzeug **A**, wählen Sie eine weiße Textfarbe, klicken Sie einmal auf das Bild und schreiben Sie z.B. Ihren Namen. Für das Copyright-Symbol © halten Sie ⇧ + Strg / Ctrl gedrückt und tippen Sie im Texteditor die Zeichenfolge *U00A9* (mehr dazu siehe *Bild in Herzform*, Seite 136). Klicken Sie im Texteditor auf SCHLIESSEN.

Der gläserne Mensch im Web

Achten Sie darauf, was Sie online publizieren. Das Web ist weltweit öffentlich zugänglich, das heißt, nicht nur Ihre Verwandten und Bekannten sehen, wo Sie Ihren Urlaub verbrachten und wie Sie in Badehose/Bikini aussehen, sondern eventuell auch zukünftige Arbeitgeber/innen oder Geschäftspartner/innen. Markieren Sie daher, wenn möglich, Bilder als privat, um sie nur einem eingeschränkten Kreis zugänglich zu machen.

Tipp

Markieren Sie im Ebenendialog die Textebene und stellen Sie den Ebenenmodus auf ÜBERLAGERN. Dadurch erhält der Schriftzug einen transparenten Effekt. Speichern

Sie Ihre Originaldatei unter *.xcf als Ebenendatei, damit Sie jederzeit die Copyright-Ebene wieder ausblenden können, und speichern Sie das Bild fürs Web als JPG-Datei (DATEI > KOPIE SPEICHERN UNTER...).

Creative Commons
Für die bewusste Freigabe von Inhalten gibt es unter *http://de.creativecommons.org* Musterlizenzen. Damit legen Sie auf einfache Art und Weise fest, unter welchen Bedingungen Ihre Bilder verwendet werden dürfen. Diese Lizenzen fügen Sie in Ihre Web-

site direkt ein oder aber Sie laden Ihre Bilder auf eines der Partnerfotoportale, wie zum Beispiel *http://www.flickr.com*, und wählen dort die jeweilige Lizenz aus.

Flickr (www.flickr.com)

Flickr ist ein gigantisches Fotoportal mit mehr als 100 Millionen Fotos von Millionen von Benutzer/innen aus der ganzen Welt. Nach erfolgter Gratisregistrierung (Yahoo-ID) haben Sie mehrere Möglichkeiten, Ihre Bilder hochzuladen: Am flottesten geht's mit dem Flickr Uploadr (PC und MAC), dazu müssen Sie

www.flickr.com – Daniela Reiter

nur ein Programm herunterladen und installieren. Oder Sie veröffentlichen die Bilder direkt über die Website von Flickr oder senden Sie per E-Mail. Unter *http://code.google.com* (Suche nach *GIMPPublishr*) gibt es ein Plug-in zum Publizieren Ihrer Bilder direkt aus GIMP (Window, Linux) nach Flickr und Picasa. Nach der Installation findet sich das Plug-in unter DATEI > PUBLISH TO WEB. Nach Klick darauf melden Sie sich bei der jeweiligen Plattform Picasa bzw. Flickr an und geben nur noch Titel und Beschreibung für das Bild ein.

Picasa (www.picasa.com)

Picasa bietet kostenlos ein umfangreiches Programm, mit dem Sie nicht nur auf Klick ein Webalbum anlegen, sondern lokal – also direkt auf Ihrem Computer – Bilder verwalten, Diashows abspielen, Collagen zusammenstellen

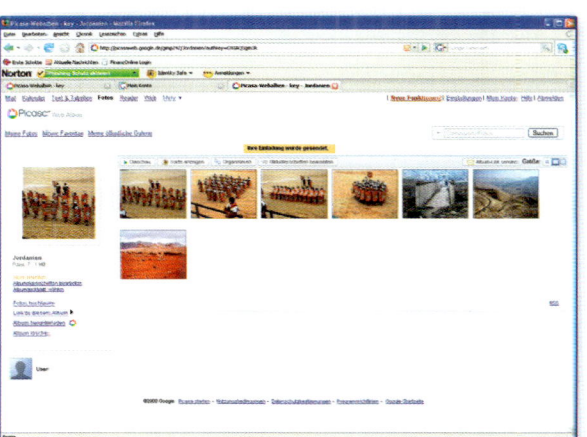

und online Abzüge bestellen. Außerdem können Sie Ihre Bilder *geotaggen*, das heißt beschlagworten und in Google Earth hinzufügen (auch Flickr bietet diese Funktion). Um all das zu nutzen, müssen Sie das Programm von der Picasa-Website laden und installieren. Für das Publizieren der Bilder als Webalbum benötigen Sie ein Google-Konto. Die Webalben können als privat markiert für einen eingeschränkten Personenkreis veröffentlich werden. Das Programm ist benutzerfreundlich und intuitiv in der Verwendung.

Präsentation

161

Digital präsentieren
Wiedergabe ▪ Software ▪ Stapel umbenennen

Nur 14% der digitalen Bilder werden ausgedruckt. Das bedeutet, dass die meisten Dateien am Computer verbleiben oder auf externen Festplatten lagern. Um diese digitalen Bilder dennoch herzuzeigen, gibt es viele Wege. Die effizientesten und gängigsten für Ihre Präsentation stellt Ihnen dieser Abschnitt vor. Gleich ein Tipp: Die optimale Darstellung auf den meisten Geräten ist 4:3 bzw. 16:9 – bereiten Sie Ihre Bilder daraufhin vor (siehe auch *Bildausschnitte und fixe Größe*, Seite 60).

Compositor b.v.

◁

Digitale Bilderrahmen holen sich die Daten von Speicherkarten, übers Netzwerk vom Computer oder sogar aus dem Web.

PC & Beamer

Teuer, aber hochwertig und sehr professionell ist das Projizieren der Aufnahmen über PC & Beamer. Die Auflösung ist bei den meisten Geräten besser als beim Fernseher.

Über den Fernseher

Als günstigere Alternative zum Beamer bietet sich das Präsentieren über den Fernseher an. Stellen Sie fest, welche Auflösung Ihr Gerät darstellen kann, sonst kann es zu bösen Überraschungen kommen, weil die Aufnahmen pixeln und unscharf sind. Folgende Varianten gibt es, um die Bilder „in" das Fernsehgerät zu bringen (lesen Sie dazu bitte auch die Bedienungsanleitungen der jeweiligen Geräte):

» Anschließen des **PC**s am Fernsehgerät über die PC-Buchse, die Bildsteuerung erfolgt dann am PC.

Wiedergabegeräte

Die gängigsten Wiedergabegeräte, mit denen Sie Ihre digitalen Bilddateien betrachten und vorführen können:

Am Computer

Für eine Präsentation im kleinen Kreis genügt ja meist das Abspielen der Dateien direkt am Computer. Für eine monitorfüllende Darstellung der Aufnahmen mit automatischem Bildwechsel (= Diashow, Slideshow) gibt es viele Programme. Gratis für Windows bietet sich zum Beispiel **IrfanView** (*http://www.irfanview. net*), für Linux **xnview** (Privatnutzung gratis, auch für Windows, *http://www.xnview.de*) an. Oft findet sich jedoch auch im Betriebssystem direkt eine Diashow-Funktion. So z.B. unter Windows Vista als Symbol direkt im Windows-Explorer-Fenster, unter Mac in der Vorschau, Darstellung > Diashow (⇧ + ⌘ + F).

» Die meisten digitalen **SAT-Emp-fänger** verfügen über eine USB-Schnittstelle, dazu überspielen Sie die Bilder vom PC auf einen USB-Stick und stecken diesen dann am SAT-Receiver an. Achtung: Zumeist dürfen die Dateien auf dem Stick nicht in einem Ordner liegen, sondern können nur direkt vom Hauptverzeichnis ausgelesen werden.

» Manche Fernsehgeräte verfügen über eine USB-Schnittstelle. Schließen Sie dort den USB-Stick an, die Steuerung erfolgt über die Fernbedienung.

» Spielekonsolen bieten ebenfalls die Funktion, Bilder abzuspielen.

» Oder Sie brennen die Bilder auf CD-ROM bzw. DVD und spielen sie über den **DVD-Player** ab. Manche verfügen auch über einen Steckplatz für die Speicherkarte, falls Sie die Fotos direkt von der Kamera, also unbearbeitet, herzeigen möchten.

» Eine weitere Möglichkeit, direkt aus der **Kamera** die unbearbeiteten Fotos abzuspielen, ist das Anschließen der Kamera über ein A/V-Kabel (CINCH) an das Fernsehgerät. Zum Navigieren verwenden Sie die in der Kamera vorhandene Diashow-Funktion oder die Tasten der Kamera.

Digitaler Bilderrahmen

Digitale Bilderrahmen werden immer günstiger und sind simpel in der Bedienung (siehe Abbildung linke Seite). Die Bilder werden über Speicherkarte, USB-Schnittstelle

oder auch über ein eventuell vorhandenes Netzwerk (LAN, WLAN) vom PC oder Internet (Flickr, Picasa etc.) eingespielt. Die digitalen Bilderrahmen spielen Diashows automatisch ab.

Tragbare Geräte

Kuschelig-romantischer wird die Präsentation mit den kleinen portablen Geräten, wie z.B. die PSP-Spielekonsole, der Apple iPod sowie auch die diversen PDAs (Personal Digital Assistants) und Handys. Die Übertragung erfolgt abhängig vom Gerät via USB-Schnittstelle, Firewire, HDMI, Bluetooth etc.

Viele Dateien umbenennen

Spätestens jetzt – beim digitalen Präsentieren –, wo eine Diashow aus einem Ordner ablaufen soll, wird das Problem mit den Dateinamen akut: Auf den Speicherkarten werden die Bilder ja durchlaufend nummeriert. Wenn Sie nun eine erste „Fuhre" Aufnahmen am Computer eingelesen haben, die Dateien auf der Karte löschen und nun im selben Urlaub neue Bilder aufnehmen, wiederholen sich die Dateinamen (z.B. _DSF0322.JPG) und sie würden sich beim Einspielen in denselben Ordner gegenseitig überschreiben. Um alle diese Bilder aus demselben Urlaub in einem gemeinsamen Dateiordner auf dem Computer abzulegen, müssen Sie die Dateien umbenennen. Einzeln umbennen wäre viel zu langwierig, daher bieten die meisten Diashow-Programme (IrfanView, xnview und auch z.B. Picasa) die Option, allen markierten Dateien einen

Namen mit fortlaufender Nummer zu geben.

So benennen Sie Bilder in **IrfanView** stapelweise um. (Zum Ändern der Sprache in Deutsch wählen Sie Options > Change Language > Deutsch.)

1 Wählen Sie Datei > Öffnen und klicken Sie auf nur ein Bild aus dem ersten Ordner. Irfan-View holt sich von dort automatisch alle anderen. Dann folgt Datei > Batch-Konvertierung / Umbenennung. In dem Fenster aktivieren Sie die Option Batch-Umbenennung (1), klicken auf Alle hinzufüg. (2) und

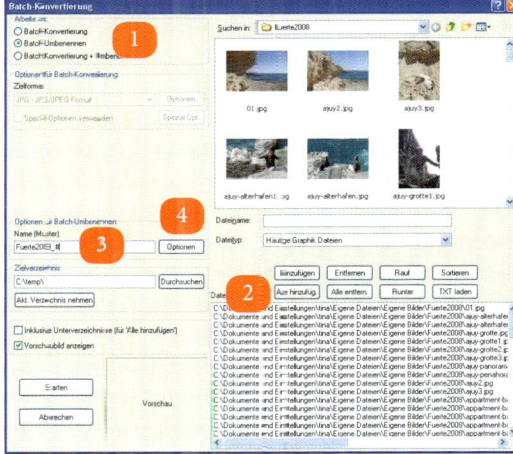

vergeben im Feld Name (Muster) (3) den Beginn für den Namen, z.B. *Fuerte2008_#*. Die Raute (#) steht für die fortlaufende Nummerierung, so dass die zeitliche Abfolge gewahrt bleibt. Mit welcher Zahl gestartet werden soll, legen Sie über Option (4) fest. Für das Umbenennen der Bilder, die in den anderen Ordnern liegen, wählen Sie diese und geben eine neue Startnummer ein. Wenn also der erste Stapel mit 30 geendet hat, geben Sie bei Start-index nun 31 ein.

Installationsanleitung
Download ▪ Betriebssysteme

Lesen Sie hier, wo Sie die aktuellste Version von GIMP herunterladen und wie Sie sie anschließend installieren – und zwar für Windows, Linux bzw. Mac OS X. Es ist nicht schwer, versprochen!

Oben: Die offizielle englischsprachige GIMP-Website *www.gimp.org*. Mitte: *http://gimp.lisanet.de/Website/Download.html* – die erste Anlaufstelle für alle GIMP-User/innen, die auf Apple arbeiten. Und unten: die deutschsprachige GIMP-Plattform *www.gimpusers.de*, mit GIMP-Downloads, Gewinnspielen, Hilfeanleitungen, Tutorials und vielem mehr.

Allgemeines

Betriebssysteme

GIMP läuft auf GNU/Linux™, Apple Mac OS X™, Microsoft Windows™ (2000, XP, 2003, Vista), OpenBSD™, NetBSD™, FreeBSD™, Solaris™, SunOS™, AIX™, HP-UX™, Tru64™, Digital UNIX™, OSF/1™, IRIX™, OS/2™ und BeOS™.

Versionsnummern

Bei den Versionsnummern von GIMP gilt immer: Eine ungerade Mittelziffer in der Versionsnummer (z.B. 2.5.xx) ist eine instabile Entwicklerversion, eine gerade Mittelziffer bedeutet eine stabile Version (z.B. 2.6).

Installationsanleitung für Windows

1 Download. Laden Sie von *http://gimp-win.sourceforge.net/stable.html* die aktuelle GIMP-Version auf Ihren Computer – zum Beispiel auf den Desktop. Die Datei, die Sie herunterladen, hat rund 16 MB. Oder verwenden Sie das Programm von der CD.

2 Installation. Zur Info für User/innen, die schon mal GIMP installiert haben: Diese Paketdatei enthält beides: GTK und GIMP, das heißt, Sie brauchen sich um keine gesonderte GTK-Installation mehr zu kümmern.

Doppelklicken Sie auf die *gimp-2.6.-i686-setup.exe*, um sie zu entpacken. Starten Sie dann die Installation durch Doppelklick auf die exe-Datei. Die Installation läuft automatisch ab. Fertig!

ACHTUNG!

Manche Antispy-Software, wie z.B. Virgin Media PCGuard, meldet fälschlicherweise, dass der GIMP-Installer infiziert wäre. Ignorieren Sie diese Meldung!

Installationsanleitung für Mac OS X

Es gibt mehrere Wege, GIMP unter Mac OS X zu installieren (es läuft nicht auf älteren Mac-Versionen wie OS 9). Die einfachste Variante ist, das Programmpaket *GIMP.app* zu installieren. Doch gerade bei Neuerscheinungen gibt es nicht sofort die neueste Version. Hier hilft es, GIMP mittels *Macports* zu installieren – die Versionen werden hier schneller veröffentlicht und

das Update funktioniert simpel und schnell. Im Folgenden sind beide Varianten beschrieben.

OS-X-VERSION

Wenn Sie nicht wissen, welche OS-X-Version auf Ihrem Mac installiert ist, klicken Sie auf das Apfel-Symbol , das Sie ganz links oben in der Ecke sehen, und dann auf ÜBER DIESEN MAC. Um das richtige GIMP-Paket zu wählen, müssen Sie die OS-X-**Version** (10.4, 10.5) und die Art des **Prozessors** (Intel oder PowerPC = PPC) kennen.

Vorbereitungen

Unabhängig davon, welche GIMP-Installation Sie bevorzugen, benötigen Sie vorher X11. Um festzustellen, ob X11 auf Ihrem Mac bereits installiert ist, klicken Sie im FINDER auf PROGRAMME > DIENSTPROGRAMME. Dort müssten Sie das Icon für X11 sehen.

Wenn Sie X11 dort nicht finden, müssen Sie das X-Window noch vor der Installation von GIMP nachinstallieren. Das funktioniert wie folgt:

X11 für OS X 10.4 (Intel & PPC)

1 Legen Sie die OS-X-Installations-DVD ein, doppelklicken Sie auf OPTIONAL INSTALLS.

2 Ein Installationsfenster öffnet sich, klicken Sie durch bis zur Kategorie INSTALLATIONSTYP. Erweitern Sie den Eintrag APPLIKATIONEN (Klick auf den Pfeil davor) und klicken Sie auf das Kästchen vor X11. Bestätigen Sie mit UPDATE.

3 Jetzt benötigen Sie nur noch die aktuellste Version: Für das Update von X11 klicken Sie auf das APPLE-MENÜ (ganz links oben in der Ecke auf das Apfel-Symbol) > SOFTWARE-AKTUALISIERUNG.

X11 für OS X 10.5 (Intel & PPC)
Achtung! Wenn Sie für 10.5.2 X11 direkt von der Leopard-Installations-DVD (10.5.0) installieren und dann updaten, stürzt GIMP ab. Um das zu verhindern, installieren Sie das 10.5.2-Combo-Update erneut.

Einfacher ist es, die X11-Applikation von *http://xquartz.macosforge.org/trac/* zu laden und zu installieren.

Wie Sie nun GIMP installieren, lesen Sie bitte im folgenden Absatz:

Installationsanleitung
Download ▪ Betriebssysteme

Leicht: GIMP.app-Installation

1 Laden Sie von *http://gimp.lisanet.de/Website/Download.html* das für Ihre OS-X-Version passende GIMP-Paket (ca. 63 MB).

2 Doppelklicken Sie auf die *.dmg-Datei. In dem Fenster sehen Sie Wilber, das GIMP-Maskottchen, und den PROGRAMME-(APPLICATIONS-)Ordner Ihres Apples. Ziehen Sie das GIMP-Symbol direkt auf den PROGRAMME-Ordner und lassen Sie es dort „fallen". Wenn Sie dieses Fenster nicht haben, ziehen Sie im Finder – wie hier abgebildet – das Wilber-Icon direkt auf den Programme-Ordner. Das war die Installation.

Abschließend werfen Sie im FINDER das GIMP-Diskimage aus, indem Sie auf das Pfeilchen klicken oder es auf den Papierkorb ziehen. Die *.dmg-Datei können Sie ebenfalls löschen.

Sofort-Update: GIMP per Macports

Mit Macports sind Sie am schnellsten auf dem neuesten Stand der Dinge.

Vorbereitungen

1 **X11 installieren.** Zunächst müssen Sie X11 installieren. Folgen Sie dazu bitte der Anleitung auf der vorherigen Seite.

2 **Xcode Tools installieren.** Die Xcode Tools finden Sie entweder auf Ihrer Mac-OS-X-Installations-DVD oder im Internet unter *http://developer.apple.com/tools/downloads* (Registrierung erforderlich und Achtung – die Xcode Tools sind 900 MB groß).

3 **X11SDK installieren**. Unter Xcode Tools finden Sie im Ordner „Packages" das X11SDK-Paket. Auch dieses müssen Sie noch vor GIMP installieren. Klicken Sie doppelt auf die Datei und folgen Sie den Anweisungen.

Macports installieren

1 **Downloaden** Sie Macports unter *www.macports.org* für Ihre Mac-OS-X-Version. (Diese stellen Sie fest, indem Sie auf das -Symbol links oben klicken und dann ÜBER DIESEN MAC wählen.)

2 Nach einem Doppelklick auf die *macports.dmg*-Datei starten Sie den Installer. Folgen Sie den Anweisungen.

3 Ab jetzt geben Sie die Befehle über das Terminal ein. Gehen Sie dazu auf PROGRAMME > DIENSTPROGRAMME > TERMINAL.

Zunächst prüfen Sie, ob es Updates für Macports gibt. Führen Sie diesen Schritt in jedem Fall aus – auch wenn Sie Macports gerade erst von der Website heruntergeladen haben:

```
sudo port selfupdate ⏎
```

Geben Sie gegebenenfalls Ihr Anmeldekennwort ein.

Nach erfolgtem Update starten Sie den Download und die Installation von GIMP:

```
sudo port install gimp ⏎
```

Achtung! Die Installation kann eine ganze Weile dauern – je nach Internetverbindung auch einige Stunden!

GIMP starten:

```
open-x11 /opt/local/bin/gimp
↵
```

Praktisch mit Macports: Sie können GIMP jederzeit ganz leicht upgraden, geben Sie dazu den folgenden Befehl am Terminal ein:

```
sudo port upgrade gimp ↵
```

Installationsanleitung für Linux

GIMP wurde ja ursprünglich für Linux entwickelt – es kann daher sein, dass das Programm bereits bei Ihrer Distribution dabei ist – sehen Sie unter PROGRAMME > GRAFIK-PROGRAMME nach! Falls nicht, dann folgen Sie der Anleitung.

Unter Linux wird ressourcensparend installiert, das heißt, Programmteile werden gleichzeitig für verschiedene Programme verwendet. Um sich nicht um die einzelnen Abhängigkeiten selbst kümmern zu müssen, installieren Sie ein fertig geschnürtes Paket, erkennbar an der Dateiendung rpm. Durch die Installation eines Pakets werden automatisch die Abhängigkeiten geprüft. Falls es ein solches Paket nicht gibt, finden Sie unter *www.gimp.org/unix* eine Anleitung zum Selbstbauen.

GIMP-Paket manuell installieren

1 Stellen Sie fest, welche Linux-Distribution und -Architektur Sie installiert haben. Klicken Sie dazu auf ARBEITSPLATZ, dort finden Sie zusammengefasst alle Informationen.

2 Suchen Sie über *http://www. gimp.org/unix* nach dem aktuellen GIMP-Paket für Ihre Linux-Distribution.

3 Klicken Sie auf den Link, um den Download zu starten, und bestätigen Sie mit ÖFFNEN MIT... SOFTWARE INSTALLER.

4 Nach Fertigstellung des Downloads öffnet sich automatisch der SOFTWARE INSTALLER, dieser prüft Paketabhängigkeiten und zeigt vor der Installation eine Zusammenfassung an, die Sie bestätigen. Geben Sie gegebenenfalls das Root-Kennwort ein. Fertig – Sie können GIMP starten!

Installation mit YaST

Das YaST-Kontrollzentrum verwaltet Pakete und installiert zu aktualisierende Programme automatisch.

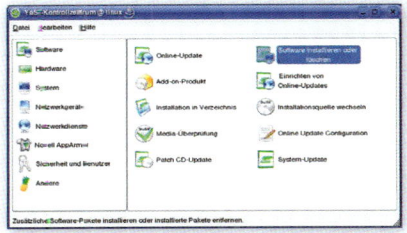

1 Öffnen Sie YAST. Klicken Sie dazu auf K-MENÜ > SYSTEM > YAST (KONTROLLZENTRUM). Geben Sie gegebenenfalls das Root-Kennwort ein.

2 Wählen Sie SOFTWARE INSTALLIEREN ODER LÖSCHEN.

3 Klicken Sie im YaST-Fenster auf das Pull-down-Menü FILTER und wählen Sie PAKETGRUPPEN, dadurch blenden Sie sämtliche installierten Applikationen ein. Sie finden GIMP unter der Kategorie PRODUKTIVITÄT > GRAFIK > BITMAP EDITOREN.

4 Klicken Sie in der Zeile GIMP *einmal* auf das Kontrollkästchen. Dadurch verändert sich das Häkchen in ein grünes „Z", damit haben Sie das Paket zum Aktualisieren markiert. Nur zur Info: Klicken Sie noch einmal darauf, erscheint ein kleiner Papierkorb – damit markieren Sie das Paket zum Löschen. Klicken Sie erneut so oft auf das Kontrollkästchen, bis Sie wieder zum Aktualisieren-Symbol gelangen.

5 Mit Klick auf PRÜFEN im unteren Bereich des YaST-Fensters eruiert YaST automatisch Paketabhängigkeiten.

6 Zum Starten der Installation klicken Sie auf ÜBERNEHMEN.

GIMP ist nun zum Start bereit!

Linkliste

Hier finden Sie nicht nur sämtliche in den Kapiteln erwähnten Links nochmals im Überblick zusammengefasst, sondern auch weiterführende Webadressen zu GIMP selbst – so z.B. die offizielle Download-Seite, verschiedene Hilfeseiten und höchst aktive Foren, die Sie bei Fragen stets gerne unterstützen. Alle hier angeführten Links finden Sie zum Anklicken auf der CD.

Linkliste.doc, Linkliste.pdf , Linkliste.odt

GIMP-Download und Hilfe

GIMP – die offizielle Seite
» http://www.gimp.org

Deutschsprachige GIMP-Hilfeseite
» http://docs.gimp.org/de

DAS deutschsprachige GIMP-Portal
» http://www.gimpusers.de

Download für Linux
» http://gimp.org/unix

Download für Mac OS X
» Download X11 für OS X 10.5.0 und höher:
  http://xquartz.macosforge.org/trac/

» Download GIMP für Apple:
  http://gimp.lisanet.de/Website/Download.html

Download für Windows
» http://gimp-win.sourceforge.net/stable.html

Hilfreiches GIMP-Forum
» http://www.gimpforum.de

Infos zur GIMP-Lizenz (englischsprachig)
» http://www.gnu.org/licenses

Plug-ins für GIMP downloaden (englischsprachig)
» http://registry.gimp.org

Wilber's Wiki (englischsprachig)
» http://wiki.gimp.org/gimp

Rund um die Fotografie

Linuxprogramm zum Identifizieren der Kamera
» http://www.gphoto.org

Gigantisches Fotoportal
» http://www.flickr.com

Fotosuche auf Flickr nach Creative-Commons-Lizenz
» http://flickrcc.bluemountains.net

Infos zur Creative-Commons-Lizenz
» http://creativecommons.org

Webfotoalben – auch privat schalten möglich
» http://www.picasa.com

Fotoportal, Geben-und-Nehmen-Prinzip
» http://www.photocase.com

Fantastische Bilder
» http://www.worth1000.com

Passende Farben suchen
» http://www.colorsontheweb.com/colorwizard.asp
  http://kuler.adobe.com (mit Möglichkeit zum Foto-Upload)

Tausende Bilder in Topqualität, Namensnennung
» http://www.aboutpixel.de

Bilder stapelweise umbenennen, Win und Linux mit Diashow-Funktion
» ExifRenamer 2.1.1 (Mac OS X):
  http://www.qdev.de

» IrfanView (Win):
  http://irfanview.tuwien.ac.at

» Gwenview (Linux):
  http://gwenview.sourceforge.net (englisch)

» XNView (Linux, Win):
  http://www.xnview.de

Webbarometer zu Browser-Nutzung und mehr
» http://www.webhits.de

Hardwarebasierende Kalibration z.B. mit
» Silver Haze Pro
http://www.quato.com

» System Eye-One von GretagMacbeth
http://www.xrite.com

ECI-RGB Download
» http://www.eci.org

Farbmanagement
» Infos für Linux:
http://lprof.sourceforge.net
http://www.argyllcms.com/
http://www.normankoren.com/
color_management_2A.html

» Open-Source-Programm Little CMS
http://www.littlecms.com (Win, Linux)

» Windows:
http://www.microsoft.com

ICC-Profile
» http://www.adobe.com

Zitatesammlung
» http://de.wikiquote.com

Unicode-Zeichen z.B. für Herzform
» http://www.unicode.org
bzw. http://decodeunicode.org

Nützliches für GIMP und sonst auch ... :)

Kreative Werkzeugspitzen
» http://hawksmont.com/brushes

JPG retten
» Lassen sich JPG-Dateien nicht öffnen, versuchen Sie,
sie mit diesem Tool zu retten:
http://www.rfc1149.net/devel/recoverjpeg

Schriften-Downloads
» Bitte beachten Sie die jeweiligen lizenzrechtlicher
Details in den Read-Me-Dateien:
http://www.dafont.com

Welche Schrift?
» Liefert Vorschläge für in Bilddateien eingebettete
Schriften:
http://www.myfonts.com/WhatTheFont/

Photoshop – GIMP-Tastenkombinationen (engl.)
» http://epierce.freeshell.org/gimp/gimp_ps.php

EXIF-Tool
» Auslesen und Bearbeiter von EXIF-Daten:
http://www.sno.phy.queensu.ca/~phil/exiftool

Plug-in: UFRaw zum Öffnen von RAW-Dateien
» http://ufraw.sourceforge.net/Install.html

» Tonkurven zum Laden in UFRaw:
http://fotogenetic.dearingfilm.com

Plug-in: Hochpassfilter
» http://www.gimp.org/tutorials/Sketch_Effect

Plug-in: „Line Border" zum Erzeugen von Rahmen
» http://registry.gimp.org/node/118

Plug-in: Kontrastmaske
» http://registry.gimp.org/node/182

Plug-in: Focus Blur für Miniatur-Spielzeugeffekt
» http://osp.wikidot.com/focus-blur (Win, Linux)

**Plug-in: DRI-Skript zum automatischen
Zusammenführen von Belichtungsreihen**
» http://registry.gimp.org/node/113

Plug-in: Ebenenmodus Ausschluss
» http://www.gimptalk.com (engl.)
Suche nach: Exclusion Script

Plug-in: Publizieren in Picasa und Flickr
» http://code.google.com (Suche nach Gimp Publishr)

Plug-in: Diana-Holga-Lochkamera-Effekt
» http://registry.gimp.org/node/252

» Bilder und Infos zu Holga:
http://www.bildmaterial.ch
http://www.andreashurni.ch/wuehlkiste/
index_holga.html
http://www.holga.net

Glossar & Wörterbuch
Fachbegriffe verständlich erklärt

GIMP verwendet zum Teil – nicht zuletzt aufgrund der Übersetzung vom Englischen ins Deutsche – recht eigenwillige Begriffe. So heißt *eine weiche Auswahl* in GIMP *Kante ausblenden*. So weit möglich, bin ich im Buch auf diese Unterschiede eingegangen, doch nicht an allen Stellen konnte ich immer Erklärungen zu den speziellen Begriffen liefern. Auf diesen Seiten stehen also Fachbegriffe, die im Buch vorkommen, nochmals zusammengefasst und kurz und bündig erklärt. Zudem finden Sie ein kleines Wörterbuch Photoshop–GIMP.

Alphakanal
Kanal zur Darstellung einer möglichen Transparenz eines Bilds. Ist im Kanäledialog als Kanal DECKKRAFT abgelegt.

Artefakte
Mosaikartige, flächige Pixelflecken, die bei zu starkem Komprimieren von JPG-Dateien entstehen.

Ausbelichten
Anfertigung von Abzügen auf beispielsweise Fotopapier. Ist nicht das Gleiche wie Drucken! Dabei wird mittels Laserbelichter auf dem Trägermaterial ein chemischer Prozess initiiert. Dienstleister dafür werden Fotoservice, Bilderdienst oder Fotolabor genannt.

Bit
Kleinste Informationseinheit (Binary DigIT) und Angabe der →Farbtiefe einer Bilddatei, also die mögliche Farbanzahl pro Pixel. GIMP unterstützt 8 Bit pro Farbkanal; bei RGB = 3 Kanäle = 24 Bit ($= 2^{24}$) = 16,7 Millionen Farben.

CMYK
= Cyan, Magenta, Yellow und Black. Farbmodell, das für den Vierfarbendruck verwendet wird. GIMP bietet

dafür noch keine echte Unterstützung.

DPI
Dots per Inch. Mit DPI wird im Druckbereich die Auflösung definiert – also die Anzahl der Bildpunkte pro Inch (Zoll).

Drittelregel
Gestaltungsregel in der Fotografie. Dabei wird das Bild im Sucher gedanklich horizontal und vertikal gedrittelt (ergibt also neun Kästchen) und z.B. das Vordergrundmotiv an einem der Schnittpunkte oder der Horizont im oberen oder unteren Drittel platziert.

Ebenen
Ebenen werden in der Bildbearbeitung eingesetzt, um einerseits möglichst nichtdestruktive Änderungen durchzuführen und andererseits mittels Überblenden verschiedene Effekte zu erzielen (Ebenenmodus) oder Text über das Bild zu schreiben.

Ebenenmaske
Ebenenmasken decken Bereiche eines Bilds ab oder lassen sie sichtbar. Befindet sich unterhalb der Ebene, die die Maske enthält, eine

weitere Ebene, scheint diese an jenen Stellen durch, die die Maske oben abgedeckt hat. Zum Bearbeiten der Ebenenmaske verwenden Sie Malwerkzeuge mit den Farben Schwarz (deckt ab, Darunterliegendes wird sichtbar), Weiß (macht sichtbar, Darunterliegendes wird abgedeckt) oder Grau für weiche Übergänge.

Ebenenmodus
Zum Überblenden von mindestens zwei Ebenen, man erzielt damit verschiedene Mischeffekte.

EXIF
= Exchangeable Image File. Die EXIF-Daten eines Bilds liefern Informationen über Ihre Aufnahme, z.B. Aufnahmedatum, Kameratyp, Blendengröße, Belichtungszeit, Format, Größe etc. Auslesbar u. a. mit dem Exif-Tool oder UFRaw-Plug-in.

Exposure Value (EV)
Die englische Bezeichnung für Lichtwert. Kameraseitige Einstellung für eine Kombination aus Blende, Belichtung und Empfindlichkeit. Ein positiver EV hellt das Bild auf, ein negativer dunkelt ab. Wichtige Funktion für HDR-Belichtungsreihen.

Wörterbuch Photoshop–GIMP

In dieser Liste sind die wichtigsten Begriffe der beiden Programme gegenübergestellt, auch wenn sich manche Funktionen nicht 1:1 übersetzen lassen, weil sie in ihrer Funktionalität nicht identisch sind, so hat z.B. Photoshop nur ein einfaches SÄTTIGUNG VERRINGERN, während GIMP für das ENTSÄTTIGEN drei Varianten anbietet. Auch manche Ebenenmodi sind nicht 1:1 vergleichbar, manche gibt es in GIMP bzw. Photoshop gar nicht, eventuelle Alternativen dafür sind *kursiv* gesetzt. Eine Gegenüberstellung (engl.) der meistgenutzten Tastenkombinationen beider Programme finden Sie übrigens unter *http://epierce. freeshell.org/gimp/gimp_ps.php*.

Befehle	
Photoshop	**GIMP**
Extrahieren-Filter	Vordergrund-Auswahl
Farbbalance	Farbabgleich
Freistellungswerkzeug	Zuschneidenwerkzeug
Gradationskurven	Kurven
Kontur füllen	Auswahl nachziehen
Kopierstempel	Klonenwerkzeug
Maskierungsmodus	Schnellmaske
Reparaturpinsel	Heilenwerkzeug
Sättigung verringern	Entsättigen
Tonwertkorrektur	Werte
Weiche Auswahl	Kante ausblenden

Ebenenmodus			
Photoshop	**GIMP**	**Photoshop**	**GIMP**
Sprenkeln	Vernichtend	Ineinanderkopieren	Überlagern
Abdunkeln	Nur Abdunkeln	Weiches Licht	Weiche Kanten
Multiplizieren	Multiplikation	Hartes Licht	Harte Kanten
Farbig nachbelichten	Nachbelichten	Strahlendes Licht	-
Linear nachbelichten	*Nachbelichten*	Lineares Licht	Faser mischen
Dunklere Farbe	*Nur Abdunkeln*	Lichtpunkt	*Nur Aufhellen*
Aufhellen	Nur Aufhellen	Hart Mischen	-
Negativ Multiplizieren	Bildschirm	Differenz	Abziehen
Farbig Abwedeln	Abwedeln	Ausschluss	*Wert oder Skript**
Linear Abwedeln	*Addition*	Farbton	Farbton
Hellere Farbe	Nur Aufhellen	Sättigung	*Sättigung*
		Farbe	*Farbe*
		Luminanz	*Wert*

* Plug-in: exclusion-mask.scm unter *http://www.gimptalk.com* (engl.), Suche über Suchmaschine nach: *exclusion script*

Farbmanagementsystem
Auch CMS = Color Management System. Verfahren zur möglichst stimmigen Farbdarstellung zwischen den verschiedenen Geräten (Kamera, Scanner, Monitor, Drucker etc).

Farbtiefe
Wird in →Bit angegeben. Anzahl der Bits pro Pixel, die benötigt werden, um unterschiedliche Farben darzustellen, dadurch ergibt sich die Anzahl möglicher Farben.

Fenstermanager
Der Fenstermanager verwaltet die Programmfenster und ist in jedem Betriebssystem unterschiedlich.

Freistellen
Das Extrahieren von Objekten von ihrem Hintergrund. Dabei wird zunächst mit einer beliebigen Technik das Objekt ausgewählt, dann kopiert und auf einer eigenen Ebene eingefügt. So kann darunter eine neue z.B. einfarbige Ebene eingeschoben werden. In Photoshop wird die Bezeichnung auch für das Wegschneiden des Rands verwendet.

Gamma
Gamma regelt die Helligkeit der Mitten. Den Gammawert beeinflussen Sie in GIMP über FARBEN > WERTE – dort mit dem mittleren Pfeil.

GIF
= Graphics Interchange Format, sehr gängiges Dateiformat für Grafiken. Eher ungeeignet für Fotos, da es nur 256 Farben kennt. Sehr gute Kompression.

Goldener Schnitt
Teilungsverhältnis 1: 1,618. Definiert ideale, harmonische Proportionen und Anordnungen.

Halo(s)
(griechisch hálos „Lichthof") Helle Bereiche an Kanten, die beim Überschärfen entstehen können.

HDR
= High Dynamic Range. Ein Bild, das über einen hohen Dynamikumfang verfügt, wird aus zwei oder mehr verschieden belichteten Bildern zusammengesetzt. Das Ergebnis wirkt oft surreal und hyperperfekt.

Histogramm
Darstellung der Häufigkeit der Grau- bzw. Farbwerte eines Bilds pro Kanal

Glossar & Wörterbuch
Fachbegriffe verständlich erklärt

bzw. bei Einstellung WERT für alle Kanäle gleichzeitig. Es sind 256 Tonwerte (→Werte) möglich. Je höher die Säule, desto mehr Pixel haben diesen Tonwert angenommen.

HSV
Farbraum einiger Farbmodelle. Die Farbe wird über Hue (= Farbton), Saturation (= Sättigung) und Value (= Helligkeit) bestimmt.

HTML
= Hypertext Markup Language. Seitenbeschreibungssprache für das Erstellen von Seiten für das Web. Werden von einem Browser (Internet Explorer, Firefox etc.) interpretiert.

Indiziert
Reduzierung der Farben auf maximal 256 in einer Palette abgebildete Farben (siehe auch DIALOGE > FARBTABELLE). Wird beim Speichern im GIF-Dateiformat verwendet. Die Bearbeitung eines indizierten Bilds ist nur beschränkt möglich, wandeln Sie es daher über BILD > MODUS in RGB um.

Interlaced
Das Bild wird beim Laden im Web in Streifen aufgebaut, so dass die Benutzer/innen schon eine Vor-

schau erhalten, obwohl das Bild noch nicht vollständig geladen wurde.

Interpolation
Verfahren zum Neuberechnen der Pixel beim Vergrößern oder Verkleinern des Bilds.

ISO-Wert
Reguliert die Filmempfindlichkeit. Je höher der ISO-Wert, desto höher die Rauschanfälligkeit.

JPEG
= Joint Photographic Experts Group. Eines der gängigsten Dateiformate für digitale Bilder und Grafiken. Hohe →Kompression bei guter Bildqualität möglich.

Kanal
Ein herkömmliches Farbbild setzt sich aus drei Farbkanälen Rot, Grün und Blau (= RGB) zusammen. In GIMP im Kanäledialog sichtbar.

Kanten/Auswahl ausblenden
Zum Erzeugen von weichen Auswahlkanten. Der eingestellte Bereich wird halbtransparent.

Kelvin
Maßeinheit für die Farbtemperatur von Licht. Angabe in K. Das Tageslicht hat 5.600 K.

Klonen
Das Kopieren und Einfügen von Bildteilen. Wichtiges Retuschewerkzeug. GIMP bietet mit Perspektivisch Klonen ein weiteres Spezialwerkzeug, damit wird die zuvor festgelegte Perspektive des Bilds beim Auftragen der Bildteile mitberücksichtigt.

Komplementärfarbe
Auch: Gegenfarbe. Bei Darstellung der Farbe am Farbkreis liegt die einer Farbe komplementäre gegenüber, z.B. Cyan und Rot, Magenta und Grün (siehe auch FARBEN > FARB-ABGLEICH). Die Mischung der beiden Farben ergibt immer Grau.

Komprimierung/Kompression
Kommt vom lat. comprimere, zusammendrücken. Verfahren zum Verkleinern der Dateigröße. Das kann durch Speichern in einem anderen Dateityp erfolgen, z.B. JPEG (verlustbehaftete Komprimierung, Information geht unwiederbringlich verloren) oder PNG (verlustfreie Komprimierung).

Kontextmenü
Jenes Menü, das erscheint, wenn Sie mit der rechten Maustaste klicken. Das Kontextmenü enthält für den jeweiligen Bereich, den Sie angeklickt haben, passende Befehle.

LAB
Farbraum, der alle wahrnehmbaren Farben abbildet. Korrekte Schreibweise: L*a*b. L steht für →Luminanz (= Helligkeit), a* für den Grün- bzw. Rotanteil einer Farbe (negative Werte stehen für Grün) und b* für den Blau- bzw. Gelbanteil einer Farbe (negative Werte für Blau).

Leinwand
Bezeichnung für die Hintergrundfläche in GIMP. Um ein Bild zu erweitern, muss nicht nur die Leinwand, sondern auch die Ebene vergrößert werden.

Lichter
Auch Höhen. Bezeichnet die hellen Bereiche eines Bilds. Sind im →Histogramm im rechten Bereich dargestellt.

Luminanz
Helligkeitswerte einer Farbe bzw. Stärke des Lichts, das reflektiert wird.

Mitten
Auch Grauwerte. Bezeichnet die Mitteltöne. Sind im →Histogramm in der Mitte abgebildet.

Pfad
Punkte, die durch Geraden miteinander verbunden werden. Die Geraden lassen sich zu Kurven verbiegen. Möglichkeit, um geometrisch exakte Elemente auszuwählen. Aus dem Pfad lässt sich eine Auswahl erzeugen (rechte Maustaste auf den Pfad im Pfaddialog).

RAW-Datei
= Rohdatei. Dateiformat für unbearbeitete und unkomprimierte Dateien aus der Kamera. Sehr große Dateigröße. In GIMP lassen sich RAW-Dateien über das UFRaw-Plug-in importieren.

RGB
= Rot, Grün und Blau. Farbraum für Monitordarstellungen und im Web.

Sättigung
Neben Helligkeit und Farbton eine Eigenschaft für Farben. Bei wenig Sättigung tendiert die Farbe zu Grau bzw. Schwarz/Weiß, eine hohe Sättigung ermöglicht eine intensive Darstellung der Farbe.

Schärfentiefe
auch Tiefenschärfe. Bezeichnet die Durchgängigkeit der Schärfe eines Bilds. Ist ein Teil (z.B. Vordergrundmotiv) scharf und der Rest (z.B. Hintergrund) unscharf, spricht man von einer geringen Schärfentiefe. Je größer die Blende (kleine Blendenzahl), desto geringer die Schärfentiefe.

Schnellmaske
Mit der Schnellmaske erzeugen Sie Auswahlen. Aktivieren Sie die Schnellmaske durch Klicken auf das Kästchen in der linken unteren Ecke des Bildfensters. Eine rote Folie überzieht das Bild. Die Auswahl erzeugen Sie mit Malwerkzeugen (Pinsel etc.), mit weißer Farbe definieren Sie die Auswahl, mit schwarzer löschen Sie sie. Grau erzeugt eine weiche Kante.

Schwebende Auswahl
Eine GIMP-Spezialität: Durch das Kopieren und Einfügen von Elementen wird zunächst eine Art temporäre Ebene eingefügt, die schwebende Auswahl genannt wird. Ein Arbeiten darauf ist erst möglich, wenn die schwebende Auswahl verankert wurde (Klick im Ebenendialog auf ⚓).

Tiefen
Auch Schatten. Bezeichnet die dunklen Bereiche eines Bilds. Sind im →Histogramm im linken Bereich dargestellt.

Toy-Effekt
Auch Miniatureffekt. Dank digitaler Bildbearbeitung erzielter Effekt, der reale Abbildungen als Modelllandschaften erscheinen lässt.

Unicode
Standardisiertes Codierungssystem, das mittelfristig alle Schriftzeichen dieser Welt enthalten wird. Erleichtert den Austausch von Daten auf internationaler Ebene.

Vignettierung
Randabschattungen. Bei billigeren oder schlechteren Objektiven kommt es bei Aufnahmen zu dunklen Bereichen an den Rändern. Korrigieren Sie dies mit FILTER > VERZERREN > OBJEKTIVFEHLER.

Weißabgleich (WB)
Zum Anpassen der Kamera bzw. des Bilds an die Farbtemperatur und damit an die Lichtverhältnisse der jeweiligen Umgebung. Weiß dient dabei als Referenz.

Werte
Die Werte bzw. Tonwerte definieren die Farbdichte und sind im →Histogramm abgebildet. Je intensiver eine Farbe vorhanden ist, desto höher sind die Tonwerte im Histogramm. In GIMP bearbeiten Sie das Histogramm mit FARBEN > WERTE bzw. KURVEN.

Index

Anhang

Danke sehr ...

... R, für seine Liebe, seine Inputs und Motivation

... Julia, für ihre Fürsorge und ihre Anteilnahme

... Ma, für ihre Begeisterung

... Pa, für seinen unsterblichen Rückhalt

... Kristine Kamm, für ihre unermüdliche Unterstützung

... Heico Neumeyer, für sein scharfes Auge

... Charly und Fuerteventura, weil sie mir erneut halfen, ganz schnell wieder fit zu werden

... FM4 und vor allem Grace Jones

Danke auch an ...

www.brodegger.at

www.brother.at

www.canon.at

www.compositor.com

www.diereiter.at/photography

www.flickr.com

fm4.orf.at

www.fujifilm.at

www.funkhauseuropa.de

www.gimpusers.de

www.homeofdsine.at

www.media22.at

www.mev.de

www.nolimitsadvertising.at

www.photografin.at